D1728021

WOLFGANG DEICHSEL & RAINER DACHSELT

DER HESSISCHE MOLIÈRE

HERAUSGEGEBEN VON KARLHEINZ BRAUN

FOTOS VON MAIK REUß

Henrich  Editionen

Wolfgang Deichsel, Rainer Dachselt
Karlheinz Braun (Hg.)

Der Hessische Molière

ISBN 978-3-943407-16-7

Gesamtherstellung und Verlag:
Henrich Druck + Medien GmbH, Frankfurt am Main
Layout: Saskia Burghardt

Fotos: Maik Reuß
Signet „Barock am Main": F.K. Waechter
Foto S.6/7, 191: Eva Kröcher, Wikimedia Commons, lizenziert unter GNU-Lizenz
für freie Dokumentation (Lizenztext siehe ANHANG A),
URL: http://creativecommons.org/licenses/by-nc-nd/3.0/deed.de

www.henrich-editionen.de

INHALT

DER HESSISCHE MOLIÈRE

VORWORT

Seit 1970 hat Wolfgang Deichsel auf der Grundlage der über 350 Jahre alten Komödien Molières ein neues, eigenständiges Werk geschaffen, das im Laufe der Jahre mit seinem Autor *Der hessische Molière* genannt wird. Indem er die aristokratische Welt des französischen Sonnenkönigs ins deutsche Biedermeier transponierte, machte er Molières Charaktere zu wiedererkennbaren Hessen, unter deren „Maske von krämerhaftem Realismus und scheppmäuliger Herablassung sich eine große Erregbarkeit, ein Missionsdrang und die Fähigkeit zum Pathos verbirgt" (WD). Das Vehikel dafür ist die südhessische Mundart, die Deichsel jedoch nicht als alltägliches Gebabbel benutzt, die er vielmehr formalisiert, meist in Blankversen. Es sind originäre poetische Kunststücke geworden, die ihre – oft überaus komische – Wirkung aus dem Widerspruch zwischen der Tonlage der Verse und ihrer konkreten Füllung durch den mundartlichen Ausdruck erzielen. Und so gelingt Deichsel mit dem Dialekt eine unmittelbare, direkte Art von Verständigung, die hochsprachlich kaum noch möglich erscheint, weil dort alles von Klischees erstickt wird.

In bald einem halben Jahrhundert hat *Der hessische Molière* seine oft unwiderstehliche Wirkung in Hessen entfaltet, in fünf Spielphasen, die eine Chronik in diesem Buch nachzeichnet. Zuerst als pragmatische Spielplanlösung eines kleinen Theaters, dem inzwischen legendären Frankfurter Theater am Turm, – bis zu dem besonderen Sommerfestival *Barock am Main* im Garten des Bolongaropalastes in Frankfurt-Höchst. Deichsel war fast immer dabei, als Autor sowieso, aber oft auch als Schauspieler und Regisseur. Er hatte immer den Traum, mit Gleichgesinnten in einer eigenständigen Schauspieltruppe im Land herumzuziehen – wie Molière es in seinen frühen Wanderjahren tat. Der Kern so einer Truppe bildete sich in den 80er-Jahren im Ensemble am Schauspiel Frankfurt, wo Deichsel auf Michael Quast traf, auf Hildburg Schmidt und Matthias Scheuring. Die Gruppe vergrößerte und verfestigte sich in den Jahren, in denen sie den *Hessischen Molière* bei den Burgfestspielen in Bad Vilbel spielte, – mit ganz außerordentlichem Erfolg, der Mut machte, ein eigenes Festival für den *Hessischen Molière* zu gründen: *Barock am Main*. Michael Quast, der vielseitige Komödiant und Impresario, wurde schnell zum künstlerischen Motor der Truppe, und brillierte in allen Rollen, die Molière für sich selbst geschrieben hat: ein Theaterdirektor, der voller Leidenschaft für ein ‚intelligentes' Volkstheater von hoher Qualität kämpft, das er und seine Combattanten dann mit der 2008 gegründeten *Fliegenden Volksbühne* realisieren.

Auch wenn die *Fliegende Volksbühne* bald ein festes Domizil haben wird, den *Hessischen Molière* wird sie auch weiterhin im unvergleichlichen barocken Ambiente des Bolongarogartens spielen: Aus dem Kultursommer ist längst ein Kult geworden. Und als der seit langem schwerkranke Wolfgang Deichsel den Plan, zusammen mit Rainer Dachselt die hessische Version von Molières *George Dandin* zu schreiben, nicht mehr realisieren konnte, hat ihn Dachselt allein geschrieben und ist damit auf ganz natürliche Weise zu seinem Nachfolger geworden, der im Geiste Deichsels, aber mit durchaus eigenen Akzenten den *Hessischen Molière* fortsetzt. Vier der in diesem Band abgedruckten Komödien *nach Molière* – nach ihrer Entstehung chronologisch gedruckt – sind von Deichsel, zwei von Dachselt, und alle wurden zu einem lustvollen Theaterleben erweckt von Michael Quast und der *Fliegenden Volksbühne*. Sie sind unaufhaltsam auf dem Weg, zu Klassikern eines neuen hessischen Volkstheaters zu werden. Auch das dokumentiert dieses Buch.

KHB

Bolongaropalast, Frankfurt-Höchst

DIE SCHULE DER FRAUEN

KOMÖDIE VON WOLFGANG DEICHSEL NACH MOLIÈRE

Arnold oder **Herr von Strunk** – **Agnes**, *ein junges Mädchen* – **Horazius**, *Liebhaber der Agnes* – **Albert**, *Diener des Arnold* – **Babette**, *Dienerin des Arnold* – **Christoph**, *Arnolds Freund* – **Heinrich**, *Christophs Schwager* – **Oront**, *enger Freund Arnolds, Vater des Horazius*

Erster Akt – Erste Szene
Arnold. Christoph.

Der Schauplatz ist vor dem Gartenhaus des Arnold.

CHRISTOPH. Was, Sie? Des darf net wahr sei! Sie un heirate?

ARNOLD. Genau. Morje werd geheirat, von mir.

CHRISTOPH. Wir sin hier unner uns un könne mal
in Ruhe drübber spreche. Erlaubese,
dass ich, als Freund, ganz offe bin: Ich zitter
um Ihr Wohlergehn, Messiöh, denn
Se kennes mache, wie Ses wolle, es is
gefährlich, sich zu verheirate mit einer Frau.

ARNOLD. Für Sie, mein Lieber, vielleicht, des geb ich zu,
bei Ihne hat die Angst en gute Grund,
denn an Ihrm Kopp sin längst die Hörner fällig.

CHRISTOPH.
Mein Herr, was soll mer sich mit Schicksalsschlägen,
die unabwendbar sin, groß abgebbe, naa,
was mich bekümmert, is die Spöttelei,
denn Sie, Messiöh, Sie mache sich doch aach
grad über jeden, ob groß, ob klaa, lustig.
Vor Ihre spitze Zung is doch kaans sicher.

ARNOLD. Genau! Gibts dann aach rundum nochemal
e Stadt mit Männer, die wie hier eim Grund,
se uffzuziehe, gebbe? Jed Sort is da.
De ei grabscht Geld zusamme, schenkts seiner Fraa.
Was gibt se ihm defür? Die schönste Hörner.
De anner hält en Schluri aus, sieht zu,
wie der seim Weibche Aache macht. Ja maanste,
er dät eifersüchtig wern? Naa, es is
ihm eine Ehre, wann mer sei Fraa so ehrt.
Der do, der tobt, macht Zores, es nützt niks.
Jener lässts über sich ergehn, wies geht.

Er will sei Ruh, sonst niks wie Ruh, un kommt
der Kerl, dann geht er gleich un lang spaziern.
Des aane Weibche hängt dem Mann am Ohr,
zieht übber ihrn Geliebte her. Der Alte
fühlt sich sicher. Is kaum ausem Haus,
do liehtse mit ihrm Galan schon im Bett.
Des anner Weib bringt Geld an un Geschenke,
un fracht der Mann: „Woher?" Do sacht se: „Beim
Spiel hab ichs gewonne!" Der Gatte dankt seim
Herrgott für so vill Glück im Spiel, weil er
des Spiel, worum sichs dreht, net kennt.
Un darübber soll ich net lache dürfe?

CHRISTOPH.
Nur zu! Nur uffgebasst, dass Ihrs net seid,
der nachher ausgelacht werd. So kommts oft.

ARNOLD. Mein Lieber, nur kei Sorje weeche mir.
Der muss schon schlau sei, der mich leime will.
Mir sind die Kunststücke der Frauen sämtlich
bekannt. Ich habe mich dagegen voll versichert.
Die Frau, der ich die Hand zum Bunde reiche,
wird dumm sei, strohdumm, dumm wie Bohnestroh.

CHRISTOPH. Was, Sie glaube, wenn e Frau nur dumm is …

ARNOLD. … ist sie treu! Ich, weil ich net dumm bin,
ich heirat ei, die dumm is. Ihr Gemahlin,
was die betrifft, niks gegen ihre Unschuld,
jedoch sie hat auch Geist, un sowas is
ein schlechtes Zeichen. Geist derf mei Frau
net habbe. Se soll net denke. Mir langts, wenn sie
mich liebt und betet; un nähe musse könne.

CHRISTOPH. Des is schon widder so e Idee von Ihne!
E dumm Frau, des hat die Welt noch net gehört!
Geist, Schönheit gelten allgemein …

ARNOLD.   … mir langt Sittsamkeit!

Michael Quast spielt Arnold.

ARNOLD, EIN REICHER JUNGGESELLE, DER SICH GERN ÜBER BETROGENE EHEMÄNNER LUSTIG MACHT, IST BESESSEN VON DER IDEE, SICH EINE PERFEKTE UND VOR ALLEM TREUE EHEFRAU ZU SCHAFFEN. ABER JE MEHR ER VERSUCHT, SEINEN LEBENSTRAUM ZU VERWIRKLICHEN, DESTO MEHR GIBT ER SICH DER LÄCHERLICHKEIT PREIS. GIBT ES KEINE MITTEL GEGEN EIFERSUCHT UND LIEBE?

CHRISTOPH. Ja, glaubese, ein Tier, das dumm is, weiß,
was sittsam heißt. Un überhaupt, des muss
doch lebsch sein, Jahr für Jahr, mit eme Tier zu lebe.
E Frau, die klug is, kann ihrn Mann betrüche,
des stimmt, doch weiß se dabei, was se wagt.
E dumm Frau treibts aus Instinkt, scheniert sich net.
Se derfe ihr niks saache, se is ja dumm.

ARNOLD. Sehr gutes Argument! Da sag ich nur,
was seinerzeit Pantagruel gesagt hat:
„Redet nur! Predigt bis Pfingsten!"
Damit ich eine kluge Frau am Hals hab.
Alles umsonst. Es kricht mich keiner rum.

CHRISTOPH.
Parblö. Ich sach garniks mehr. Kei Wort.

ARNOLD.
Jeder lebt, so heißts, auf seine Weis und
werd glücklich. Ich hab Geld und hole mir
e Frau, die keins hat. Niemals kann sie mir
mein Stand vorwerfe, alles verdankt se
   ihrm Mann,
se muss pariern. Des Kindche, so ernst wars und
so still, ich habs schon gern gehabt, da wars
noch net ganz vier. Un weil die Mutter,
e Bauersfraa, kaan Pfennig hat, da kam
ich druff, ihrs Mädche abzukaafe. Die Fraa
war außer sich, so hat se sich gefreut.
In einem Kloster druff hab ich des Klaane
dann erziehe lasse in meinem Sinn.
Ich habe angeordnet, dass mers so strohdumm hält
wies nur irchend geht, un ich darf saache,
was ich erwartet hab, hat sich erfüllt:
Se is die Unschuld selbst. Dem Herrgott Dank,
er schenkte mir die Frau nach meinem Wunsch.
Jetz hab ich mers geholt, un weil mei Haus
am Markt alls voll is von Besuch, hab ich
dort des klaane Häusche haamlich mer
gekaaft un hab se drin versteckelt.
Dort gebbe zwei Diener, die genau so blöd sin
un mache, was ich will, schön Obacht uff mein Schatz.
Lieber Freund, ich darf Sie bitte, bei mir
heut abend e kleine Mahlzeit einzunehme.
Ich möcht Ihnen mein Engel emal zeiche.

CHRISTOPH. Ich bin debei!

ARNOLD.   Dann könnese mit eichne Auche
sehn, was Unschuld is.

CHRISTOPH.   Ich glaabs aach so.

ARNOLD. Die Wirklichkeit, mein Bester, übertrifft
noch alle meine Worte. Der Unverstand!
Wie lieb! Mer lacht sich krank! Was die all fraacht!
Neulich, da kommt se an, guckt unner sich,
ganz rot, un fraacht, sowas von Unschuld, ob
der Mann der Fraa des Kind durchs Ohr macht.

CHRISTOPH. Sehr gut! Sehr lustig! Herzlichen Glückwunsch,
Herr Arnold.

ARNOLD. Arnold, was Arnold, ich heiß nicht Arnold!

CHRISTOPH. Pardon, mei kurz Gedächtnis. Sie nenne sich ja
Herr von Strunk jetz. Deibel nochemal,
muss des denn sein, dass Sie, ein Mann
von zweiundvierzig Jahren, sein Name
   ännert,
un macht sich aus em alte Eichestamm,
der uff seim Landgut rumsteht, en
   adeliche Titel!

ARNOLD.
Das Landgut heißt so und außerdem gefällt
mirs besser, Herr von Strunk, als wie Arnold.

CHRISTOPH. Trotzdem, was sin dann des für Sitte, den Name,
den mer von seim Vater hat, un der
von seim, zu tausche geeche so ein Kappes.

ARNOLD. Ich heiß von Strunk jetzt, damit fertich, un der,
der mich noch anners nennt, soll sei Geschäfte
mache, mit wem er will, nur nicht mit mir.
Von Strunk, des hört sich nach was an! Un aus!

CHRISTOPH. Ja gut. Desweeche doch kein Streit. Ich werd
mei Lippe dran gewöhne: Herr von Strunk.

ARNOLD. Adieu dann. Ich geh jetzt hier hinein, damit
mei Agnes weiß, dass ich zurück bin.

CHRISTOPH. Du lieber Gott, der is ja ganz meschugge. *Ab.*

Erster Akt – Zweite Szene
Arnold. Albert. Babette.

ARNOLD. He ihr! *Er klopft.*

ALBERT. *Innen.* Was is?

ARNOLD.   Macht uff! Ich war zehn Daach
jetzt fort, die wern sich freue, dass ich zurück bin.

DEM HERRGOTT DANK, ER SCHENKTE MIR DIE FRAU NACH MEINEM WUNSCH.

ALBERT. Wer is dann da?

ARNOLD. Ei ich!

ALBERT. Babette!

BABETTE. Was is?

ALBERT. Mach unne uff!

BABETTE. Geh du doch!

ALBERT. Du gehst!

BABETTE. Naa!

ALBERT. Ja maanste, ich?

ARNOLD. Des ungehobelt Pack,
des lässt mich stehn vor meiner eichne Tür.
Jetz uffgemacht!

BABETTE. Wer kloppt dann da andauernd?

ALBERT. Der Herr.

BABETTE. Albert!

ALBERT. Was is?

BABETTE. Der Herr! Mach uff!

ALBERT. Mach du uff!

BABETTE. Niks is, ich schür grad es Feuer!

ALBERT. Ich fidder grad de Spatz.

ARNOLD. Ich zähl bis drei.
Derjenige, der von euch zwei jetzt nicht
sofort hier uffschließt, der soll mer fünf Daach hungern.

BABETTE. Bleib nur, ich bin schon da, des siehste doch!

ALBERT. Was drängelst du dich vor!

BABETTE. Geh fort!

ALBERT. Naa, du gehst!

BABETTE. Ich mach uff.

ALBERT. Des kennt der grad so basse.

BABETTE. Du machst nicht auf!

ALBERT. Un du schon garnet!

BABETTE. Un du
erst recht net! Sowieso net! Nie!

ARNOLD. Wo nehm ich diese himmlische Geduld her?

ALBERT. *Fällt aus der Tür. Ich wars!*

BABETTE. *Auf.* Ich hab de Schlüssel rumgedreht.

ALBERT. Wann hier der Herr net wär, ich deht der rechts
un links … *Arnold fängt eine Ohrfeige.*

ARNOLD. Ei krieh die Kränk!

ALBERT. Verzeihung!

ARNOLD. Du Blotsch!

ALBERT. Die is dran schuld!

BABETTE. Nein der!

ARNOLD. Jetz Ruh, un Schluss
mit dem Gehampel. Wie stehts hier, Albert? Antwort!

ALBERT. Wir sin, gnädischer Herr, ja, Gott sei Dank, sin …

ARNOLD. *Hat Albert mehrmals den Hut vom Kopf genommen.*
Wo haste dann die Sitte her, du frecher Hund?
Spricht mit seim Herrn un lässt de Hut uff!

ALBERT. Se habbe recht. Ich bin ein frecher Hund.

ARNOLD. Los, hol die Agnes! *Albert ab.* Saachmal, war
die Agnes, wie ich weg war, traurig?

BABETTE. Traurig?

ARNOLD. Ja, traurig! Traurig! Se war doch traurig oder was?

BABETTE. Ja schon.

ARNOLD. No also. Un warum?

BABETTE. Se hatt halt dauernd
Ängst, dass Ihr zurück kommt. Kaan Gaul, kaan
Esel lääft am Haus vorbei, alls denkste nor:
Des is de Herr! Jetz isser widder da!
Ab.

Erster Akt – Dritte Szene
Arnold. Agnes.

ARNOLD. Do kommtse. S Nähzeug in de Hand, des lob
ich mir! Agnes, ich bin zurück, wie isses,
freuese sich!

AGNES.   Ich freue mich, mein Herr!

ARNOLD. Ich freu mich gleichfalls. Wie gehts, wie is der Schlaf?

AGNES. Bis uff die Flöh ganz gut.

ARNOLD.   Wart nur, bald gibts
en starke Mann, der häächt der Ihne nachts
die böse Flöhcher uff Ihrm Kerper dot.

AGNES. Sie sin sehr freundlich.

ARNOLD.   Des will ich meine.
Was werd dann des?

AGNES.   E Nachthäubche fir mich.
Ihne Ihr Nachthemde un Mütze sin schon fertich.

ARNOLD. Des läuft ja wie geschmiert. So, gehnse jetz
zurück ins Haus! Un net gelangweilt! Gleich komm
ich nach. Ich hab Ihne was Wichtiges zu saache.

Agnes ab.

Ihr ausstudierte Weiber, lernt was von diesem Kind!
E einzig Wort von ihm is hunnertmal mehr wert
als en Sermon von euch, sei er noch so gelehrt.
All des verwickelt Zeuch, die Brief, die Liebesschwür,
Versteckeles, Geuhz, all des zieht nicht bei mir!
Gradraus, auch in der Liebe, muss alles sei für mich.
E Fraa, die net mehr Kind is, is kei Fraa, sach ich.

Erster Akt – Vierte Szene
Arnold. Horazius.

HORAZIUS. *Auf.* Verzeihung, sind Sies, Herr Arnold?

ARNOLD.   Hora..., nein, doch,
Horazius! Des is e Freud! Seit wann
sin Sie dann hier?

HORAZIUS.   Neun Tag schon.

ARNOLD.   Sowas, naa!

HORAZIUS. Grad hab ich vorgesproche in Ihrm Haus
am Markt. Es hieß, Sie wärn verreist.

ARNOLD.   Bin heut
zurück gekomme. Gut sieht er aus! Gewachse
is er. Damals warn Sie e Kind.

HORAZIUS.   Die Zeit ...

ARNOLD. Wie gehts dann Ihrm Vadder, meim alte Freund?
Sie wisse hoffentlich, wie ich ihn schätze.
Was machter, gehts ihm gut, alls noch munter?
Wir habbe uns seit Jahren nicht gesehn,
und schreibe tut er auch net, seim alte Freund.

HORAZIUS. Es geht em gut, Herr Arnold. Hier is en Brief
für Sie, un außerdem, er kommt bald selbst hierher.
Kenne Sie vielleicht ein von hier, der in
Amerika war, viel Geld verdient hat un jetzt
zurück zur Heimat komme will!

ARNOLD.   Wie heißter?

HORAZIUS. Heinrich.

ARNOLD.   Naa, en Heinrich kenn ich net.

HORAZIUS.
Mein Vadder hot von ihm geschribbe, er sagt,
er käm mit ihm zusamme hierher in einer
Angelegenheit, die dringend ist.

ARNOLD. Noja, ich freu mich jedenfalls, wenn ich
en seh, mein Haus steht immer für ihn offe. *Er liest im Brief.*
Was sin dann des für Umständ, unner Freunde?
Ihr Vadder brauch doch net um Geld zu bitte,
wirklich net. Horazius, was brauche Sie?

HORAZIUS. Grad raus, als Mann, ich nehme Sie beim Wort.
Zweihunnert Dhaler bräucht ich jetzt grad dringend.

ARNOLD. Aber sofort! So isses recht, des mach
ich gern. So vill hab ich grad bei mer. Da!
Des Portmonnäh dezu!

HORAZIUS.   Kann ich des annehmen?

ARNOLD. Nur net geziert, ich bitte Sie, als Freund.
Sinse schon rumgekomme? Gefällt Ihne die Stadt?

HORAZIUS.
Viel Volk, un reich geschmückte Häuser, viel zu
betrachte, hier kann mer sich die Zeit vertreibe!

ARNOLD. Un ob. Vor allem der Liebhaber der Schönen braucht
net lang zu suche, die Weibcher sin kokett hier,
willig. Es is ein Heidenspaß, wie eins
des anner hinnergeht, niks wie Theater.
Un Sie, Sie habbe doch sicher aach schon längst
e Liebschaft, gebbeses doch zu, e Kerlche,
wie Sie gewachse, setzt annern Hörner uff.

HORAZIUS. Ich, Ihne kann ichs ja erzähle, Herr Arnold,
hab wirklich schon e kleines Abenteuer.

ARNOLD. Des wußt ich doch. Los raus demit! Geschichtcher
von der Sort hör ich zu gern. Was isses?

HORAZIUS. Es bleibt doch unner uns?

ARNOLD.   Ich bitte Sie.

HORAZIUS. *Zeigt auf das Haus, in dem Agnes wohnt.*
E ganz jung Ding, se wohnt da drübbe in dem Haus,
hot mer de Kopp verdreht. Se is e bissche
dunselich, weil so ein alter Klowe
seit Jahren sie der Welt verschließt, aber
trotzdem, se hat der Ihne so eine Anmut!
Wenn eim der Engel aaguckt, des Herz, des geht
der uff, des Herz schmilzt eim eweg.
Un ich derf saache, mei Müh hat Aussicht auf Erfolg.
Agnes heißtse.

ARNOLD.   Der Deibel, ich verplatz.

HORAZIUS. De Alte heißt von Stamm, von Strunk. Mer sacht,
er hätt vill Geld, doch fehlts em dodefür
im Kopp. Ein wunnerlicher Mensch. Se kennen?

ARNOLD. Verdammt un zugenäht!

HORAZIUS.   Se kennen net?

ARNOLD. Doch, ja, ich kennen.

HORAZIUS.   Der is doch narrisch, oder?

ARNOLD. Ähää ...

HORAZIUS.   Also es stimmt. Sei Eifersucht
werd in de ganze Stadt belacht. Kurzum:
Die Agnes is ein seldner Edelstein,
zu schad für so en Kribbelbisser, der werd
ihm abgeluchst. Un hier des Geld, des Sie mir
freundlich ausgeliehe habbe, soll
bei diesem Unternehmen gut angeleecht sei,
dann, des wissese ja selbst, die Dhaler

*Michael Quast und Pirkko Cremer in den Rollen
Arnold und Agnes.*

sin goldne Schlüssel, für jed Schloß passend.
Niks is, was mer mit Geld net schafft, soll des
bei so em Liebesabenteuer anners sei?
Oder is des net richtig? Sie gucke so.
Ich hab doch recht?

ARNOLD. Ja schon. Geld is viel wert.

HORAZIUS. Ich glaab, ich halt Sie uff, mit meim Gebabbel.
Adieu. Bis bald. *Ab.*

ARNOLD. Verdammt!

HORAZIUS. *Zurück.* Nochmal, ich bitt Sie,
kaa Wort von der Geschicht, an niemand. *Ab.*

ARNOLD. Ich krieh
kaa Luft, die Gall lääft ibber, s Herz, mei Baa ...

HORAZIUS. *Zurück.* Vor allem nichts zu meinem Vater, der reecht
sich ibber sowas immer uff. *Ab.*

Zweiter Akt – Erste Szene
Arnold.

ARNOLD. Hab ich gelitten. Was hab ich durchgemacht!
Sacht mer der Lump ganz offe ins Gesicht,
wie er mich leime will, un ich hör zu!
Dass ich jetzt annerst heiß, hotten getäuscht.
Jetzt gehts um eine Ehr. Die Frau, die mir
gehörn soll, treibts mit dem, un ich kriehs uff
die Rechnung. Mit mir macht ihr das nicht!
Euch komm ich quer! Jetzt muss ich erstmol sehn,
wie weit die zwaa sich handelseinig sin.
Was musst ich dann aach fort von hier. An allem
schuld is nur die Reis. *Er klopft an die Tür.*

Zweiter Akt – Zweite Szene
Arnold. Albert. Babette.

ALBERT. Desmal war ich zuerst!

ARNOLD. Halts Maul. Kommt her!
Ich saach euch hergekomme, alle zwaa!

BABETTE. Nur net so schrill, ich krieh e Gänsehaut.

ARNOLD. Verräter, sowas nennt ihr Treue! So dient
ihr euerm Herrn, kaum kehrt er nur de Rücke!

BABETTE. Verschluckese mich net!

ALBERT. Vielleischd, s kennt sei,
is er von eme dolle Hund gebisse worn.

ARNOLD. Also, ihr gebt zu, ihr habt erlaubt,
ihr Drecksäck, dass ein Mann – *Zu Babette.* Hier gebliebe! –
der wildfremd is – *Zu Albert.* Was, sich noch dezu
verdricke wolle! – ins Haus kommt. Stehnbleibe sollter!
Wer sich noch einmal rührt, den haach ich um.
Wie kam der Mann ins Haus? Raus mit de Sprach!
Net so vill rumgeluert! Maul uff!

ALBERT und **BABETTE.** *Auf Knien.* Ah, Ah!

BABETTE. Mir is so schlecht uff aamal.

ALBERT. Ich glaab, ich sterb!

ARNOLD. Ich schwitz vielleicht, glei reiß ich mer mei ganze
verfluchte Kleider runner. Ruhe! Mach en
Spaziergang! Wer konnt dann des aach wisse, dass
des Weibsbild sich so entwickelt, wo ichs geliebt hab,
un wie hab ichs geliebt, schon wies noch klaa war!
Des Donnerwetter soll enei fahrn! Ruhe!
Mer schad sich ja nur selbst. Ich werd jetzt ganz
in Ruhe mit ihr reden, dann werdse beichte.
Also, halt dich zurück, wild Herz!
Auf, holt die Agnes! Nein, hier
gebliebe! Sonst werd mer vorher was erzählt. *Ab.*

Zweiter Akt – Dritte Szene
Babette. Albert.

BABETTE. Was hatter dann, die Aache quellem raus,
mer krieht ja Ängst, ich zitter immer noch.

ALBERT. Des is die Eifersucht. Ich hab ja glei
gesacht, des mit dem junge Herrn gibt Ärjer.

BABETTE. Was is er aach so streng, versteckt des Mädche?

ALBERT. Alles Eifersucht!

BABETTE. Ja, un warum?

ALBERT. Ebe aus Eifersucht, aus Eifersucht!

BABETTE. Warum er eifersüchtig is?

ALBERT. Warum?

Halt, weil er eifersüchtig is, des is
mal so, des is – ich will der des erklärn – wie
mit em Dippe Supp, das dir gehört,
un dann kimmt aaner her, un leffelt der
se weg, dem häächste uff die Finger.

BABETTE.   Ja.

ALBERT. So is die Frau vom Mann die Supp, wenn aaner
die Finger da ereihängt, werd de anner wild.

BABETTE. Jetz kimmter widder.

ALBERT.   Gehn mer lieber fort!

Beide ab.

Zweiter Akt – Vierte Szene
Arnold. Agnes.

ARNOLD. En scheener Weech hier, gelle?

AGNES.   Ja, sehr schee.

ARNOLD. Un aach en scheener Daach.

AGNES.   Ja, schee.

ARNOLD.   Un sonst
was Neues?

AGNES.   Die klaa Katz is dot.

ARNOLD.   Wie schad!
Noja, wir sin halt alle sterblich, und einsam.
Hats hier gereechent, solang ich uffem Land war?

AGNES. Naa.

ARNOLD.
Un habbese sich net gelangweilt?

AGNES. Ich langweile mich nie.

ARNOLD.   Was habbese dann in
der ganze Zeit gemacht, die ich net da war?

AGNES. Ja, allerhand, sechs Hemde genäht, un Mütze.

ARNOLD. Die Welt, mei Agnesche, is dunkel, kaaner sieht durch.
Was da de aane übern annern red!

DANN ZIRKELT
ER EN
KRATZFUSS AB**.**

Nachbarn habbe mer verzählt, Sie hätte
en fremde, junge Herrn ins Haus gelasse.
Ich hab so Giftmäuler nodierlich net
geglaubt. Ich mach e Wett, es is Verleumdung.

AGNES. Naa! Nur net wette, Sie verliern!

ARNOLD. Was dann, der Mann war werklich hier?

AGNES. Ei ja, bestimmt! Ich hab en kaum noch fortgebracht.

ARNOLD. *Für sich.*
Kindlich Gemüt! Sonst däht se des net saache.
Zu Agnes. Ich erinner mich, mei liebe Agnes,
oder träum ich des, dass ich verbote
hatt, en Fremde in mein Haus zu lasse.

AGNES. Sie wisse ja net, warum ich ihn
eneigelasse hab! Hättese des
erlebt, Se hätten aach ereigeholt.

ARNOLD. Des kennt schon sei. Erzählese, was war!

AGNES. Es is fast net zum glaube, aber wahr.
Ich hab der Ihne da uff dem Balkon
gesesse un genäht, do kimmt uff aamoll
en junger Herr vorbei un sieht mer ins
Gesicht, un ich seh ihm aach ins Gesicht.
Dann zirkelt er en Kratzfuß ab,
un ich, damit er nur net denkt, ich wär
net aach sehr gut erzooche worn, mach ihm
e klaa Verbeugung, aber da mecht er
nochmal desselbe Kompliment, un ich
wies erstemal, nick em zurück, un er
verbeucht sich widder, un ich, was sollt ich mache,
verbeuch mich aach, er dreht sich ab, geht,
kommt zurück un widder mächt ern Diener.
Ich nick, er geht, kommt widder un verbeucht sich,
ich nick, un immer gucke mer uns aa
un alls so fort. Un wärs net dunkel worn,
wärs weitergange, was sollt ich mache,
bleibe musst ich, er hätt ja sonst gedacht,
dass mer de Anstand fehlt.

ARNOLD.   Ja, gut, schon gut.

AGNES. Am nächste Daach, da kommt zu mir e uralt
Mütterche un spricht: „Mein Kind, ich wünsch,
dass unser Herrgott dir deine Schönheit lang
erhält, doch eins hat unser Herrgott nicht
gewollt, wie er dir alle Reize eines Weibs
gegeben hat, dass nämlich du die Reize
nur benutzt, ein armes Herz damit zu quälen!"

ARNOLD. Die Kuppelmutter die, de Deibel holse!

AGNES.
„Wen quäl ich?" frag ich. „Ja", sacht sie, „erinnern
Sie sich an den junge Mensch, der gestern
do unnerm Balkon stand, den habbe Sie
verletzt." – „Verletzt? Ei, wie dann?" ruf ich,
„Hab ich vielleicht was runnerfalle lasse?"
„Nein, es war Ihr Blick, der hat ihn tief
getroffe. Sie habbe da en Blick, in dem
is eine böse Kraft, die macht ihn krank."
„Was?" frag ich, „ein Blick, der krank macht?" „Nicht nur
krank", sacht sie, „die Kraft, die, ohne dass
Sies wisse, in Ihrm Blick is, strahlt so stark,
dass eins von sterbe kann. Ich versicher Ihne ,,."
un dadebei sin ihr die Träne vor Mitleid
die Backe runner gelaafe, „der arme Mensch,
er fällt vom Fleisch, in drei Daach isser doot,
wann Sie ihm jetzt nicht helfe!" – „Um Himmels wille,
er soll net sterbe!" ruf ich, „Was soll ich tun?"
„Nicht viel, mein Kind!" sacht sie. „Die Kraft, die ihn
verletzt, die heilt ihn auch. Kann er nur täglich
den Blick von Euch genießen, wird er gesund."
„Ja, gern", sag ich, „dann soll er komme, so oft
er will, und ich seh ihn dann an, mit meinem Blick."

ARNOLD. So eine Kräuterhex, Seeleverderberin!
Die Aaschlääch zahl ich der noch haam!

AGNES. Un werklich, ich sehen an, un schon war er
gesund. Des war doch meine Pflicht,
saachese selbst, dass ich dem Kranke helf.
Ich kann doch net emal e Hühnche sterbe sehn.

ARNOLD. Sie is unschuldig. Ich bin schuld. Schuld is
die Reis, hätt ich nur besser Obacht gebbe.
Wer waaß, was der Filuh noch mit dem Kind,
un ohne dass se druff kam, getribbe hot, der Bankert.

AGNES. Sie sehn so bös aus, hab ich was falsch gemacht?
Ach, wennse mit aagesehe hätte, wie guts
em ging! E Schmuckkästche hot er mir geschenkt,
dem Albert un der Babett Geld. Die habben
aach gern, un Sie, Sie hätten, glaab ich, aach
so gern wie wir!

ARNOLD.   Kann sei. Was hot er dann
gemacht, wie ihr allein im Zimmer wart?

AGNES. So schee, so scheene Worte hat er mir
gesproche, die hab ich vorher nie geheert,
von Liebe. Ganz verdreht war ich, denn wann
er zu mir spricht, dann kitzelts inne in mir

un lääft de Rücke runner bis zum große Zeh,
so dormelich und wohlich is mer da.

ARNOLD. *Für sich.*
Des nenn ich Prüfung, wo der, der prüft, mehr schwitzt
wie de Geprüfte. *Zu Agnes.* Was is dann sonst noch vorkomme,
an Zärtlichkeiten, außer dem Gepischpel?

AGNES. Ei, do gabs noch viel. Er hot mei Händ,
mei Arm genomme un allsfort abgeküsst.

ARNOLD. Un sonst, was hatter sonst genomme? Noch was?

AGNES. Ja schon, was er mir noch genomme hat,
des war ...

ARNOLD. Was wars?

AGNES.   Des war mei ...

ARNOLD.   Was?

AGNES.   Mei ...

ARNOLD. Was hatter der genomme, raus demit!

AGNES. Ich trau mich net, dann nachher sinse bös.

ARNOLD. Nein!

AGNES.   Doch!

ARNOLD.   Nein!

AGNES.   Lieber saach ichs net!

ARNOLD.
Du saachsts, verdammt nochmal, ich bin net bös!

AGNES. Se sins ja jetz schon!

ARNOLD.   Nein!

AGNES.   Er hat mer mei ...

ARNOLD. Was hatter, hatter?

AGNES.   Mei ...

ARNOLD.   Die Hölle is das.

AGNES. Mei Haarschleif hatter mer genomme, die,
die ich von Ihne hab, ich konnt niks mache.

ARNOLD.
Die Haarschleif! Haarschleif! Was sonst hatter gemacht?
Des will ich wisse! Außer dere Kisserei.

AGNES. Was sonst sollt er dann mache? Gibts dann do nochwas?

ARNOLD. Ich waaß net. Naa! Nur, er war doch krank,
hat er noch irgendwas an Pfleech verlangt?

AGNES. Niks. Wenn ers verlangt hätt, hätt ichs aach gegebbe.

ARNOLD. *Für sich.*
Den himmlischen Mächten sei Dank, ich bin noch aamal
dorchgewitscht. Jetz soll noch aaner sich
getraue un uhzt mich, der guckt sich um!
Zu Agnes. Agnes, Sie sin schuldlos. Schuld hot derjenige,
der Ihne Schmeichelworte sacht, wodurch
er Ihne missbraucht, damit er über Sie
vor Freund nachher sei Witze reiße kann.

AGNES. Des tut er nicht, er hat mer fest versproche ...

ARNOLD.
Verspreche kann mer viel. Kurzum: Wenn eins
e Schmuckkästche sich schenke lässt, und lässt
sich Ärm und Händ beküsse und nachher kitzelts,
dann is sowas, un des steht fest, Todsünde.

AGNES. Todsünde, du lieber Gott, warum dann?

ARNOLD. Warum, warum! Des is von obbe so
beschlosse, un ein Verstoß erregt im Himmel
Ärgernis.

AGNES. De Himmel kann sich doch net ärjern,
wenn hier was wie im Himmel ist, so lieb un zart,
wie ichs noch nie gewusst hab, des soll verbote sei?

ARNOLD.
Die Liebe und die Zärtlichkeit sind nicht
als solche verboten, nur außerhalb des Ehestands.

AGNES.
Un innerhalb, do derft mer lieb sei? Dann
will ich nei in Ehestand, ganz schnell!

ARNOLD.
Des trifft sich haargenau mit meinem Plan.

AGNES. Se wolles selbst?

ARNOLD.   Ja.

AGNES.   Da freu ich mich.

ARNOLD. Des is recht so! Die Ehe is was Schönes.

AGNES. Wir zwaa, wir dürfe werklich?

ARNOLD.   Werklich, Kind.

AGNES. Wenn des geschieht, tausend Kisscher kriehese!

ARNOLD. Un ich geb Ihne zweitausend widder defür.

AGNES. Ich mein es ernst! Ziehe Sie mich uff?

ARNOLD. Naa, Se werns ja sehn!

AGNES.   Heirate?

ARNOLD.   Ja.

AGNES. Un wann?

ARNOLD.   Heut abend!

AGNES.   Heut abend schon? Des is
e Freud. Sie sin ein so ein guter Mensch,
Messiöh. Un ich werd glücklich sein mit ihm.

ARNOLD. Mit wem?

AGNES.   Mit ihm!

ARNOLD.   Mit ihm! So hammer net
gewett! Des is schnell bei de Hand, des Fräulein,
un sucht sich schon sein Gatte selber aus.
Jetzt ein für allemal: mit dem „mit ihm" is aus!
Der soll doch an der Kränk, die er erstunke
un erlooche hat, krepiern. Un wenn er sich getraut
un kommt mer nochmal her, die Tür bleibt zu!
Un wenner draaße sei Kratzfüß macht, dann
schmeißesem gefällichst vom Balkon
en Staa an Kopp. Un ich versteck mich hier
un achte druff, dass mei Befehle befolgt wern.
Aus!

AGNES. Aber er is doch so grad gewachse!

ARNOLD.   Redensarte!

AGNES.
Mit Staa schmeiße, des mach ich im Lebe net!

ARNOLD. Uffsässig aach noch! Gehnse in ihr Zimmer!

> DER SOLL DOCH
> AN DER KRÄNK,
> DIE ER ERSTUNKE
> UN ERLOOCHE
> HAT, KREPIERN.

AGNES. Werklich? Ich soll …

ARNOLD.   Ich bin hier Herr von allem,
un was ich saach, des werd gemacht! Jetzt ab!

Dritter Akt – Erster Szene
Arnold. Agnes. Albert. Babette.

ARNOLD. *Für sich.* Herrlich, sowas Schönes! All mei Wünsche
erfüllt! Sie hat ihr Schuldichkeit getan.
Sie hat dem Stutzer en Staa an Kopp geschmisse.
Zu Agnes. Agnes, Sie sin dem Rufe der Vernunft
gefolgt. Se warn, in aller Unschuld, auf
dem Weg zur Hölle, verführt von einem Beelzebub
mit Federhut, gekräuselt Haar, polierte Zähn.
Do kam ich grad noch recht, die Ehr zu rette.
Ihr Steinwurf, liebe Agnes, hat mich versöhnt
mit Ihne. Heut noch feiern mer die Hochzeit.
Doch vorher muss ich eine kleine Rede halte.
Zu den Dienern.
Holt mern Sessel raus! Des saach ich, wenn
ihr noch einmal …

BABETTE.   Nie mehr! Ich habs gemerkt!

ALBERT.
Ich schwörs. Des Schlappmaul kommt mer
net mehr rei!

ARNOLD.
Gut! Un kaaft jetz ein fürs Esse un geht
am Marktplatz beim Notar vorbei, damit
er kommt zwecks Abschluss von em Ehvertrag.

Dritter Akt – Zweite Szene
Arnold im Lehnsessel. Agnes mit Handarbeit vor ihm.

ARNOLD. Mein Kind, jetzt leg die Arbeit weg! Un heb
de Kopf hoch! E bissche mehr nach rechts, ja so.
Du darfst mich ansehn! Hierher geguckt!
Du sollst die Auge hierher richte –
Zeigt auf seine Nasenwurzel. damit kei Wort
verlore geht! So, und jetzt: Ich, Agnes,
mache Sie zu meinem Weib. Des is
für Sie ein Glück, das unerwartet kommt.
Dafür kannst du deim Herrgott täglich danke.
Durch mich sin Sie, die vorher niks war, ebbes,
zum bürgerliche Stand erhobe. Ihretweeche
hab ich e dutzend Partie, die eiträglich

gewese wärn, ausgeschlaache. Ihretweeche
geb ich mei Junggesellefreiheit auf.
Dafür erwart ich Dankbarkeit, un dass Sie
andauernd daran denke, was Sie vorher
gewese sin, un was Sie sin, durch mich.
Damit ich meine Großmut nicht bereue muss.
Hier sin, von einem frommen Mann geschribbe,
die Rechele der Ehe. *Er liest.* „Die erste Regel:
Gott, der Herr ist männlichen Geschlechts,
und also hat der Mann die Allmacht übers Weib."
Jetzt los, des widderholt!

AGNES.   „Die erste Regel:
Gott, der Herr ist männlichen Geschlechts,
und also hat der Mann die Allmacht übers Weib."

ARNOLD. Des heißt, dass der Gehorsam, mit dem der Diener
dem Herrn, der Sohn dem Vater, der Soldat
dem Hauptmann, der Schüler seinem Lehrer folgt,
niks is, gemesse an der Unterwürfigkeit,
mit der die Frau dem Mann zu diene hat.
Jetzt zweitens: „Was die Eh zusammenhält,
             ist nicht Vergnügen, sondern Pflicht. Die Pflicht
             der Frau ist Wahrung sowie Mehrung des
             Guts des Gatten."

GOTT, DER HERR IST MÄNNLICHEN GESCHLECHTS.

AGNES.
„Das, was die Eh zusammenhält, ist nicht
Vergnügen, sondern Pflicht. Die Pflicht der Frau
ist Wahrung sowie Mehrung des Guts des Gatten."

ARNOLD.
„Mit Promenaden, dem Besuch von Zirkeln
vergeudest du die Zeit, die deinem Mann gehört!"

AGNES. „Mit Promenaden, dem Besuch von Zirkeln
vergeudest du die Zeit, die deinem Mann gehört!"

ARNOLD. Wo Weiber unnernaner sin, aach noch
gelehrte, do gehts doch nur um eins: wie mer
de Männer die Züchel aus de Hand nimmt!
Zum vierten: „Geschenke weise ab! Geschenke
nehmen heißt, Geschenke geben müssen."

AGNES. Zum vierten: „Geschenke weise ab! Geschenke
nehmen heißt, Geschenke geben müssen."

ARNOLD. Die fünfte Regel: „Teuerstes Gut des Manns,
und also auch der Frau, ist Hymens Band."
Was des bedeut, erklär ich später. Eins nur:
Die Seele eines Weibes, sonst lilienweiß,
durch sündhaft Denke schon werd se verfleckt.
An alle Ecke lauern gelleckte Schlippcher.

Mit geraspelt Süßholz lockese
Jungfrauen auf den Pfad der Hölle.
Do abber bruddelt e verdorbe Weib
von Ewichkeit zu Ewichkeit im Saft.
Und dadebei werd niks wie Geld verschwendt!
Die Rechele, die wern gelernt. Ich hör
se ab. Jetz machese en Knicks vor mir,
damit ich seh, Se habbe mich verstanne
und wisse, zu was fürm Mensche Se gehörn.

Agnes knickst und ab.

Dritter Akt – Dritte Szene
Arnold.

ARNOLD. Das is die wahre Schönheit, so e Demut.
Was fürn Genuss machts eim, die Menschenseele
zu knete, so wie Wachs, nach meinem Bild.
Agnes folgt mir aufs Wort. Was hätt ich für
e Zucht mit einer Frau, die so gescheit
is, dasse dauernd Widderworte gibt,
un die ihrn Geist gebraucht, die Laster, die
se hat, für Tuchend auszugebbe.
Da kommt Horazius. Ich werd glei wisse,
wo ihn de Stiefel drückt, dann er gehört
zu dene Naduhrn, dene ihr Abenteuer
so richtig erst Vergnüche mache, wenn
ses em Freund brühwarm verzähle kenne.

Dritter Akt – Vierte Szene
Arnold. Horazius.

HORAZIUS.
Grad komm ich von Ihrm Haus. Ich wollt, wie sichs
gehört, Ihne mei Aufwartung mache, aber Sie
warn wieder nicht da. Ich versuchs demnächst nochmal.

ARNOLD. Kei Förmlichkeite, lieber Freund! Se koste
nur Zeit. Es gibt da Sache, die wichtiger sin.
Ihr Liebschaft, wie gehts damit? Mir is erst nachher
uffgegange, bei dere Schnelligkeit,
mit der Se vorgestoße sin, was für
ein Glück Se hatte. Ein Liebling der Fortuna!

HORAZIUS. Ja, mit dem Glück is net mehr so weit her,
seitdem ich Ihne des letzte Mal gesehe hab.

ARNOLD. Herrjeh, was is dann?

HORAZIUS.   Der Alte is zurück.

ARNOLD. Na, so ein Pech!

HORAZIUS.   Un was noch schlimmer is,
der Kerl hat Wind gekrieht.

ARNOLD.   Was, werklich? Wie dann?

HORAZIUS. Was waaß ich! Uff jeden Fall, ich komm
wie immer an die Tür und freu mich schon,
da sacht der Knecht mir: „Mach dich fort!"
Un aach die Magd kreischt: „Geie Se sich haam!"
Un schlächt die Dür zu, mir vor de Nas!

ARNOLD.   De Nas?

HORAZIUS. Ja, Nas.

ARNOLD.   Des sin ja Sitte!

HORAZIUS.   Ich wollt dann noch
was saache durch die Tür, da habbese allsfort
gekrische: „Se komme hier nicht rein! Es ist
vom Herrn verbote!"

ARNOLD.   Hat werklich kaaner uffgemacht?

HORAZIUS. Gleich druff steht Agnes obbe uffem Balkon,
zieht e hochmütiche Schnut und secht:
„Messiöh, mein Herr ist wieder da!" Un schmeißt
en dicke Staa nach mir.

ARNOLD.   En Staa? Saachese!

HORAZIUS. En Staa! En dicke Brocke, ja, von zarter Hand!

ARNOLD. En Staa! No sowas! Un sinse jetz verdrosse?

HORAZIUS. Was kommt der Alte aach so schnell zurück!

ARNOLD. Ich teil Ihr Leid.

HORAZIUS.   Alles verdirbt er mir!

ARNOLD. Es muss doch Wege gebe!

HORAZIUS.   Die gibts aach.
Ich lass net locker, den Alte schmier ich an.

ARNOLD. Recht so! Schließlich, des Mädche liebt Sie.

HORAZIUS.   Un ob!

ARNOLD. Dann wernse auch Ihr Ziel erreiche.

HORAZIUS.   Ich hoffs.

ARNOLD. Sie sin e bissche durchenanner, durch
den Staa am Kopp, ich kann des schon verstehe!

HORAZIUS. Ja, was mich ehrlich überrascht hat, – denn
dass de Alt zurück war un hinner allem
steckt, war net verwunnerlich – des war –
da wern auch Sie sich wunnern – dem Kind sei Schlauheit.
Wer hätt das gedacht bei dere Eifalt.
Cupido is halt de größte Lehrmeister.

De Mensch lernt vill aus Angst, aus Lieb lernter vill mehr.
Die Angst hälten zurück, Lieb treibten vor sich her.
De Geizhals uff seim Geld, jetz teilt ers freundlich aus.
De Stubbehocker da, er macht sich ausem Haus.
De melancholisch Schorsch, wie er jetz rennt un springt.
Die draanich Rosmarie, wie se sich dreht un singt.
De grobe Schlosserborsch, was senkter zart die Aache.
Des zittrich Schneiderche will jeden glei verhaache.
De übberschlaue Fuchs werd jetz e bissche dumm,
un des geduckte Lamm, es guckt sich listisch um.

So wars bei Agnes. Dann, stellese
sich vor, der Staa, mit dem se da nach mir
geschmisse hat, wobei se die Worte: „Mein Herr
ist da! Entfernen Sie sich!" ausstieß,
war mittem Brief umwickelt! Ich seh, Sie sin
genauso überrascht. Sie gebbe zu,
dass des beweist, daß Geist aus Lieb entspringt.
Un de aal Haremswächter, de Hannebambel,
hockt uffem Leim. Des is doch lustig, odder?

ARNOLD. Ja, lustig, ja.

HORAZIUS.   Des is doch was für Sie!
Lache Sie net gern, bei so Geschichte?

ARNOLD. Doch, schon.

HORAZIUS.   Da macht der Kerl die Klappe dicht,
hetzt Leut uff, lässt Staa nach drausse feuern,
als käme Räuber an, un denkt net dran, dass die,
die er so dumm gehalte hat, uff eichene
Gedanke komme kennt. Wann des kaan Spaß is!
Was lache Se dann net?

ARNOLD.   Ich lach ja.

HORAZIUS.   E bissche dünn!

ARNOLD. Ich lach, so gut ich kann. Vergebung.
Für sich. Des Oos!

HORAZIUS. *Mit Brief.*
So unschuldig schreibt die Nadur nur selbst,
die sich noch net bewusst is, ohne Kunst.

ARNOLD. *Für sich.* Was heißt da ohne Kunst. Schon schreibe is
e Kunst! Un, wie mer widder sieht, se kimmt
vom Deibel. Wer hat, ganz geeche mein Befehl,
dem Lüchemensch des Schreibe beigebracht?

HORAZIUS. *Liest.* „Ich weiß nicht, wie ich die Gedanken, die
ich habe, Ihnen mitteilen soll. Ich erkenne, dass man mich
jahrelang in Unwissenheit gehalten hat, und fürchte mich,
unschicklich zu schreiben. Ich weiß nicht, ob Sie mir etwas
angetan haben, aber ich leide tausend Qualen bei dem, was
man mich gegen Sie tun heißt. Ich möchte Euer eigen sein.
Man sagt mir, dass alle jungen Männer Verführer wären, doch
glaube ich das nicht von Ihnen. Also sagen Sie mir, ob Sie
mich hintergehen wollen. Da ich ohne Arg bin, so wäre dies
ein großes Unrecht, das mich sterben ließe vor Gram."

ARNOLD. Schinnoos!

HORAZIUS.   Was is?

ARNOLD.   Niks is. Ich hab geniest.

HORAZIUS. Sagt selbst, es is doch ein Verbreche,
so e zart, unschuldich Seel im Dunkele
zu halte? Aber wart! Amor, in meiner Gestalt
werd dich befreie! Un wenn mer erst der Allmei
in die Händ fällt, der Simbach, Bachwatz, Sabbeler,
Schwammbacke der, der Wullewambes, Knorze …

ARNOLD. Adiöh!

HORAZIUS.   Was is dann los, uff aamal?

ARNOLD.   Geschäftliches,
ganz dringend. Ich hatts vergesse. Widdersehn!

HORAZIUS.
Fällt Ihne dann niks ei, wie ich da nei komm?

ARNOLD. Mir? Warum dann mir?

HORAZIUS.   Na, dann adiöh.
Ich kann mich hoffentlich uff Sie verlasse. *Ab.*

Matthias Scheuring und Hildburg Schmidt spielen das Dienerpaar Albert und Babette.
In der Mitte Michael Quast als Arnold.

Dritter Akt – Fünfte Szene
Arnold.

ARNOLD. Der Brief, des is mein Tod! Erniedrigt bin ich
vor einem jungen Borsch. Des sin der Schmerze!
Ich komm net an degeeche, kanns net schlucke.
Die Ehre un die Liebe, alles dahin.
Er hat ihr Herz, mein angestammte Platz.
Ich werd mich räche, wart! Ich lasse ihn
gewähren, den Scharwenzeler, un so,
wie sich des Mädche jetz entpuppt, hattsen
im Nu gehörnt, un ich lach über ihn. Naa!
Ich willse net verliern! Haste denn gar
kaa Ehrgefühl, du alter Narr! Ich kennt
mich selbst in klaane Fetze reiße! Ruhe!
Erst will ich gucke, wie die Verräterin
mir in die Auche sieht. Un dann wärs schlecht,
wennse bemerkt, dass ich se lieb. Warum dann
lieb ich sie, die mich verrate hat,
mehr als ich selbst, ja mehr als des, was ich
besitze? Warum setzt mein Verstand, durch den
ich reich bin, bei diesem Unternehmen aus?

Sonst ging doch immer uff, was ich gerechent hab.
So hab ich selbst verdient, was mir mein Herrgott gab.
Uff Lieb, die länger hält, uff Treu kam mers jetz an.
Des kann de Mensch verlange! Was hab ich falsch getan,
dass des, was halte sollt, schneller wie sonst verfällt?
Womit ich spare wollt, des kost mich jetz mei Geld.
Verlässlichkeit und Ruh, do war ich hinnerher
un erb des Durchenanner! Ich kenn mich selbst net mehr.

Vierte Akt – Erste Szene
Arnold.

ARNOLD. Raus ausem Haus! Ich haach mer sonst
mei ganze Möbel noch vor Wut zu Bruch.
Mit welcher Ruhe die mich angesehe hat!
Kaa Wässerche, denkt mer, kennt se trübe.
Je ruhicher sie geworn is, unter meinem
durchbohrenden Blick, um desto mehr hat mir
die Gall gekocht, und bei dem ganze Zorn
war mir, wie vorher nie, ihr Blick ins Herz

eneigefahrn, so lieblich hat se ausgesehe!
Ich steh in Flamme innerlich, ich glaab, ich
verbrenne. Die Gier hot mich gepackt, ich platz,
hier inne fühl ichs, dass ich sterbe muss.
Dafür hab ich nun jahrelang mei Geld,
Gedanke un Lieb un Sorje angeleecht,
damit mer de Gewinn von so em Spund,
em Hargeloffene, jetzt weggeschnappt werd.
Naa, des werd der geleecht. Dir geb ichs!
Jetzt wolle mer doch sehn, Berschje, wer stärker is!
Babette! Albert!

Vierter Akt – Zweite Szene
Arnold. Babette. Albert.

ARNOLD.   Hört zu, ihr treue Freund,
es geht um meine Ehr, das heißt, es geht
um euer Ehr, denn is de Herr blamiert,
kann sich de Diener net mehr sehe lasse.
Also: Dieser ...

BABETTE.   Der Lackaff darf net rei, mer wisses.

ARNOLD. Lasst euch nicht verführn!

ALBERT.   Net von som Gickel!

ARNOLD. Er wendet zwei Methode an. Die eine
is die Überredung: „Mein lieber Albert, du,
mein treuer Freund, es liegt in Deiner Hand,
mein Schmerz zu lindern."

ALBERT.   Dollbohrer!

ARNOLD.   Sehr gut!
„Babettche, wie gut der heut dei
   Häubche steht!"

BABETTE.
Schleechtschwätzer, bleibt mer fort
mit Euerm Schmus!

ARNOLD. Sehr richtich! „Mal unner uns, du Albert, bist
doch schlau genuch, um zu verstehe, dass ich
niks Unrechts will."

ALBERT.   Beschummele, des willste, Lapparsch!

ARNOLD. No, wunderbar! „Babettche, ich muss sterbe,
wenn du als Weib mit weichem Herz net hilfst!"

BABETTE. Dann kratz doch ab, du Jammerlabbe!

ARNOLD.   Herrlisch!
Obacht, jetzt wird die zweit Methode angewendt:
„Umsonst hot mir noch keiner ausgeholfe.
Hier, e Trinkgeld schläächste mir net ab?"
Albert reißt dem Arnold das Geld aus der Hand.
„Babettche, e neu bunt Bändche kannste kaafe!"
Babette schnappt das Geld.
„Des hier is nur ein kleiner Teil von dem,
was Euch erwartet, wenn ich einmal nur
die schöne Herrin sehe darf."

BABETTE. *Stößt ihn.*   Jetzt abber ab!

ARNOLD. Gut so!

ALBERT. *Schlägt ihn.* Ich mach der Baa!

ARNOLD.   Gut!

BABETTE.   Abber dalli!

ARNOLD. Gut! Autsch! Schon gut! Jetzt langts! Heert uff!

ALBERT. Wars recht so? Wärs richtig uff die Art?

ARNOLD. Ja schon. Nurs Geld, des derfter ihm net nemme!

BABETTE. Des kam so in de Eil.

ALBERT.   Am beste, mer mache
die Prozeduhr grad nochmal dorch, von vorne!

ARNOLD. Net nötich! Geht nur!

ALBERT.   Wenichstens de Schluss!

ARNOLD. Net nötich, saach ich! Ab ins
   Haus, ihr zwaa!
Des Geld will ich euch lasse, un leeche
   noch,
wann alles erst in Ordnung is, was druff

Vierter Akt – Dritte Szene
Arnold. Horazius.

HORAZIUS. Grad bin ich nochmal dorchgerutscht. Beinah
hätt mich der Alt erwischt. Ei, des war knapp!
Ich seh der Ihne ebe uffem Balkon

SCHLEECHTSCHWÄTZER, BLEIBT MER FORT MIT EUERM SCHMUS!

die Agnes stehn. Se gibt mer Zeiche, schluppt
in Garte schnell un schließt mers Dürche uff.
Mer warn kaum in ihrm Zimmer, do hörn mer, wie –
jetz stellese sich unsern Schrecke vor –
der eifersüchtig Ochs die Trepp ruffdabscht.
Mei Mädche schiebt mich kurzentschlosse
in Schrank, do kimmter aach schon dorch die Dür.
Gesehe hab ich niks, hab nur gehört,
wie er geseufzt hat un gebrummt un rum
im Zimmer is, un uff de Disch gehaache,
die Kleider verroppt, die Vase vom Kamin
geschmisse, den klaane Hund getrete hat.
Dann ginger widder fort, ohne ein Wort,
un ich jetz niks wie raus. Im Zimmer bleibe
war uns zu brenzlich, aber ich komm widder
heut nacht. Da hust ich dreimal kurz, dann macht
die Agnes mir e Fenster uff, un übber
e Leiter steig ich ein. Des wird ein Spaß,
ich werd des Ihne dann genau erzähle,
denn so e Glück wie meins, des soll mer net
für sich behalte. Der Spaß is doppelt groß,
wenn einer Anteil nimmt. Messiöh, bis bald.

Vierter Akt – Vierte Szene
Arnold.

ARNOLD. Mein Stern im Himmel, warum duldest du,
dass mir das Schicksal ohne Unterlass
Schläge dieser Art versetzt, so dass
mir nicht mal Zeit zum Atemholen bleibt.
Womit hab ich mir das verdient?
Als Philosoph hab ich durch Jahre durch
studiert, wie Fraun die Männer hintergehn,
damit ich aus dem Missgeschick der annern
mein Nutze ziehe kann. Ich habe alles
getan, was Menschengeist tun kann, damit
ich mir ein Weib erschaffe ohne Mängel,
un sehe jetz: Der Mensch, er ännert niks.
Das Weib bleibt ewig, was es is, e Weib.
Ich weiß auch jetz, daß wir nichts wissen können.
Jahre der Forschung, se zahle sich net aus.
Aber wart nor, Stripser, heut nacht kriehste
dei Fett! Die Huck haach ich der voll.
Hust du nur, dann werd der was gehust.
Das Herz von dere Agnes haste vielleicht,
des Ibriche is immer noch in meiner Hand.

Vierter Akt – Fünfte Szene
Arnold. Christoph.

CHRISTOPH.
Werd erst spaziern gegange odder erst gegesse?

ARNOLD. Ich ess niks!

CHRISTOPH.   Was is?

ARNOLD.   Ich hab was anneres im Kopp!

CHRISTOPH. Geht die Hochzeit schief?

ARNOLD.   Was kimmert Sies?

CHRISTOPH. Warum so grob? Was macht Ihne Verdruss?
Mir scheint, Se habbe Unglück in der Liebe.

ARNOLD. Eins steht fest, da komm was will, ich lass
mer nicht, wie ihr allmitenanner, gefalle,
dass aans mer Hörner uffsetzt. Nicht bei mir!

CHRISTOPH. Sie sin ein wunnerlicher Mensch, mein Freund.
Der Punkt, der bringt Sie immer widder uff,
als gäbs sonst niks, woran des Glück
des Mensche hängt, als hing nur davon Ansehn
und Ehre ab, als wär en Feigling, Rohling,
Betrücher, Geizhals en ehrenwerte Mensch
vergliche mit em Hahnrei. Als gäbs niks Wichtigers!
En Mann von Welt gibt doch sei Ruh net uff,
wenn ihn ein Schicksalsschlag, den kaaner uffhält,
trifft, er macht aus dem, was uff ihn zukommt,
des Beste. Die Eh is wie e Kartespiel.

ARNOLD. Lass Gott en gute Mann sei! Ess gut! Leech dich
ins Bett! Alles anner is niks wert!

CHRISTOPH. Ich will net saache, dass mer, geht die Fraa
aam fremd, es stolz enausposaune soll,
ich maane nur, schlimmer noch sin die, die jedem
den se treffe, des Ohr volljammern, un damit
un mit dem Streit, der als vor alle Aache
vom Zaun gebroche werd, der ganze Welt
erst zeiche, dass was faul is. Vertrauliche
Behandlung, des is des erste, un sonst is hier
wie übberall der Mittelweg der beste.
Die Katastrophe kommt, oder se kommt net.
Es geht nur darum, wie mers nimmt.
E Fraa, die net ganz treu is, is vielleicht
noch besser wie e eisern Kratzberscht,
die sich erausnimmt, dich zu malträtiern,
nur weil se immer treu geblibbe is.

ARNOLD.
Ich sollt mich aach noch freue, naa, ich schwör ...

CHRISTOPH.
Schwörnse net! Denn des, wovon mer schwört, mer täts
nie wern, des is mer oft schon halb.

ARNOLD. Heißt des, ich hätt am Kopp e halb Geweih?
Jetz abber Schluss! Mer lasse des für heut!

CHRISTOPH. Was sinse dann so hitzig? Ich sag ja nur,
wenns Sie erwische soll, erwischt Sies aach.
Ganz annere wie Sie hats schon erwischt,
die habbes ruhig getraache.

ARNOLD.   Ich traache niks,
un ruhich schon garnet! Widdersehn!
Christoph ab.   Ich nemm
die Züchel fest in die Hand. Dieses Schicksal
duld ich nicht. Da sicher ich mich ab.

Vierter Akt – Sechste Szene
Arnold. Babette. Albert.

ARNOLD. *Klopft an die Tür.*
Ihr seid mei Freunde, des habt ihr mir bewiese,
doch heut werds ernst, un wer mir jetzt die Treu hält,
der kriehts mit Zins und Zinseszins zurück.
Der Rotzbub, ihr wisst schon, wer, will übber e Leiter
heut nacht in meiner Agnes ihr Fenster nei.
Do hotter sich ganz schee verrechent, nämlich
weil hinter dem bewusste Fenster steht,
mim dicke Knippel in de Händ, ihr,
un kloppt em, wenn er obbe is, druff uff de Kopp
so fest, wies euch grad Spaß macht. Dass der Säckel
ein für allemal sich merkt: Er hot
hier niks zu suche! Nur uffgepasst, mein Name
darf nicht erwähnt wern! Wie isses, macht ihr mit?

ALBERT. Da helf ich gern. En Schlaach von mir is net
von schlechte Eltern. Den Strunzer mach ich fertig!

BABETTE. Von mir fängter se aach, sei Wucht, der krumme Hund.

ARNOLD. Sehr brav! Jetzt ab ins Haus unds Maul gehalte!
Babette und Albert ab.
Wenn des Verfahren, was ich da einführ, hier
allgemeiner Brauch dät wern, es gäb
net halb so vill gehörnte Ehemänner. Ihr
Schmachtlabbe Ihr! Die Lieb treib ich Euch aus!

Fünfter Akt – Erste Szene
Arnold. Babette. Albert.

Nacht.

ARNOLD. Schluss! Ihr seid un bleibt Verräter! Sowas
heißt ihr Treue! Un ich bads widder aus!

ALBERT. Mer habbe nur gemacht, was Sie befohle habbe.

ARNOLD. Kei Wort mehr! „Kloppt en!", hab ich Euch gesaacht
un niemals: „Kloppt en dot!" Habter dann kaa
Gefühl, ihr Pack? Bringt mich in Deibels Küch!
Macht Euch ins Haus! Zu niemanden ein Wort!
Schuld trifft uns net, denns war net so gemeint.
Babette und Albert ab.
Was mach ich jetz, bei wem hol ich mer Rat?
Was werd der Vater saache, un was saach
ich ihm, wann er die Angeleechenheit erfährt.

Fünfter Akt – Zweite Szene
Arnold. Horazius.

HORAZIUS. Wer schleicht dann do?

ARNOLD.   Is da jemand?

HORAZIUS.   Ja, ich.

ARNOLD. Wer ich?

HORAZIUS.   Herr Arnold, sind Sies?

ARNOLD.   Ei ja, und Sie?

HORAZIUS. Ich bins, Horazius, grad auf dem Weg
zu Ihne in einer Sache, die dringend is.
Ich dacht ja net, dass Sie so früh schon auf sin.

ARNOLD. Ich schnapp, glaab ich, glei ibber, e lebend Leich.

HORAZIUS. Ich bin in de Bredullje! Es is en Seeche,
dass ich Sie hier treff. – Ein Schlag,
der mich vernichten sollt, war mein Glück.
Im Haus von Agnes hattese, ich waaß
net wie, mein Anschlaach spitz gekrieht, ich bin
kaum uff de Leiter obbe, do krieh ich Ihne
en Schlaach vorn Kopp, schon war ich widder unne.
Die obbe, de alte Hersch war mit debei,
dachte – hört ich, weil se sich glei in
die Woll gerate sind – se hätte mich

gemorxt, dann ich lag steif vor Schreck.
Dann sinse noch erunnerkomme, habbe
mich abgetast, un ich hab weiterhin,
damit se ihrn verdiente Schrecke net verliern,
die Leich gemacht. Se schleiche sich. Grad wollt
ich selber fort, da kimmt mei Agnes an,
die bei der ganze Zucht entwische konnt.
Erst denktse aach noch, ich wär dot, doch dann
die Freud, wie ich mich rühr! Sie strahlt mich an.
Die Träne rinne ihr die Backe runner.
E einzig Glück, es gibt kaa Halte mehr.
Nie widder willse ins dunkle Haus zurück!
Sie will mit mir, gibt sich ganz in mei Hand.
Bedenkese, was des ein Schritt is für
des kindliche Gemüt. Sie wär verlorn,
wennse eim in die Hände falle würd,
ders net so ehrlich meint, wie ich. Ich aber
bin entschlosse: De Blitz verzehr mich,
wenn ich Missbrauch treib mit dem Vertraue!
Mei Lebdaach sollse stehn unter meim Schutz.
Jetz is nur eins: Ich kann meim Vadder net
mit einer Tochter so ins Haus neifalle.
Ich muss en vorbereite. Darum hab ich
an Sie die Bitte: Erlaubt, dass sich des Kind
für kurze Zeit in Euerm Haus versteckt.
Ich will net, dass se ins Gered kommt, vor allem
darf der alte Klotz net wisse, wo se steckt.
Sie sin de einzig, uff den ich mich verlass.

ARNOLD. Des mach ich gern.

HORAZIUS.   Was, werklich?

ARNOLD.   Werklich gern.

HORAZIUS.
Ich danke Ihnen. Sie sin ein Mann von Welt.
Ich hatt schon, wenn ich ehrlich sei soll,
     Ängst
Se hätte ebbes geeche die Hitz der Jugend.

ARNOLD. Wie mache mers, damit uns
    niemand sieht?
Des beste is, Se bringe se gleich, solang
es dunkel is, hierher zu mir. Ich warte.

HORAZIUS. Sehr gut. So schlau is nur en Alter! Die Agnes
steht gleich um die Eck. Ich holse her. *Ab.*

ARNOLD. Stern meines Schicksals, mit diesem Streich
zahlst du alles zurück, was du mer schuldest.

> VOR ALLEM
> DARF DER ALTE
> KLOTZ NET WISSE,
> WO SE STECKT.

Fünfter Akt – Dritte Szene
Horazius. Agnes. Arnold.

HORAZIUS.
Komm, fercht dich net. Ich führ Sie an en Ort,
da sinse sicher. Bei mir wernse am End entdeckt.
Lassese sich führn! Hier, des is mein Freund.

*Arnold nimmt die Hand von Agnes, ohne dass sie ihn erkennt.
Sein Gesicht ist hinter dem Mantelkragen verborgen.*

AGNES. Was, Sie gehn fort?

HORAZIUS.   Agnes, es muss doch sein!

AGNES. Lassese mich net so lang allein!

HORAZIUS.
Mich ziehts schon ganz von selbst hierher zurück.

AGNES. Ich hab nämlich kei Freud, solang ich Sie net seh.

HORAZIUS. Auch ich hab ohne Sie kaa ruhiche Minut.

AGNES. Ja, abber, wär des wahr, Sie bliebe hier.

HORAZIUS. Was dann, Sie zweifele an meiner Liebe?

AGNES. Fest steht, ich lieb Sie mehr als wie Sie mich.
Arnold will sie wegziehen.
Warum werd ich dann fortgezerrt, von dem?

HORAZIUS.
Weils eilt! Niemand darf uns zusamme sehn.
Des is ein Freund.

AGNES.   Ich kennen abber nicht!

HORAZIUS.
Ich kennen! Sie sin bei ihm gut uffgehobe.

AGNES. Bei Ihne will ich uffgehobe sein.
Zu Arnold. Noch nicht! Wartese doch!

HORAZIUS.   De Morche graut,
ich muss mich spute!

AGNES.   Wann sinse widder da?

HORAZIUS. In kurzer Zeit!

AGNES.   Wie lang die werd für mich!

Matthias Scheuring und Hildburg Schmidt in den
Rollen Albert und Babette.

HORAZIUS. *Abgehend.*
Jetzt macht mer kaaner mei Glück mehr streitig!
Niks wie haam! Erst mal in Ruh geschlafe!

Fünfter Akt – Vierte Szene
Agnes. Arnold.

ARNOLD. Jetzt kommese. Horazius is fort.
Ich bring Se jetzt in Ihr Versteck, wo Sie
kaan Mensch mehr findt.
Zeigt sich in seiner wahren Gestalt. Agnes, kennst du mich?

AGNES. Ah!

ARNOLD. Ja, „ah"! Do werd gekrische, Zottel!
Hab ich Ihne dorch mei Gesicht vielleicht
en Schrecke eigejaacht, bin ich Ihne
vielleicht im Weech, bei Ihre zarte Plän?
Ja, guckese sich um! Ihr Schlippche is uff
un davon, der springt der Ihne net mehr bei!
Sehtse euch an, des Weibsmensch, noch so jung
un is doch schon e so verdorbe Fleisch.
Ob Kinnercher dorchs Ohr gemacht wern, frähtse
un waaß genau, wie mer sich haamlich trifft,
un kennt sich aus mit Schmuse, Maunze, Schmachte,
un wie mer sich still wegmacht mit seim Bock.
Das is der Dank für alles, was ich
geopfert hab für dich, du giftig Otter!
Am Buse hab ich dich genährt, un du
gibst mer en Stich! Vergiftest deinen Gönner!

AGNES. Was schennese dann so mit mir?

ARNOLD.   Weil ich
im Recht bin! Hunnertfach!

AGNES.   Ich hab doch garniks
Unrechts getan!

ARNOLD.   Verführt worn sein, is Unrecht!

AGNES. Sie habbe selbst gesacht, dass, dass mer sich liebt,
kaa Unrecht is, bin ich nur erst verheirat.
Heirate wollt er mich!

ARNOLD.   Heirate wollt
ich Sie! Des hab ich oft genuch gesacht!

AGNES. Ja, schon, nur hab ich mer gedacht, dass mir
mit ihm zu lebe mehr gefällt, weil des,
was Sie im Ehestand von mir verlange,

26

is niks wie Schaffe, Ducke, Langeweil.
Er abber hot mers ausgemalt,
Se glaabes net, wie schee un sieß un lieb.
Ich wollt sei Fraa wern, glei, so hat ich Lust.

ARNOLD. Aha! Du hinnerhältich Schinnoos, du liebst ihn?

AGNES. Ei ja, ich lieb ihn.

ARNOLD.   Un sacht mers ins Gesicht!

AGNES. Warum dann net, wenns wahr is?

ARNOLD.   Wie kommste dazu,
ihn, grad ihn zu liebe, aus was fürm Grund?

AGNES. Des weiß ich net. Er is der Grund.
Ich hab mer niks gedacht, es kam halt so.

ARNOLD. Austreibe hättstes solle!

AGNES.   Warum, wenns schön is?

ARNOLD. Dass de mich kränkst, haste der nie gedacht?

AGNES.
Warum sollts Sie dann kränke, wenn ich Horazius lieb?

ARNOLD. Sehr richtich, es is e richtich Freud für mich!

AGNES. Ich will Ihne doch nie was Böses tun!

ARNOLD. Also liebste mich?

AGNES.   Liebe? Naa!

ARNOLD. Was naa?

AGNES.   Verlangese, dass ich Sie anlüch?

ARNOLD. Un warum, warum, Frechmaul, liebst du mich nicht?

AGNES. Mich derfese net schenne, denn wenn
Se wie er verstanne hätte, die Lieb
zu wecke, dann wär ich aach in Sie verliebt.

ARNOLD. Ich hab mich doch genauso abgequält!

AGNES. Dann werds halt so sein, dass er mehr von dere
Kunst versteht. Er muss sich garnet quäle.

ARNOLD. *Für sich.* Wie spitz die is! Krieh doch die Kränk!
Spitzer wie ei von de studierte Hurn!

Was hab ich mich getäuscht! Annererseits:
Dummheit und Frechheit waren immer schon verwandt.
Zu Agnes. Sie sin sehr wortgewandt, Madmoaselle.
Erlaubese die Fraach, wer Ihne die Anschaffung
der Worte, die Se da brauche, bezahlt hat.
Meinese, ich schmeiß mei Geld für annern raus?

AGNES. Nein. Er zahlt, was ich gekostet hab, zurück.

ARNOLD. Do kimmt mer doch die Soß hoch. Un der Dank,
den ville Dank, den du mer schuldest, wie zahlt
er den zurück?

AGNES.   Der Dank is net so viel.

ARNOLD. Dei ganze Bildung is von mir bezahlt.

AGNES. Mei Dummheit habbese bezahlt. Erwachse
bin ich un weiß niks. Ich schäme mich.

ARNOLD. Ja un, um nur net dumm zu sei, werd des
Geschwätz von diesem Krollekopp geschluckt?

AGNES. Des bissche, was ich weiß, weiß ich aus
dem Geschwätz. Dem Schwätzer schuld ich Dank.

ARNOLD. Was überhaupt hält mich zurück, mei Antwort
in Form von em geballte Schlaach in ihr
Visaasch zu gebbe? Ich bin in Raasch un die
nimmt sich eraus, un gibt mer eiskalt druff.
Was dähte mich e paar orndliche Brummer
an ihrn Kopp so wunnerbar beruhiche!

AGNES. Sie könne mache mit mir, was Se wolle.

ARNOLD.
Da, bitte! Wiese des sacht! Der Blick!
Wie soll mer sich dageeche wehrn? Mein
Zorn verflooche, die zärtlichste Gefühle
erfülle mir die Brust. Des macht die Lieb.
Mer sieht, wie falsch die Tiercher sin, die reine
Wankelmiedigkeit. Ein Blick,
schon hippt die ganze Welt nach ihrer Pfeif.
Durchtribbe Oos, komm her, mer wolle uns
vertraache! Alles is verziehe! Du siehst
daraus, wie groß mei Lieb dir geechenüber is.
Als Lohn erwart ich, dass auch du mich liebst.

AGNES. Ja, gern, von Herzen, nur, wie fang ichs an?

ARNOLD. Du kannst des schon, mei Hühnche, wenn de willst.
Horch her, ich seufze, aach, un guck, mein Blick,
er is ganz dormelich, un wenn de jetz

27

den Läuszibbel, der dich doch nur beduppe wollt,
mit mir vergleichst, dann lässten stehn.
Bei mir da werste Daach un Nacht gedappt,
gequetscht un abgelutscht, gefresse, bei mir,
da kannste mache mit mer, was de willst.
Ich saache weiter niks, das sacht schon alles.
Für sich. Was mer aus Leidenschaft fern Schmonses redt!
Zu Agnes. Willste noch mehr Beweise, du daub Holz,
dass mei Lieb größer als jed anner is,
willste, dass ich weine soll, soll ich
mich selber schlaache, soll ich mer mei Haar
hier bischelweis vom Schwelles robbe? Ich bring
mich um, wenndes verlangst! Gib en Befehl!

AGNES. Ich waaß net, es rührt mich niks von allem, was
Sie saache, irchendwie so an, wie bei
Horazius.

ARNOLD. Was, aach noch Hohn! Ich zeig
die äußerst Großmut un krieh noch Hohn! Ins Kloster
kimmste mer! Die treibe der die Flause aus!

Fünfter Akt – Fünfte Szene
Arnold. Agnes. Albert.

ALBERT. Gnädischer Herr, ich glaab, die Leich hat unser
Agnes fortgeschleppt!

ARNOLD.   Agnes ist hier!
Se werd jetzt in meim Zimmer eigeschlosse,
un ich besorch en Waache, der se fortbringt.
Solang lässt du kei Auche von dem Weib! *Albert mit Agnes ab.*
Vielleicht, dass die im Kloster sie bekehrn,
damit se sieht, wen se zu liebe hat.

Fünfter Akt – Sechste Szene
Arnold. Horazius.

HORAZIUS. Herr Arnold, aus is! Alles aus! Mein Vadder!
Ich soll mit Agnes net zusammekomme.
Mein Vadder is schon in de Stadt! Un wissese
warum? Er will mich hier – alles is abgemacht –
verheirade. Heinrich, ich hab von ihm erzählt,
jetzt isser aus Amerika zurück,
der hat e Tochter, die solls sei!
Do hinne kommese all mitenanner,
se wolle her zu Ihne. Helfese mer!
Sie sin mein Freund! Kei Wort von meiner Liebschaft!
Bringesen ab von seinem Plan!

ARNOLD.   Ja schon ...

HORAZIUS. Verschiebe sollers! – Gott, se komme! Hierher!

Fünfter Akt – Siebte Szene
Arnold. Horazius. Heinrich. Christoph. Oront.

HEINRICH. *Zu Christoph.*
Kei einzig Wort aus Ihrem Mund hätt es
bedurft, ich hätt Sie doch erkannt, dann wenn
ich Sie betrachte, so seh ich Ihre Schwester,
mit der ich ehelich verbunden war,
leibhaftig vor mir. Wie glücklich könnte ich
mich nennen, wärs ihr vergönnt, mit mir den Boden
der Heimat zu betrete, damit wir hier,
die alte Freunde neu gewinnend, im Kreis
der Unsern des Vaterlands uns freuen dürften.
So aber hat das grausam Urteil der Parzen,
dem keiner von uns entgeht, der Reis von meiner
Frau ein ander Ziel bestimmt. Fassen
wir uns, suchen wir Trost in jenem Pfand,
das uns aus unserer Verbindung blibbe is!
Da dessen Schicksal Ihnen, als Onkel, genau
wie mir am Herze liehe muss, will ich
nicht ohne Ihren Rat entscheiden, also
frag ich Sie, ob Sie die Wahl, die ich
getroffe hab – Oront sein Sohn als Gatte
von meim Kind – für gut un richtig halte.

CHRISTOPH. Sie zwinge mich zu denke, dass Sie e ganz
schlecht Meinung von meiner Urteilskraft besitze,
gesetzt den Fall, Sie nehme an, ich könnt
mich einer Wahl, die derart klug is, widdersetze.
Ihne Ihr Verbindunge in Übersee
un unserm Freund Oront sei alteigesesse
Haus, des gibt ein schönes Paar.

HORAZIUS. Saachese ...

ARNOLD.   Ich mach des schon!

HORAZIUS.   Ich wär zu jung!

ARNOLD. Verlassese sich da nur ganz auf mich!
Sie bleibe hier, un ich red mit Ihrm Vadder!

ORONT. Mein alter Freund, lasst Euch herzlich umarmen!

ARNOLD. Mein Freund Oront, eh mer in aller Ruh
des Widdersehe feiern, reechelt eins:
Horazius, Ihr Söhnche, hat sein eigne Kopp.

Er will die Heirat, die Sie wolle, net.
Umstimme soll ich Sie, hat er von mir
verlangt. Ich aber rat nur: Standhaft bleibe!
Gibt mer erst einmal nach, dann ist kei Halte mehr!
Nur so zwingt man die Jugend zu ihrm Glück.

ORONT. Nur ruhig! Ich schwör, der heirat, wen ich will.

HORAZIUS. De Vadder nickt. Ich glaab, er kriehten rum.

Fünfter Akt – Achte Szene
Die Vorigen. Babette. Albert. Agnes.

Agnes flieht aus dem Haus, verfolgt von Babette und Albert.

BABETTE. Mer kennes Agnes net mehr halte, Herr!

ARNOLD. Kommese her, Sie widderspenstig Gaaß!
Ihr Galan sehese nie mehr, weil der
e anner heirat. Do steht schon sein Vadder!

HORAZIUS. Was spielt sich dann do
    ab? Geh ich do hin?

ARNOLD.
Mitsamt dem Vadder von der Braut.
    Und Sie …

HORAZIUS. Naa, noch gewart! Nachher verderb ich alles!

Arnold reißt Agnes am Arm. Sie schreit.

ARNOLD. Sie komme ein für allemal mit mir!

CHRISTOPH. Wir blicke da net durch! Wir bitte, erklärn
Sie uns Ihr seltsames Betraache!

HEINRICH.   Ja.

ARNOLD. Ich mache, was ich mach!
Zu den Dienern.   Bindet sie!

CHRISTOPH. Momentsche! Ich vermut, des is Ihr Zögling?

ARNOLD. Ei ja.

CHRISTOPH.   Und ebe sachte Sie, mer sollte
den Horazius mit der, die wo
sein Vadder ihm bestimmt hat, koppeliern?

ARNOLD. Ich saache, was ich saach, un dabei bleibts!

CHRISTOPH. Un wisse nicht, wer die Besagte ist?

ARNOLD. Woher?

CHRISTOPH.   Ach so is des!

HEINRICH.   Desweeche!

ORONT.   Dann!

HEINRICH.
Ich schreib mich Heinrich. Die Schwester von Herrn Christoph,
…

CHRISTOPH. … von der ich dacht, se wär im Kloster, denn …

ORONT. … dem Vater fehlte seinerzeit die Mitgift, …

CHRISTOPH. … unser Geschäftshaus war damals im Aufbau, …

HEINRICH. … des Schwesterche, Angelika, entfloh …

ORONT. … un heirat haamlich ihn,
    doch kurz dadruff …

KOMMESE HER, SIE WIDDERSPENSTIG GAASS!

HEINRICH.
… geriet mein Glück ins Wanken.
    Heuchler, Verräter …

CHRISTOPH.
… kurz: Gläubiger verfolgten ihn, er musst …

HEINRICH. … das schöne Vaterland verlasse, die Gattin …

CHRISTOPH.
… nahm er mit, sie konnt ihm beistehn, des Kind …

ORONT. … war noch zu klein, so kams uffs Land.

CHRISTOPH. Im glücklichen Amerika half ihm sein Glück, …

ORONT. … das hier, im Kampf der Neider, beim Feind nur war.

HEINRICH. Auf jener fernen Insel, wo der Tapfre …

ORONT. … Land nehmen kann, soviel er will, …

HEINRICH. … wenn er den wilden Mann nur abhält, …

CHRISTOPH. … da gab Fortuna den Verlust mit Zins zurück.

ORONT. Schon bald besitzt er Schiffe, denkt daran, …

Das Ensemble v.l.n.r.: Florian Lange (Horazius), Pirkko Cremer (Agnes), Matthias Scheuring (Albert),
Hildburg Schmidt (Babette), Philipp Hunscha (Christoph). Mitte unten: Michael Quast (Arnold)

HEINRICH. ... Verbindungen zu Freunden in der alten Welt ...

CHRISTOPH.
... zu knüpfen, gedenkt des Kinds, das damals klein, ...

HEINRICH. ... inzwischen, wie ich mir berechnet, mannbar ...

ORONT. ... war, kehrt heim, findet die Bäuerin, erfährt, ...

CHRISTOPH. ... dass sie, in Not, die Agnes weitergab.

ORONT. Die Alte nennt Ihrn Name, so simmer hier.

ARNOLD. Ach ja, no ja. Jetz is doch alles aus. *Geht beiseite.*

ORONT. Wo ist mein Sohn?

ARNOLD.   Do hinne!

HEINRICH. *Umarmt Agnes.*   Liebes Kind!

ORONT. *Holt Horazius aus seinem Versteck.*
Mein Sohn, ich hab en Plan, un der steht fest.

HORAZIUS. Jetz is doch alles aus!

ORONT.   Die Widderworte
kannste sparn! Da steht dei Frau!

HORAZIUS. Herr Vadder, do gibts bei mir kei Widderred.
Ihr Plan ist auch mein Plan. Ich schulde Ihnen Dank.
Zu Heinrich. Auch Ihnen Dank, Herr Schwiegervater.
Sie, – *Zu Arnold.* – vor allem Sie verdiene Dank.

Als Vater will ich Sie verehrn.
Was wär ich ohne Sie, lieber Herr Arnold!

CHRISTOPH. Wennsen erfreue wolle, nennesen
net Arnold, sondern Herrn von –
                                        Losse mers!

ARNOLD. Was sin schon Name! Werklich, losse mers!

HEINRICH. Eins muss, eh mer uns voll und ganz dem Glück
der Stunde hingebbe, gereechelt wern:
Herr Arnold, Sie habbe Auslaache gehabt.

ARNOLD. Losse mers! Des bissi Geld! Mer losses.

HEINRICH. Niks is! Dadrin muss Ordnung sei! Sie solle
doch net denke, dass Sie geschädigt sin!
Mer wolle unser wertvolle Verbindunge
doch net mit was belaste, was mer
durch Geld begleiche kann.

ORONT.   Mer habbes doch!

CHRISTOPH. Beim Feiern störts, wenn aaner unzufriede is.

HEINRICH. Machese die Rechnung!

ARNOLD.   Später weeche mir!

AGNES. Des is doch alles annerster!

HORAZIUS.   Sei still!
E Frau hälts Maul, wenn Männer handele.

ORONT. Recht so, mein Sohn!

HEINRICH.   Des is e Wort!

CHRISTOPH. Danke wir dem Himmel, dass er alles,
zu guter Letzt gerichtet hat. Mer dürfe
stolz sein. Gott hilft nur dem,
der wo auch tüchtig is. Geholfe hatter,
also bewiese, dass wir tüchtig sin.
Biete dem Himmel Eifer, Fortuna zahlts zurück.
Glücklich, wer tüchtig is. Verdient is unser Glück.

DER TARTÜFF

KOMÖDIE VON WOLFGANG DEICHSEL NACH MOLIÈRE

*Orgon – Madam Britschebräät, seine Mutter – Damiesche und Mariesche, seine Kinder –
Elmire, seine zweite Frau – Clemens, Bruder der Elmire – Walter – Der Tartüff – Dorche –
Loyal – Richter – Philippine*

Erster Akt – Erste Szene
Madam Britschebräät. Elmire. Mariesche. Damiesche.
Dorche. Clemens. Philippine.

Schauplatz ist das Haus des Orgon.

BRITSCHEBRÄÄT.
Auf! Gehmer! Ich will kaan mehr sehn hier!
Zu Philippine.   Mädche!

ELMIRE. Ei langsam, langsam! Mer kommt jo kaum noch mit!

BRITSCHEBRÄÄT. Bleibese nor, mei liebe Schwiechertochter!
Ich find die Tür allaa! Mit Höflichkeit
bin ich net rumzukrieche, ehrlich net!

ELMIRE. Ich tu, was sich gehört! Was is uff aamol?

BRITSCHEBRÄÄT. Ich halt die Wertschaft hier net länger aus!
Wie ich behandelt werd! Was ich aach saach,
es gibt e Widderred! Ich geb en Rat,
es werd mer übers Maul gefahrn! Niks von
Respekt mehr in de Welt! Das Wort gibts nicht!
Un jeder kreischt, un kaaner hört mehr zu!

DORCHE. No hörnse, ich ...

BRITSCHEBRÄÄT.   Sie sind hier Kammerzof,
sonst niks, un menge sich enei, wos geht!

DAMIESCHE. Mei liebe ...

BRITSCHEBRÄÄT. Mein lieber Enkel, Sie, Sie sin en
Schludrian! Ich habs meim Sohn schon oft
gesacht: An dem Kind hoste noch dei Freud!
Der macht dich arm! Der landet in de Goss!

MARIESCHE. Ich glaab ...

BRITSCHEBRÄÄT.   Ach Gottche. Ja. Sei Schwesterche,

die Jungfer Bimbernell, Zimperlimbimche,
des sanfte Lamm, kaa Wässerche kanns trübe!
Aber stille Wasser gründen tief! Saach ich!

ELMIRE. Ich bitte Sie, Frau Mutter ...

BRITSCHEBRÄÄT.   Sie überhaupt,
Frau Schwiechertochter, als e Ehefrau,
da sollten Sie den Kindern Vorbild sein
an Sparsamkeit. Un? Se putzt sich uff,
als wärse Gräfin Bibi. Wenn eins
seim Gatte nur gefalle will, dann takelt
sich des net so uff ...

CLEMENS.   Trotzdem, Madam ...

BRITSCHEBRÄÄT. Jetzt springt er seiner Schwester bei. No gut.
Ich saach nur eins: An Stelle von meim Sohn
deht ich em Schwaacher, wie Sies sin, das Haus verbiete!
En Mensch von Anstand hört des gottlos Zeuch,
was Sie verbreite, garnet erst sich an!
Ich saachs, wies is, des is nun mal mei Art.

DAMIESCHE. Ihr Herr Tartüff kommt wahrscheints besser weg!

BRITSCHEBRÄÄT. Un ob! Uff diesen Mensche soll mer hörn!
Des lohnt! Ich kennt mich gifte, wenn ich
erlebe muss, dass so ein junger Spund
sich traut, dem weise Mann am Zeuch zu flicke.

DAMIESCHE. Was? Soll ich mer gefalle lasse, dass
der Mucker s ganze Haus tyrannisiert?
Niks kann mer mache mehr, was Spaß macht, alls
steht der Schleicher do un gibt sein Senf dezu!

DORCHE. Ja, däht mer heern off dem sein Schmus, war jeder
Mensch, wann er was macht, besonners, wann er
sei Freud dran hat, en ausgewachsene Verbrecher.
Nur Herr Tartüff ist ehrenwert,
er schnüffelt nur in dem, was annern mache, rum.

Michael Quast spielt Tartüff.

ORGON, EIN
BRAVER BÜRGER,
FINDET DURCH EINEN
FROMMEN MANN
NAMENS TARTÜFF
DEN HALT UND
SEELENFRIEDEN, DEN
ER IN SEINEM LEBEN
VERMISST.
DASS TARTÜFFS
TUGENDHAFTIGKEIT
NUR EINE MASKE
IST, HINTER DER SICH
EIN SKRUPELLOSER
BETRÜGER VERBIRGT,
DAVON WILL
ORGON NICHTS
WISSEN. WER RETTET
DIE FAMILIE VOR
DEM RUIN?

BRITSCHEBRÄÄT.
Den Weg zum Himmel, schnell verfehlt ihn der,
der nicht dem frommen Führer folgt. Mein Sohn,
der lässt sich freudig führen! Lernt bei dem!

DAMIESCHE. Niemand kann des von mir verlange, Sie net
un aach mein Vadder net, dass ich die Stimme
des Herzens überhör, die mich vor dem
Schmarotzer warnt! Mer kriehn noch Krach! Ich schwärs!

DORCHE. Sowas hot doch die Welt noch net gesehe!
Mit Löcher in de Schuh, so kam er an!
Jetzt wälzt er sich hier wie die Mad im Speck
un lässt uns tanze alls nach seiner Pfeif!
Der soll fromm sei! Do sin se schepp gewickelt!
Des is doch all erstunke un erlooche.
Des is doch alles obbe hui und unne pfui!

BRITSCHEBRÄÄT.
Dreckschleuder, biste still!

DORCHE. Ich trau em net
für Geld und gute Worte. Un aach sein Diener,
dem Lorenz, net, dem geile Bock!

BRITSCHEBRÄÄT.
Vom Diener weiß ich niks. Doch für den Herrn
leech ich die Hand ins Feuer, Herr Tartüff
is euch doch nur ein Dorn im Auche, weil ihr
in seinem Leben, wie im Spiegel, seht,
wie lasterhaft ihr lebt, desweeche wollt
ihr ihn, der euch vom Himmel kommt, vertreibe!

DORCHE. Was soll de Himmel dadran auszusetze habbe,
dass hier mal ab und zu Besuch erscheint?
Doch unser Herr Tartüff geht hoch desweeche.
Er will kaan fremde Mann hier sehn! Warum?
Ja, weil er eifersüchtig is uff die
Madam, un sowas soll den Himmel angehn?

BRITSCHEBRÄÄT.
Den Himmel gehts was an, ob aaner sparsam lebt!
Besuch kost Geld. Un wenns hier zugeht wie
im Taubenschlaach, dass schon die Stadt von redt ...

CLEMENS. Sollse doch redde!

DORCHE. Des kann ich mer schon denke,
wer da des Maul uffreißt! Madam Grete
un ihr Mann, der Krippel, prediche Sitte
schee laut, damit kaans druffkimmt, dasse selber
sisch net dran halte. Weilse selber Dreck
am Stecke habbe, zeichese uff uns.

BRITSCHEBRÄÄT. Luise, von der kein Mensch behaupte kann,
dass se net sittlich lebt, hot sich, hab ich
geheert, auch über euer Wertschaft hier mokiert!

DORCHE. Die hot leicht sittlich lebe in ihrm Alter.
Frieher war se nach Männer wild, jetzt
hänge die Traube ihr zu hoch, do werd
verlangt, dass jeder se für sauer halte soll.

BRITSCHEBRÄÄT. Gelle, Frau Schwiechertochter, des is so grad
nach Ihne Ihrem Sinn geschwätzt. Mir werds Maul
verbote, im Hause meines Sohns, weil diese
Schnedderedett des große Wort hier führt!
Niks is euch heilig! No. Herr Tartüff,
der werd euch Mores lehrn. Da hat mein Sohn
ganz recht. Dass dieses Sündenbabel endet.
Jawohl, ein Babel is des hier, denn jeder
babbelt wie de Schnabel ihm gewachse is.
Grad neulich hot dodribber de Doktor Leimpfann
en gute Witz gemacht. Wie war er noch?
Er sacht: Des is der Turm von Babylon,
do redt aach jeder, als gäbs Geld defier.
Haha! Ich will euch grad verzähle, wies
zu diesem Ausspruch kam.
Sie setzt sich, sieht Clemens lachen.
Was lache Sie
dann do? Am End noch über mich! Das Haus
betrete ich ab heute nicht mehr. Aus!
Zu Philippine.
Was werd dann do geglubscht! Ich hab der doch
vorhin gesacht, mer gehn!
Ohrfeige. Soll ich noch warte!
Jagt Philippine hinaus.

DAMIESCHE. *Zu Clemens.* Herr Onkel –
Frau Großmutter, nur langsam, isch begleite Sie!
Zu Clemens. Wartese en Aacheblick uf mich! *Ab.*

ELMIRE. Mir is noch immer net ganz wohl, lieber Bruder.
Entschuldischese misch! Mariesche, komm! *Ab.*

Erster Akt – Zweite Szene
Clemens. Dorche.

CLEMENS.
Die ist jo ganz eweg von dem Tartüff, die alte Frau!

DORCHE. Bei der, do machts jo niks, do fällts net uff.
Doch um ihrn Sohn, mein Herr, do isses schad.
Jetzt stellese sich vor, ein Mann der immer
bewiese hot, dass er ein ordentlicher Mensch is, –

> ... DENN JEDER BABBELT WIE DE SCHNABEL IHM GEWACHSE IS.

des Geld vom Vadder is durch ihn verdoppelt,
bei dene Unruhe vorm Jahr hot er
sich eingesetzt für Ruh und Ordnung –
und so ein ordentlicher Mensch lässt sich
von einem solchen Dreckprofet,
som Eingeplackte durschenanderbringe.
Se spreche sich mit Bruder an, er hot
en lieber wie die eischene Verwandte.
E Ferschteliebche kennts net besser habbe.
Am Tisch, do musser obbe hocke, dass
er nur die dickste Brocke krieht, un hot
er sich de Maache vollgeschlaache un rülpst,
dann hebt mein Herr sein Glas un lispelt: Wohl bekomms.
Un wenn der Säckel uns die Gnad antut
un kloppt en Spruch, dann schnappt der Herr ihn uff
un wiederholt ihn fuffzig mol.
Der Siwwesortelump hot des nodierlich
längst spitz gekrieht un führten mit Vergnüche
hinners Licht un säckelt ei, sovill er krieht.
Sogar sein Diener will uns schon belehrn.
Neulich sieht er doch in meim Gebetbuch
e seiden Tüschelche un roppt mers weg,
weil so en Deibelskram des heilig Wort
berühren däht. Un steckt sichs ei.

Erster Akt – Dritte Szene
Damiesche. Clemens. Dorche.

DAMIESCHE. Mei Vadder is im Komme. Bitte, Onkel,
net vergesse, ihn weeche der Heirat meiner
Schwester auszuhole, ob werklich der
Tartüff aach do sei Finger drin hot! Wenn
der Walter net mei Schwester krieht, krieh isch
aach net die Schwester von dem Walter.

DORCHE. Obacht!

Damiesche ab.

Erster Akt – Vierte Szene
Orgon. Clemens. Dorche.

ORGON. Ei, der Herr Schwaacher gibt uns die Ehr! Guden Dach!

CLEMENS. Ich wollt grad gehn! Wie siehts denn uffem Land aus?
Blüht schon was?

ORGON. Dorche! *Zu Clemens.* E Aacheblickche,
gestattese! Ich muss nur grad mal hörn –

Ich war zwei Daach net do – ob alles hier
in Ordnung is. No, Dorche, wie? Alles gesund?

DORCHE. Madame hatt Fieber gestern, Koppweh aach!

ORGON. Ja und Tartüff?

DORCHE. Is rosig und gesund!

ORGON. Der gute Kerl!

DORCHE. Un abends wars ihr dann
so schlecht, dasse kaan Bisse esse konnt.

ORGON. Ja und Tartüff?

DORCHE. Der hot fer zwaa verputzt.
E Rebhuhn, dann die Hälft vom ganze Hammelbrate …

ORGON. Der gute Kerl!

DORCHE. Vor Fieber konnt se dann
net schlafe; isch hab die Nacht am Bett gewacht.

ORGON. Ja und Tartüff?

DORCHE. Der war schee mied
un rollt sich in die Feddern un ratzt bis spät.

ORGON. Der gute Kerl!

DORCHE. Am Morsche habbe mer de Arzt
geholt, der hot zur Ader se gelasse.

ORGON. Ja und Tartüff?

DORCHE. Der hot, weil unser Frau
doch so vill Blut verlore hat, zum Frühstück
vier halbe Rotwein sich eneigeschitt.

ORGON. Der gute Kerl!

DORCHE. Korz, beiden geht es gut.
Jezt muss isch unserer Fraa doch gleich verzähle,
wie uffgereecht sie weeche ihrer Krankheit warn. *Dorche ab.*

Erster Akt – Fünfte Szene
Clemens. Orgon.

CLEMENS. Die zieht Sie uff, und, Vergebung, sie
hot recht, denn sowas gibts doch net!

Was is des für en Zauberer, den Sie
sisch do vom Pflaster uffgelese habbe?
Der wickelt Sie jo ein ...

ORGON.   Halt, Sie reden
da über einen Mann, den wo Sie garnicht kennen.

CLEMENS.
Ja, schon, doch was isch hör, des langt mer, dass ...

ORGON. Ach, wennsen kenne dähte, dähte se aach,
ich schwörs, verplatzen vor Entzücken.
Des ist ein Mensch – ein Mensch, der – korz, ein Mensch!
Dursch ihn, dursch seine Lehre gewinn ich endlich
den Seelenfrieden, nämlisch, es ist doch so,
dass sich der Mensch nur quält, weil er Gelüste hat.
Er hängt an dieser Welt. Mit vielen Menschen
verbindet ihn sogar Gefühl, und wenn
isch jetzt, des was ich habbe will, net krieh,
oder was ich hab, verlier, tuts weh.
Des werd jetzt abgeschafft! An der Wurzel
werds ausgerottet, an der Wurzel, indem
ich lern, dass des, was ich mer wünsch,
im Grund niks wert is. Des is die Idee!
Isch bin inzwischen unter seiner Führung
schon soweit, dass mer die ganze Welt
als Haufe Dreck erscheint, un wenn mei Fraa,
mei Kinner sterbe dähte, ich reech mich net mer uff!

CLEMENS. Des nenn isch Fortschritt!

ORGON.   Gelle! Hättese
des miterlebt, wie isch ihms erste Mal
begeeschent bin, Sie würden verstehn, warum
ich an ihm häng; Es war vorm Gottesdienst,
un alle habe zu ihm hiegeguckt,
so inbrünstig un laut hotter gebet.
Isch horsch sein Diener aus, erfahr der Herr is arm.
Isch biete ihm mit aller Rücksicht e
geringe Unterstützung an, gleich hotters
abgelehnt, hot nur die Hälft genomme,
un wie isch dann die anner Hälft
net widderhabbe wollt, hot ers,
vor meine Aache, de Bettler ausgeteilt.
Dann hab isch en erumgekriegt bei mir
zu wohne. Schwaacher! De Himmel hot mern schickt!
Um was der sich all kümmert! Unermiedlich
im Kampf gegen Verschwendung. Mei Frau bewacht
er eifersüchtiger wie isch. Am strengste
behandelt er sich selbst. Er hot sich neulich
stundenlang vor mir als Mörder angeklaacht,
weil en Floh, der ihm beim Bete unners Hemd
gekroche is, im Zorn verribbelt hot.

CLEMENS. Sin Sie dann noch bei Trost, Herr Schwaacher, oder
ziehe Sie mich uff? Des is en Witz ...

ORGON. Un Sie, was sin denn Sie! En Freigeist! Freigeist!
Un sowas nimmt ein bitterböses End!

CLEMENS. Jo des is eifach! Mer sacht, wies is, do wird
eim gleich en Freigeist aagehängt! Damit
nur sie im gute Glaube net gestört wern!
Die Hauptsach, Sie behalte recht!

ORGON.   Die Hauptsach,
Sie behalte recht! Weil Sie die Weisheit
mittem Schaumlöffel gefresse habbe!
Mir annern sin all uff de Kopp gefalle!
Er ist der Sokrates aus unserer Zeit!

CLEMENS.
Jetzt langsam, isch bin kein Sokrates, isch kann
nur zwischen wahr und unwahr unterscheiden.
Niks is mer mehr zuwidder als ein Mann
der laut enausposaunt, wie fromm er is,
der vorgibt, nur de Wahrheit und dem Geist
zu dienen und dadebei sich selber dient,
der ewische Weisheit, die er net mol selbst
erfunne hot, zur Handelsware macht,
an der er sich bereischert, der den, der nischt
nach seiner Tugend lebt, aus Amt und Würden
vertreibt, um sich an seine Stell zu setze.
Naa! Der eschte Fromme, der bei uns nischt selten is,
– isch will nur Ariston, Alcimadas,
Clitander, Friedrisch, Periander nennen –
der eschte lebt ganz still, wesweeschen auch
kaum jemand die von mir Genannten kennt;
er wirft auf niemanden den ersten Stein,
do kann mer aach uff ihn kaan schmeiße,
er dient der Wahrheit, was mer daran merkt,
dass sie ihm nischt dient, oft eher schadet.

ORGON. Sinse fertig?

CLEMENS.   Ja.

ORGON.   Dann Widdersehn!

CLEMENS. Jetzt bleibese! Mer redde von was annerm.
Sie habbe doch dem Walter Ihr Marie versproche!

ORGON. Ei ja.

CLEMENS.   Un aach der Hochzeitsdaach stand fest?

ORGON. Ehe.

Pirkko Cremer (Mariesche), Hildburg Schmidt (Dorche) und Sebastian Klein (Walter).

CLEMENS. Warum werds dann do alls verschobe?

ORGON. Isch waaß net.

CLEMENS. Habbese sischs anners überleescht?

ORGON. Kann sei.

CLEMENS. Also brechese Ihr Wort?

ORGON. Wer sacht des?

CLEMENS. Also halteses. Sehr gut!

ORGON. No ja ...

CLEMENS. Was soll des Hin und Her? Der Walter will jetzt endlich wisse, woran er is.

ORGON. Dann is jo gut.

CLEMENS. Was soll ich em dann saache?

ORGON. Was em grad basst.

CLEMENS. Was wolle Sie dann? Sie?

ORGON. Was Gott gefällt.

CLEMENS. Ernsthaft, halten Sie Wort?

ORGON. Empfehl mich! *Ab.*

CLEMENS. Des muss isch gleich dem Walter saache, dann des sieht net gut aus für ihn, au wei!

Zweiter Akt – Erste Szene
Orgon. Mariesche.

ORGON. Mariesche!

MARIESCHE. Ja, Herr Vadder?

ORGON. Komm hierher!
Er sieht ins Nebenzimmer.

MARIESCHE. Suche Sie was?

ORGON. Isch guck, ob niemand horscht.
Des Zimmerche is wie gemacht defier.
Wohlan. Marie! Die Sanftmut, welche dir
zu eigen is, hat stets Gewogenheit
bei mir erzeuscht; isch blieb dir den Beweis
dafür nicht schuldisch. Isch war doch immer gut zu dir?

MARIESCHE. Isch bin Ihne zu Dank verpflichtet.

ORGON. Sehr gut gesacht, deswegen sollst du auch
dem Vadder en Gefalle tun.

MARIESCHE. Ihre Wünsche sollen mir Befehl sein.

ORGON. Schön ausgedrückt. Was saachese zu Herrn Tartüff?

MARIESCHE. Ich?

ORGON. Ja! Du! Gefällt er dir? Was is?

MARIESCHE. Och, da saach ich lieber, was Sie wolle.

ORGON. Sehr brav. Dann saach, dass du den edlen Menschen
derart verehrst, dass es kein größres Glück
auf dieser Erde geben kann, als
wenn
dein Vater disch mit jenem
koppeliert.

MARIESCHE. Was is?

ORGON. Warum?

MARIESCHE. Äh ...

ORGON. Hoste was? Dann sprich!

MARIESCHE. Noch mal, wer soll das sein mit dem
als Glück ich koppeliert wern soll?

ORGON. Tartüff!

MARIESCHE. Des is doch garnet wahr! Des wär gelooche!

ORGON. Ich mach schon, dasses net gelooche is.

MARIESCHE. Sie wolle ...

ORGON. Ja, isch will un du hosts aach
zu wolle, dass isch ihn mit der Familie
verbinden kann auf Dauer.
Sieht Dorche, die schon länger gelauscht hat.
Was will dann Sie!

Zwelter Akt – Zweite Szene
Dorche. Orgon. Mariesche.

DORCHE. Isch hab do zufällig was läute heern.
So ebbes! Naa! Isch glaabs noch net! Tartüff,
hab isch geheert, däht heirate, do hab isch glei
gesacht: Des sin doch Posse. Des glaab ich net.

ORGON. Was soll dann do dran net zum Glaube sei?

DORCHE. Mein Gott, des glaabese doch selber net!

ORGON. Isch glaabs net nur, isch werns euch all beweise!

DORCHE. Immer zu klaane Witzscher uffgeleht!

ORGON. Des werd sich zeische!

DORCHE. Dummes Zeuch.

ORGON. *Zu Marieche.* Kind, es stimmt!

DORCHE. Er uhzt Sie nur!

ORGON. Isch saach ...

DORCHE. Sprechese sisch
nur aus! Ihne glaabt hier doch kein
Mensch.

ORGON. Glei werd mei Faust ...

> WAS IS DES FÜR EIN TON?
> JA HABBE MER
> ZUSAMME SÄU GEHÜT!

DORCHE. No gut, isch glaabs! Noch schlimmer!
En Mann, von dem mer denkt, er is gesund ...

ORGON. Was is des für ein Ton? Ja habbe mer
zusamme Säu gehüt! Sie maßen sisch
in meinem Hause Reschte an ...

DORCHE. Nur ruhisch!
Son Zorn, der schadet nur, spricht Herr Tartüff.
Mal ehrlich: Ihr Kind un der Betbruder!
Außerdem er hot kaan Pfennig Geld!

ORGON.
Still sollse sein! Die Armut ehrt ihn, nie hat
er am Besitz gehangen, er war zu gut!
Desweeche konnt merm aach die Ländereien,
die er vom Vadder, der von Adel war,
geerbt hat, leicht entreißen, aber isch,
des is schon ausgemacht, streck ihm was vor,
dann führn mer en Prozess und holes uns zurück!
Mein Kind! Verbunden mit diesem Mann

der Frömmischkeit, des Friedens werdet ihr leben
wie die Tauben.

DORCHE. Se macht ihn schnell zum Hirsch!

ORGON. Hört des jezt uff?

DORCHE. Es geht mer net um mich.

ORGON. Zu gütig! Ruhich jezt!

DORCHE. Nur aus Lieb zu Ihne ...

ORGON. Isch will ka Lieb!

DORCHE. Isch liebe, wen isch will.

ORGON. Was?

DORCHE. Ich will doch net, dass Sie die ganze Stadt belacht.

ORGON. Du sollst dei Maul halte, du verdammte ...

DORCHE. Ah, guckmol do, is fromm und flucht!

ORGON. Jetzt is ...

DORCHE. Gut, ich bin still, isch denke mer mein Teil.

ORGON. Denk, was de willst. Mein Kind! Wenn auch ...

DORCHE. Isch platz!

ORGON. Tartüff im Äußern Reize fehlen ...

DORCHE. Scheppmaul!

ORGON. So strotzt er doch im Innern ...

DORCHE. Proste Mahlzeit!
Däht misch aans zwinge, son Kujon zu heirate,
dann däht isch zeische, wie e Fraa sisch räscht,
un schuld, wenn isch meim Gatte Hörner uffsetz,
is der, der misch zur Eh gezwunge hat.

ORGON. So hältst du dein Versprechen!

DORCHE. Red isch mit Ihne?

ORGON. Mit wem denn sonst?

DORCHE. Mit mir!

ORGON. Jetzt is gut.
Weil Sie in Ihrer grenzenlosen Frechheit
nicht hören können, werde ich handschriftlich –
Er hält die Hand zum Schlag bereit, setzt, Dorche beobachtend,
seine Rede fort.
Mein Kind! Mit diesem Manne der Frömmigkeit –
des Friedens – *zu Dorche* – du sachst ja niks?

DORCHE. Hab niks zu saache.

ORGON. Ein Wörtschen!

DORCHE. Hab kaa Lust.

ORGON. Mein Kind, mit diesem ...

DORCHE. Isch lass mer doch net freiwillig ei wische!

ORGON. Der Höllenschlund hot dieses Giftweib ausgespuckt
Zu Mariesche. – deine Dienerin! – damit es mich
zu einer Greueltat verführt.
Ruhisch! Mach en Spaziergang!
Du heiratst den Tartüff un damit aus! *Ab.*

Zweiter Akt – Dritte Szene
Dorche. Mariesche.

DORCHE. Muss isch dann alles mache! Sin Sie stumm?

MARIESCHE. Geechen Vadder komm ich doch net an.

DORCHE. Ja lieben Sie den Walter oder nicht?

MARIESCHE. Isch hab dir doch schon oft mein Herz geöffnet.

DORCHE. Un liebt er Sie?

MARIESCHE. Ja, isch glaub. Heirate willer.

DORCHE. Und wenn Tartüff Sie kriegt?

MARIESCHE. Dann nehm ich Gift.

DORCHE. Des is mer ja noch garnet eigefalle.
Des is die Lösung! Ich wern verrickt, wenn isch
so Flause hör!

MARIESCHE. Du fühlst nicht wie ich fühle!

DORCHE. Jetzt werd gehandelt, nicht gefühlt!

Pirkko Cremer spielt Mariesche, die Tochter Orgons.

MARIESCHE.   Hab Ängst!

DORCHE. Wer werklich liebt, hot Mut!

MARIESCHE.   Isch bin ein Weib,
warum springt mer der Walter da nicht bei?
Das wär doch seine Pflicht! Was macht er? Niks!

DORCHE. Ihr Vadder bricht sein Wort un der Bub soll schuld sein?

MARIESCHE.
Des kann mer doch net mache! Wenn isch misch gegen
den Vater wehr, verletz isch doch nischt nur
die Kindespflicht, des werd doch dann bekannt,
un damit geb isch offen zu, dass isch
den Walter lieb, das lässt mein Schamgefühl
nischt zu, un der kann mache mit mer, was er will.

DORCHE. Isch seh schon, Sie wern die Frau Tartüff.
Was soll mer auch dageesche saache?

MARIESCHE.   Heer uff!

DORCHE. Des is doch was! Die Frau Tartüff und Herr
Tartüff. Tartüff am Abend, Tartüff
am Morje, wie gemietlich. Dann noch
paar goldische Tartüffelscher dezu!

MARIESCHE. Heer uff! Du tötest mich. Dann helf mer doch!
Was kannste mer denn rate?

DORCHE.   Nenn disch Frau Tartüff!

MARIESCHE. Da auch du misch verlässt, soll misch Verzweiflung
lehren, wie isch meine Qualen endlisch ende!
Sie will gehen.

DORCHE. Na, wartese! Isch geb mal widder nach!
Ich helfe der. Wer wolle sehe, was
sich machen lässt. Da! Der Walter kommt!

Zweiter Akt – Vierte Szene
Walter. Dorche. Mariesche.

WALTER. Mein Fräulein, isch hörte eben eine Nachricht ...

MARIESCHEN. Und welche Nachricht haben Sie gehört?

WALTER. Dass Herr Tartüff Ihr Gatte werden soll.

MARIESCHEN. Das ist ein Plan, der von meim Vater stammt.

WALTER. Und Sie, Sie wollen sich jetzt noch besinnen?

MARIESCHEN. Ich weiß nicht.

WALTER. So e Antwort macht mer Spaß!
Sie wissens net?

MARIESCHEN. Ei nein, dann saachen Sie mirs!

WALTER. Dann saach ich Ihne: Nemme Sie Tartüff!

MARIESCHEN. Des saache Sie?

WALTER. Ei ja.

MARIESCHEN. Im Ernst?

WALTER. Im Ernst!
Sie haben eine gute Wahl getroffen!

MARIESCHEN. Mein Herr, was Sie mir raten, soll geschehn.

WALTER. Noja, des fällt Ihne gewiss net schwer.

MARIESCHE. Nischt schwerer als es Ihnen fällt, mein Herr.

WALTER. Isch dacht, Sie wärn mir dankbar für den Rat.

MARIESCHE. Das zeische isch, indem isch ihn befolge.

DORCHE. Jetz will isch doch mal sehn, wie weit dies treibe.

WALTER. Des also heißt bei Ihnen echte Liebe!

MARIESCHE. Isch folge Ihrem Rat und nemm Tartüff.

WALTER. Mein Rat! Des war doch vorher schon beschlosse!

MARIESCHE. Isch gebe Ihnen recht, was Sie auch sagen.

WALTER. Isch saach nur eins: Die Lieb war niemals echt.

MARIESCHE. Wenn Sie des glauben wolle, bitteschön!

WALTER. Dann kann isch gehn. Es gibt ja nischt nur Sie!

MARIESCHE. Bei Ihrem Ansehn wernse sischer gern getröst.

WALTER. Isch red net von meim Ansehn, was isch mein
ist, dass, wenn isch so kalt behandelt werd,
dann geh isch, weil, worauf ich Wert leesch, is,
ein warmes Herz, zu jemanden, der misch
versteht; da kann doch niemand hier verlangen ...

MARIESCHE. Ei bitte, isch verlang ja niks, isch verstehn,
wenn Sie woanderster Trost suchen tuen.

WALTER. Isch mein doch nur? Isch kann mer doch als Mann
net alles bieten lasse. Wenn dem Mann
die Frau fortläuft, dann läuft er ihr nicht nach
und lohnts ihr, dass sie untreu ist. Mein Standpunkt!

MARIESCHE. Isch versteh!

WALTER. Verstehense, Sie verlangen
von mir, dass isch, wann Sie sich von dem andern
berühren lassen, treu bleiben soll.
Da kann ich mir doch auch die Freiheit nehmen ...

MARIESCHE. Isch sach doch garniks. Es is nun mal, wies is.
Da muss mer sich halt abfinde und
vernünftisch sein.

WALTER. Sein wir vernünftisch, ja.

MARIESCHE. In aller Vernunft trennen wir uns hiermit.

WALTER. Isch muss versuchen, Sie zu vergessen.

MARIESCHE. Ja.

WALTER. Was?

MARIESCHE. Sie müssen mich vergessen!

WALTER. Sie wolles werklisch?

MARIESCHE. Ja ...

WALTER. Jetz hab ischs dick! Dann mach ischs aach!

MARIESCHE. Ja gut.

WALTER. Un Sie sin schuld!

MARIESCHE. Ja gut, ja gut!

WALTER. Weil Sies so wollen!

MARIESCHE. Gut, dann will ischs halt.

WALTER. Sie habbe aagefange! Sie sin schuld!

MARIESCHE. Dann bin ich schuld, gut, weesche mir.

WALTER. Isch geh, und komm nie widder. *Er geht.*

MARIESCHE.   Gut.

WALTER. *Dreht sich um.*   Was is?

MARIESCHE. Was meinese?

WALTER.   Sie habbe mich gerufe.

MARIESCHE. Des habbe Sie geträumt.

WALTER.   Adieu!

MARIESCHE.   Adieu!

DORCHE. Seid ihr dann alle zwaa verrickt?
  He, Walter!

WALTER. Was willst du?

DORCHE.   Hiergeblibbe!

WALTER.   Isch
geh, die wills!

DORCHE. Momentche!

WALTER.   Niks!

DORCHE.   Ach komm!

MARIESCHE.   Wenn er mein Anblick
net erträscht, is besser, dass isch geh!

DORCHE. *Hinterher.* Wohin?

MARIESCHE.   Lass misch!

DORCHE.   Du bleibst.

MARIESCHE.   Es is umsonst!

WALTER. Es quält sie, misch zu sehn, da muss isch gehn.

DORCHE. *Hält ihn.*
Jetz widder der! Jetz Schluss mit dene Posse!
Kommt her!

MARIESCHE. Was willste dann?

WALTER.   Was wolle Sie?

DORCHE. Versöhne will isch eusch! Seider dann doll!

MER DENKT,
DIE LIEB MACHT
SCHLAU. NAA
MACHT DUMM.

WALTER. Du hast gehört, was isch mit anhörn musst.

MARIESCHE. Du host gesehn, wie grob er zu mir war.

DORCHE. Ja friss die Beißzang! Wo komme mer
da hie, wann net mol mehr die Liebesleut
zusammenhalte? Mariesche liebt nur Sie,
des waaß ich, und der Walter Sie, isch schwörs!

MARIESCHE. Was gibter mir dann abber so en Rat?

WALTER. Was stellt se mer dann abber aach so Fraache?

DORCHE. Die Hand!

WALTER.   Was willste mit der Hand?

DORCHE.   Jetzt Ihre!

MARIESCHE. Mei Hand?

DORCHE. *Legt ihre Hände ineinander.*
                    Ja werds bald! Macht!
Ihr liebt Euch doch!
Ihr wisst jo net, wie ihr euch liebt!

WALTER. *Dreht sich zu Mariesche.*
Bekomm ich wenischstens en klaane Blick?

Mariesche dreht sich ihm zu, lächelt.

DORCHE.
Mer denkt, die Lieb macht schlau. Naa, Lieb macht dumm.

WALTER. Gebbese zu, dass ich zu Rescht gekränkt war!
Dann werd mer noch eiskalt en Schlaach versetzt!

MARIESCHE. Und Sie sind undankbar, ganz undankbar!

DORCHE. Ihr könnt Euch später weiter kappele,
erst sehn mer, dass dem Tartüff sein Plan zerplatzt
und dozu brauche mer Verbündete
und Zeit, doch dass vorher niks rauskommt, müsst
ihr tun, als tätet ihr dem Vadder seinen Willen.
Sinse besonners lieb, mer darf euch net
zusamme sehn, desweeche geht jetzt ausenanner.

WALTER. Bei allem was gescheh, nur Ihr Gefühl
gibt mer die Zuversicht …

MARIESCHE.   Ich will immer …

DORCHE. *Trennt sie.* Genuch gebabbelt!

42

WALTER. ... dass wir zusammen ...

DORCHE. Fort!

MARIESCHE. ... dass Sie und ich ...

WALTER. *Zurück.* ... zusammen ...

DORCHE. Ausenanner!
Heert des dann niemals auf! Sie gehn da! Sie da!

Dritter Akt – Erste Szene
Damiesche. Dorche.

DAMIESCHE. Des Donnerwetter soll mer uff de Kopp
enunnerfahren, die Haar ropp isch mer aus,
en Dolch stump isch von selber in mei Brust,
wenn mer der Himmel quer kommt, oder sonstwer
und hindert misch, das Treiben hier zu enden.

DORCHE. Jetzt erst mal ruhisch! Bis jetz hot erst der Vadder
doch nur davon geredt und niks gemacht.

DAMIESCHE. Schmied du nur hier Komplotte, Schurke,
du werst gewäsche von mer, wart!

DORCHE. Ja immer langsam! Besser wärs, Sie lasse
Ihr Stiefmutter des mache. Die machts geschickt.
Isch glaab, der Schlucker is in sie verliebt.
Des wär was! Wann sen do packt, habbe mern!
Sie willen sprechen, nach der Heirat fraache.
Um die Zeit kommter immer runner. Gehnse!

DAMIESCHE. Dann bleib isch aach!

DORCHE. Sie gehn, Sie störn!

DAMIESCHE. Isch übe Mäßigung!

DORCHE. Sacht so en Krischer!
Du lieber Gott, er kommt, schnell hierhinein!
Sie versteckt Damiesche.

Dritter Akt – Zweite Szene
Tartüff. Dorche.

TARTÜFF. *Sobald er Dorche sieht, zu seinem Diener.*
Lorenz, lieber Freund, mein Bußhemd und
die Geißel hab ich im Zimmer liechen lassen,

sei so gut un schließ sie in den Schrank.
Für diesen Dienst bedenk ich dich in meim Gebet.
Wenn einer nach mir fragt, ich geh zum
Gefängnis, um dort das Geld, das mir mein Bruder
gebe hat, zu teilen mit den Ärmsten.

DORCHE. Wie er sich widder uffbläst!

TARTÜFF. Will Sie was?

DORCHE. Grad wollt ich ...

TARTÜFF. *Zieht ein Tuch hervor.* Gott im Himmel, sprechen Sie
nicht weiter! Erstmal nehmen Sie das Tuch!

DORCHE. Dankeschön, warum?

TARTÜFF. Bedecken Sie
den Busen da, sonst werden mir
in meiner Seele sündige Gedanken aufgeregt.

DORCHE. Des geht bei Ihne aber schnell. Sie könnte
nackig vor mir stehn. Es ließ mich kalt!

TARTÜFF. Mehr Anstand in der Rede, bitt ich mir aus!
Sonst müsste ich sofort den Raum verlassen.

DORCHE.
Ich geh schon. Eins noch: Die gnädische Frau lässt fragen,
ob sie mit Ihne grad mal spreche kann.

TARTÜFF. Ei sofort!

DORCHE. Ja! Do beißt er an!

TARTÜFF. Wann kommtse dann?

DORCHE. Ich her se schon. Ich geh. *Ab.*

Dritter Akt – Dritte Szene
Elmire. Tartüff.

TARTÜFF. Dass sieße Seelischkeit tief eindringe in
Ihr Herz, und dass Ihr Leib erblühe in
Gesundheit, dies erfleht auf Knien täglich
mehrmals vom Herrn im Himmel dieser Wurm.

ELMIRE. Mein Herr, ich bin sehr oblischiert für diese
Bemühung, aber setze mer uns doch.

TARTÜFF. Wie fühlen sie sich jetzt? Sind Sie genesen?

ELMIRE. Isch fühl misch wohl. Des Fieber ist vorbei.

TARTÜFF. Wenns mein Gebet gewesen wär, das das bewirkt!

ELMIRE. Sie haben do ein Eifer, den verdien isch nischt.

TARTÜFF. Isch opfer mei Gesundheit gern für Sie!

ELMIRE. Auch Nächstenliebe sollte ihre Grenzen haben.

TARTÜFF. Verdienen Sie nicht mehr als Nächstenliebe?

ELMIRE. No gut. Ich bräucht Ihrn Rat in einer Angelechenheit.
Wir sind allein. Das trifft sich gut.

TARTÜFF. Ja, das trifft sisch gut. „Wir sind allein."
„Das trifft sisch gut." Dies Wort aus Ihrem sießen Mund!
„Wir sind allein." Näschte! Näschte dursch
hab isch misch abgeschafft, ins Knie gekrümmt,
hab ich gebetet, Gott angebettelt,
um diese Stunde. Da. Isch bin erhört.

ELMIRE. Um eins möscht ich Sie gleich zu Anfang bitten.
Halten Sie nischts zurück. Sprechen Sie offen!

TARTÜFF. Und ob isch offen sein will! Meine Seele
will isch Ihnen öffnen! Nischts, kein Winkelschen
soll noch verborgen sein. Sie werdn tiefe
Blicke tun und sehn: Da ist nur Liebe,
nischts von Hass. Denn wenn isch manchmal streng
zu Ihnen war, so war es nur aus Sorge.
Ich sah Sie in Gefahr, umgeben von
Verführern, da riss mein Eifer misch davon.

ELMIRE. Ich habs schon so verstanden. Ich weiß, dass Sie
der Wächter meiner Seele sind, des weiß isch.

TARTÜFF. Ja, Wächter! Wächter mit solcher Inbrunst! Ach!
Er drückt ihr die Hand.

ELMIRE. Au, Se tun mir weh!

TARTÜFF.   Isch tu Ihnen weh?
Das will ich nischt. Verfluchter Eifer! Ich will
doch nischts – als nur – *Hat die Hand auf ihrem Knie.*

ELMIRE.   Was macht denn do die Hand!

TARTÜFF. Nischts! Nischts! Ich wollt nur grad mal fühle, weil ich
bin ein Freund von solchen weichen warmen
Kleiderstoffen. Werklich warm, schee warm,
wie angenehm!

ELMIRE. *Rückt weg.* Jetzt heernse uff! Es kitzelt!

TARTÜFF. *Rückt nach.*
Und auch das Halstuch! Schön kühl! Wie zart bestickt!
Die Fortschritte in dieser Kunst sind durchaus
anerkennenswert.

ELMIRE.   Des stimmt. Zur Sache:
Isch hab gehört, mein Mann, der des Mariesche
doch schon dem Walter zugesproche hat,
will jetzt uff aamoll Sie als Schwiechersohn?

TARTÜFF. Ganz allgemein hat er davon gesprochen.
Doch ich find darin nischt die Seelichkeit.
Befriedigung erwart isch von woanners.
Erwarte sie mit solcher Inbrunst, dass,
was Ihr Gatte plant, misch gänzlich kalt lässt.

ELMIRE. Ich weiß, Sie suchen die Erlösung nur
im Geiste. Alles Körperliche ist für Sie
nur irdisch, niedrisch, gilt Ihnen nischts.

TARTÜFF. No ja.

ELMIRE.   Sie lieben nur den Himmel.

TARTÜFF. Ja, und weil ich heiß den Himmel liebe,
so liebe isch genau so heiß das Irdische
in ihm, und was im Irdischen schon himmlisch ist.
Die Sinne, die der Herr uns gab, dass
wir die Dinge seiner Schöpfung erkennen,
versammeln sisch, sonst meist zerstreut, in einem,
und sehend, hörend, tastend, riechend, schmeckend
zugleisch erleben wir das eine Wunder,
das uns die Seelischkeit, von der sonst nur
heilische Schriften spreschen, ahnen lässt.

ELMIRE. Des is galant, wie Sie mer des erklärn,
doch bin isch, muss isch saache, überrascht,
dass so ein frommer Mann wie Sie ...

TARTÜFF.   Ja fromm,
doch schließlich auch ein Mann. Erst dacht isch auch,
es wär Versuchung, isch schloss misch ein, geißelte
den Leib, ging in misch und fand, dass mein Gefühl
so rein ist wie der Engel, der dies Gefühl
erweckt. Kein Stäubchen fällt auf Ihre Ehre.
Und außerdem, kei Bürgersfrau, die nur
aus Furscht, die Ehr, ihr Unterkommen, zu
verliern, sisch weigert, dem von Liebesqual
Gefolterten zu helfen, ist sischrer als
bei Männern unserer Gesinnung.
Der Weltlische mag sein Vergnüschen darin finden,

die heimlichen Genüsse auszuplaudern.
Der Mann des Geistes darf und will dies nischt.
Sein Ansehn verbietet ihm Geschwätz. Er muss
das weltliche Urteil sowieso nischt fürschten,
er hört auf sein Gewissen, das bestimmt,
was Sünde ist, was nischt. So hat die Frau,
die geistlischem Beistand der Art sisch anvertraut,
nischt nur den Vorteil der Verschwieschenheit,
der Mann des Geistes hat die Macht, ihr beim
Genuss das lästische Gefühl der Schuld
zu nehmen: Lust ohne Angst ist wahre Lust.

ELMIRE. Isch hab Ihre Erklärung abgewartet
und glaube jetzt zu wissen, was Sie
  wünschen.
Was meine Sie, ob nischt das Band, das Sie
mit meinem Mann verbindet, einen Riss
bekäme, deutete isch ihm Ihre Ziele an?

TARTÜFF. Das tun Sie nischt! Vielleicht war ich zu offen,
doch diese Strafe wär zu grausam, isch
verlör auf der Stelle meinen Glauben
an Ihre Güte, ja an die Güte überhaupt der Frau.
Was wollese dann? Isch bin doch net schuld!
Es is doch Ihre Schönheit, die schuld is!
Sehnse in de Spieschel, dann sehnses!

ELMIRE.
Noja, isch wüsst net, was e anner Frau
an meiner Stelle däht, aber weil es mir
als Unart – gerade weil sie dem Weibe oft
zu eigen ist – erscheint, zu petzen, saach
isch niks, dafür verlang isch nur, dass Sie
mir gleichfalls ein Gefallen tun und sisch
bei Ihrem Freund, meim Mann, dafür verwenden,
dass des Marieschen ihren Walter kriecht,
und was Ihre annern Hoffnunge betrifft …

Dritter Akt – Vierte Szene
Damiesche. Tartüff. Elmire.

DAMIESCHE. Naa, Madam, naa! Des muss eraus!
Jetzt ropp isch em die Maske ab, jetzt wird
entlarvt, die Wahrheit bring isch an den Taach!
Gott gab mir einen Fingerzeig, des heißt,
isch hab do mitgehorscht, do in de Eck.
Es geht um Lüge oder Wahrheit!
Wer schweigt, der macht sisch selber schuld.

ELMIRE. Naa, Damiesche, naa. Des geht aach anners!
Es langt doch, wenn er in sisch geht un des macht,

ES IS DOCH IHRE SCHÖNHEIT, DIE SCHULD IS!

um was isch ihn gebete hab. Was soll
mers ausposaune, des gibt doch niks wie Ärjer!
Die Frau, die ihrer sischer ist, setzt sisch
über so Ansinne, wie das von dem hinweg.

DAMIESCHE.
Se wern ihr Grund schon habbe, so zu handeln. Isch handel
annerster. Un aach aus gutem Grund.
Der Kerl zieht unserm Vadder s Geld aus der Dasch,
  des unsereins mal erbe soll.
  Die Tochter wär e gut Partie für ihn,
  un jetzt, do grabscht er aach noch nach de Fraa.
  Un dodebei wern alsfort Sprüch gekloppt
  von Sparsamkeit, Enthaltsamkeit.
  Dem Vadder kommts geleeche. Mit so Sprüch
  kann er uns ducke, dass aam die Lust vergeht.
Un wenn ischs dann net aushalt, komm in Raasch,
dann guckt der Duckmäuser ganz seeleruhisch
eim an, der feine Herr, er is erhabe
über alle Leidenschaft! Des denkste!
Mer habbe disch! Des war ein Wink vom Himmel,
dass isch misch do versteckelt hatt.
Es wär e Sünd, dem Herrgott gegenüber,
wann der eim beispringt, die Geleechenheit
net auszunütze; wahre Bürgertugend
ist, die Wahrheit an den Tag zu bringen.
Es geht mer net ums Geld.

ELMIRE.
Damis, isch bitte Sie, Tartüff bereut!
Versagen Sie ihm nischt Vergebung.

DAMIESCHE.
Was soll isch aam vergebe, der uns ausnimmt.
Den Spaß, den will ich habbe. Rache ist süß.
E einzisch Freud is des. Isch schnapp noch über.
Do kimmt aach schon de Vadder. Wunnerbar!

Dritter Akt – Fünfte Szene
Orgon. Tartüff. Damiesche. Elmire.

DAMIESCHE.
Verehrter Vadder, isch hab e Geschicht
für Sie, die zeischt, wie man uff Wohltat niks
wie Undank ernte dut, wenn auch Ihre Gattin
in ihrer altbekannten Sanftmut net will,
dass ischs verzähl, betracht ischs doch als Pflicht,
da doch die Ehre meines Vaters bedroht ist,
das Maul sperrangelweit zu öffnen, und
weil niemand misch dran hindern kann,
was wahr is, aach zu saache, stell isch den

der sich getraut, die Ehre meines Vaters
anzutasten, an den Pranger: Der hier!
Der fromme Mann hat ebe, isch war Zeuge –
ehrlisch, do hinne hab isch mitgehorcht –
der Stiefmutter und Frau an dieser Stelle
so offen, daes widerwärtisch war,
sei eklisch Leidenschaft, die ihm zu ihr
im Innern aufgelockert ist, gestanne!

ELMIRE.
Isch denk, e Frau sollt net ihrm Mann, der wo
sein Kopp voll mit Geschäfte hot, aach noch
mit dem, was doch nur sie betrifft, zur Last sein.
Isch schütze meine Ehre selbst, Damis!
Doch Ihre Anmaßung beweist mir nur,
dass es an Achtung und Vertrauen fehlt. *Ab.*

Dritter Akt – Sechste Szene
Orgon. Tartüff. Damiesche.

ORGON. Des darf net wahr sein!

TARTÜFF.   Doch, mein Bruder, doch!
Es ist wahr! Es ist wahr! Isch bin ein so
ein schlechter Mensch, ein Sündenpfuhl, ein Madensack,
ein solches Sodom und Gomorrha,
dass jetzt der Himmel selbst sei Racheblitze
aufs Haupt mir runterschleudern will; des merk
isch daran, dass dein Sohn sisch, ohne dass
isch druffkam, hier versteckelt halte konnt.
Vollstrecke du des Himmels Urteil, Bruder!
Vertreibe misch aus Deinem Hause, dann
kei Straf ist groß genug für meine Tat.

ORGON. *Zu Damiesche.* Was, du getraust dich, meinen Bruder,
den reinsten Menschen, vor mir anzuschwärzen.

DAMIESCHE. Ei hörnse net, der heuchelt …

ORGON.   Still, Säuwatz!

TARTÜFF. Nein, hör dir ihn nur an, du tust ihm Unrecht!
Du bist mir oft zu leichtgläubisch, mein Bruder,
verwechselst zu oft Schein und Wirklischkeit!
Das kannst du dir nischt leisten, denn ein Mann
in deiner Stellung, von dessen Urteil abhängt,
ob das Geschäft Verlust macht, ob Gewinn,
muss wissen, wem er trauen kann, wem nischt.
Er muss die Menschen kennen, und da der Mensch
sich schwer erkennen lässt in seinen Masken
und Maskeraden, geh von einem immer aus,

damit du sischer gehst: Der Mensch ist schlecht!
Er wünscht sisch, gut zu sein, des geb isch zu,
doch Menschenkraft langt nischt, immer widder,
er kann sisch abrackern dageesche wie er will,
dricke sisch die niedersten Triebe durch:
Wollust und Eigennutz! Nimm nur misch!
Was quäle isch misch ab, um rein zu leben!
Der Welt erscheine isch als tugendhaft.
Doch wie sieht des im tiefsten Innern aus?
Damis, Sie haben rescht, belehren Sie
den Vater, wenn er mir nischt glauben will.
Sie haben das Innere der menschlischen
Nadur entdeckt. Nennen Sie mich Dieb!
Zwar hab isch nie gestohlen. Doch mag isch die
geheime Absicht hegen. Nennen Sie
misch Wollüstling! Zwar hab isch eine Frau
noch nie besessen. Doch strebt der alte Adam
nischt ewisch nach verbotner Lust. Nenn
misch Mörder! Zwar schon isch selbst der Wanze, die
misch nachts bewohnt. Doch is nischt Kain in uns?
Ja, nenn misch Heuschler! Zwar strebte isch nach Wahrheit
zu jeder Zeit wie jetzt. Doch wir sind alle Lügner!
Ja, stoß, Schwertstößen gleisch, die Worte „Dieb",
„Wollüstling", „Mörder", „Heuschler" mir in die Brust.
Isch nehm die Schuld auf misch für alle Diebe,
Wollüstlinge, Mörder, Heuschler …

ORGON.   Schluss!
Steh uff, Bruder, komm! Die Knieerei
gehört sisch net! *Zu Damiesche.* Jetz saachemal, berührt
disch dann des garnet, du verstockter Klotz!

DAMIESCHE. Ja, sinse blind?

ORGON.   Halts Maul! Lieber, steh uff!
Zu Damiesche. Geht dir das Schamgefühl dann vollends ab!

DAMIESCHE. Is des die Möglichkeit …

ORGON.   S Maul sollste halte!

DAMIESCHE. Ich platz!

ORGON.   Ei Wort, isch brech der alle Knoche!

TARTÜFF. Bruder, ruhisch! Dursch Leidenschaft, da schadest
du dir mehr, als du dir nützt. Isch sags
nochmal: Du bist im Unrecht! Eher will isch
misch schlagen lassen, eh ihm e Haar gekrümmt werd.

ORGON. *Zu Damiesche.*
Du bist ein böser Mensch! Ein böser Mensch!
Ja waaßte, was de bist? Böse biste!

V.l.n.r: Hildburg Schmidt (Dorche), Pirkko Cremer (Mariesche), Anja Krüger (Elmire), Gerhard Fehn (Orgon), Kai Schwegel (Damiesche). Im Vordergrund: Michael Quast in einer Doppelrolle als Madam Britschebräät.

TARTÜFF. Auf Knieen bitt isch disch um Gnade, Bruder!

ORGON. Du beschämst misch.
Zu Damiesche. Da! Siehste jetzt,
was wahre Größe is? Bedank disch!

DAMIESCHE. Isch misch?

ORGON. Ruhisch!

DAMIESCHE. Bei dem do?

ORGON. Biste ruhisch!
Kaan Muckser mehr! Isch waaß genau Bescheid!
Isch weiß, ihr hasst ihn allesamt, ich weiß,
mei eische Frau, mei Kinner, ja sogar
mei Diener sin gegen ihn im Bund un
wolle mer mein Freund aus meinem eischne Haus
vertreibe. Do habt er eusch geschnitte!
Je mehr ihr annem rumroppt, desto mehr
halt isch en fest. Mei Tochter kriehter! Aus!

DAMIESCHE. Sie wollen Ihre Tochter in die Ehe zwingen?

ORGON. Heut Abend noch! Jetz grad! Ihr sollt Eusch gifte!
Jetz wolle mer doch sehn, wer Herr im Haus is!
Es geht in euern Kopp net rei, dass unter eusch
ein Mensch lebt, der eusch zeigt, wie mer halt lebt.
Ihr Kleinmütigen, ihr erkennts nischt!
Isch aber habs erkannt! Isch werds eusch zeische!
Los, Rotzbub, in die Knie, und bitt ihn um Verzeihung!

DAMIESCHE. Isch? Die Schmaaßmick um Verzeihung?

ORGON. Was Widderworte, Beleidischunge aach noch!
En Stecke her! Mein Stecke!
Zu Tartüff. Haltese misch net!
Mach, dass de aus meim Haus kommst!
Un loss disch nie mehr blicke. Aus den Augen!

DAMIESCHE. Isch geh schon, aber …

ORGON. Biste noch net fort!
Betrachte disch als heut von mir enterbt
un mit dem väterliche Fluch belegt!

Dritter Akt – Siebte Szene
Tartüff. Orgon.

ORGON. Wie kann mer nur en Mensche derart kränke?

TARTÜFF. Allmächtiger, vergib ihm seine Schuld,
ich will ihm auch vergeben. Ach, wenn du wüsstest,
wie weh des tut, wie weh, wie furchtbar weh,
so angeschwärzt zu wern!

ORGON.   Ach Gott, ach Gott!

TARTÜFF. Der Undank! Immer wieder traue isch den Menschen
und immer wieder werde isch enttäuscht!
Der Boden reißt unter de Füß mir auf!
Mir schwindelt! Mir is schlecht! Ich glaab, isch sterb!

ORGON. *Damiesche hinterdrein.*
Mörder! Warum hab isch disch laufe lasse!
Warum hab isch disch net zertreten, Worm!
Zu Tartüff. Lieber, ruhisch! Versuch, net dran zu denke!

TARTÜFF. Ja mache mer e End! Isch habs Gefühl,
dass ich in deinem Haus nur stör, desweeche
werd isch disch verlasse.

ORGON.   Des meinst du doch net so?

TARTÜFF.
Isch bin verhasst hier. Allsfort werd isch
verdäschtischt!

ORGON. No und? Des geht bei mir do rein, do
raus!

TARTÜFF. Einmal werds doch geglaubt!

ORGON.   Ach was!

TARTÜFF.   Wie schnell
lässt sich en Mann von seiner Frau beschwätze!

ORGON. Nein, nie!

TARTÜFF.   Doch wenn isch geh ...

ORGON.   Du bleibst, un aus!

TARTÜFF. Dann hat doch aller Streit ein End ...

ORGON.   Du bleibst!
Isch bitte disch. Do hängt mein Leben devon ab.

> ## WAS KIMMERN
> ## MISCH
> ## DIE LEUT!

TARTÜFF. No gut! Es werd misch Kräfte koste, doch wenn
isch dir gefalle kann ...

ORGON.   Ach ja!

TARTÜFF.   ... solls sein!
Komm komm! Isch will kein Dank! Nur eins: Die Ehre
von mir und dir steht auf dem Spiel. Gerüchte
soll mer im Keim ersticke. Deine Gattin
darf isch nischt wiedersehen! Niemals! Niemals!

ORGON. Niks is! Jetzt grad! Was kimmern misch die Leut!
Die solle sisch nur schee des Maul zereiße!
Des macht mer Spaß! Verlange tu isch, dass
du ab heut de ganze Daach mit meiner
Frau zusammenhängst! Un dass mer die
Bagaasch allmitenanner grie werd vor Wut,
setz isch disch ein als Erbe. Heut noch kriehste
mei ganz Vermösche übberschribbe. So
ein Mensch – ein solcher Freund als Schwiechersohn
is mehr wert als so Weiber un so Kinner!
Vorausgesetzt, du host do niks degeesche!

TARTÜFF. Was auch der Himmel schenkt, ich nemmes hin.

ORGON. So ein guter Kerl! Gleisch zum Notar!
Halt wart! Noch eins! Mer sin grad unner uns.
Misch drückt schon lang was, do brauch isch
      dein Beistand:
Du weißt, isch bin dem Rat der Stadt ergeben,
denn unter seiner Herrschaft blühte mir mein
      Glück.
So sah isch nie den Grund, misch aufzulehnen.
      Nun hab isch einen Freund, – den Namen will
isch hier nischt nennen – der sich eneiziehe hot losse
in den Aufruhr damals, was waaß isch warum,
er muss verblendt gewese sei, der Mann,
sonst warer immer redlisch – korz, die Sach
kam uff, er musste fliehn. Doch vorher war
er noch bei mir un hot mich angefleht,
e Kästsche, an dessen Inhalt sei Lebe, ja sei
Vermösche hängt, bei mir hier uffzuhebe.
Isch habs genomme! Hin un hergerisse
zwischen Freundespflicht und Bürgertreue.

TARTÜFF. Recht so! Da hast du recht getan! Do heißts
nur uffgebasst! Ja, waaßte was! Gib mir
des Kästsche! Bei mir werd niemand des vermuten,
und wenns zu einer Untersuchung kommen sollte,
dann kannste, ohne falschen Eid zu leiste,
beschwörn, dass du von einem Aufrührer niks hast.

ORGON. Du guter Freund! Jetzt aber zum Notar!

Vierter Akt – Erste Szene
Clemens. Tartüff.

CLEMENS. Des is kaa Art net! Alle redde schon
davon, des schad doch Ihrem Ruf! Gut.
Jetzt nemme mer mal an, Damis hat Sie
zu Unrecht in Verruf gebracht, auch dann
frag ich misch: Kann ein Christ wie Sie so hartherzig,
so rachedurstig sein, ja kann ein Christ
denn dulden, dass ein Vater seinen Sohn
verstößt? Ihretwesche! Naa, werklich, jeder,
ders hört, entsetzt sich und mit Recht, kann isch
nur saache! Also vergeben Sie! Versöhne
Sie den Vadder wieder mit dem Sohne.

TARTÜFF. Ei gern, von Herze gern! Wanns mir nach ging.
Isch traach niks nach, isch hab ihm längst verziehe.
Doch hat mer Gott en Fingerzeisch gegeben,
dass er, Damis, und isch ganz einfach net
zusamme basse. Nach dem, was der mir ins
Gesischt gesagt hot, kann isch werklich nischt
in einem Haus mit ihm zusammen leben.
Des heißt, käm er zurück, dann müsst isch gehn,
sonst würd doch jeder denken, isch hab misch nur
mit ihm versöhnt, damit er künftig schweigt,
so gäbe isch doch zu, dass das, was er
von mir verbreitet, werklisch stimmt.

CLEMENS. Des is doch alles an de Haar ebeigezooche.
Uff aamoll kimmert Sie, was annern denke.
Ein frommer Mensch, der eine gute Tat
begehen kann, folgt seim Gewisse, horscht
net druff, was annern dribber denke.
Auch fordert Gott von Ihne, nischt zu strafe.
Er fordert zu vergeben.

TARTÜFF.   Isch hab vergeben!
Wie oft soll ich des Ihnen dann noch saache!
Doch kann kein Mensch verlange, aach Gott net,
dass isch mit dem, der misch beleidischt hat,
zusammen unter einem Dach lebe.

CLEMENS. Ja un verlangt dann Gott vielleischd, dass Sie
uff en verrickte Vadder hörn und sisch
ohne aach mit de Wimper zu zucke, e
Vermösche schenke lasse, des annern zukommt.

TARTÜFF.
Wer misch kennt, werd net glauben, dass aus Habsucht
isch mir was schenken lass, denn unsereins
hängt wirklich nischt an Dingen dieser Welt.
Was misch bewoochen hat, die Schenkung anzunehmen,
war, dass isch die Pflicht verspüre, ein

Vermösche zur Verwahrung und Mehrung in Besitz zu
nehmen, das sonst von einem Leichtfuß
– Damis versteht doch einfach niks von Geld! –
verprasst, verschlampt wern würd, un blieb mer net
zusamme und däht sisch net lieblich vermehrn
zum Wohl der Menschen und zum Ruhme Gottes.

CLEMENS. Wie umsichtig! Wie umsichtig! Do wird
der Erbe Ihne aber dankbar sein!
Dann lossesen doch halt sei ganz Vermösche
uff de Kopp kloppe! Er musses wisse.
Des is doch halb so schlimm, als im Ruf
zu stehn, en Erbschleischer zu sein!
Un wenns für Sie dann gar so forschbar is,
mit dem Damiesche in em Haus zu lebe,
wärs besser, Sie als Mensch mit Takt empfehle sisch,
statt zu verlange, dass der Sohn des Hauses
do drauße uff de Straß liescht, weesche Ihne.

TARTÜFF. Mein Herr, es is schon halber vier vorbei.
Isch muss zu meim Gebet. Entschuldigung!
Bleibe Sie! Behüt Sie Gott! *Ab.*

CLEMENS.   Der Deibel!

Vierter Akt – Zweiter Szene
Clemens. Dorche. Elmire. Mariesche.

DORCHE. Helfe Se, Messjöh! Noch heut soll hier
des Kind des Ungeheuer heirate!
Es quetscht de Herzbennel ihr ab! Der Vadder kommt.
Vielleischd, wenn wir zusammenhalten geeschen
ihn, dann bringen wirn noch ab von seinem Plan.

Vierter Akt – Dritte Szene
Orgon. Clemens. Dorche. Elmire. Mariesche.

ORGON. Des freut misch, dasser all zusamme seid.
Hier guck, Mariesche, was isch hab für disch!
Den Ehevertrag. Ja gelle, des ging schnell!

MARIESCHE. Ach lieber Vadder, ja, Sie sin im Rescht.
Sie kenne mache mit mir, was se wolle,
doch müssen Sie grausamer als der Himmel sein?
Isch will auch, des verspresch isch, nie mehr denke
an den, den isch lieb, wenn isch nur den,
den isch hass, net heirate muss.
Hätten Sie mir das Leben damals nur
geschenkt, um es mir jetzt, indem Sie misch

mit dem Tartüff in eine Ehe zwingen,
grausam zu rauben?

ORGON. *Für sich.* Jetzt nur net weisch wern!

MARIESCHE. Isch will Sie doch net kränke, liebes Väddersche,
wenn isch den Mann, an dem Sie hänge, abweis.
Isch will ja gern verstehn, warum Sie an ihm hänge.
Isch hab doch niks dageesche, wenn Sie ihm
Ihr ganzes Geld vermache, ja, schenkesem
des Geld, was isch von meiner Mutter hab, dezu.
Isch gönn es ihm, wenn Sies für rischtisch halte.
Doch misch kann mer doch net verschenke! Isch kann
den Mann, der Ihne teuer is, net liebe!
Behalte will isch von meim Erbteil nur
so viel, dass isch ins Kloster gehen kann.
Do will isch dann mei Lebe lang allei
in einer Zelle auf dem Boden liehe
un bete. Bete, bete, misch schlaache un bete.
Damit isch alles des vergesse kann,
was sisch ein Kind geträumt hat, was dies Kind
jetzt nie erlebe wird. So will isch misch
begrabe, bis isch endlich sterb.

ORGON. Ja Pustekuche!
Isch waaß genau, was sisch des Kind geträumt hat.
Von weesche Kind! Un weils sein Traum net dorschsetzt,
do werd glei alles hiegeschmisse. Adieu Welt!
Isch geh ins Kloster! Naa! Hier werd gelebt!
Wann de disch übe willst in Reinheit der
Gedanken, kriehste des aach hier, aach ohne
Klosterlebe. Heirat den Tartüff!
Ja, wennden liebe dähtst, do wärs kaa Kunst.
Vergnüsche macht Vergnüsche, des is einfach.
Aber dass des, was kein Vergnüsche macht,
Vergnüsche macht, des musste lerne. Man muss
sisch überwinden!

DORCHE. Überwinde Sie sisch doch!

ORGON. Halt du dei Maul!

CLEMENS. Wenn isch mit einem Rat ...

ORGON. Ihr Rat, Herr Schwaacher, war mer immer teuer,
denn er ist wohlerwogen, lang durchdacht.
Raten Sie! Raten Sie. Erlaubese mir nur,
dass isch dann doch mach, was isch will. Alle
sind gegen misch, so krieht misch kaaner rum.

ELMIRE. Ja hör isch dann net rescht! Sind Sie dann taub?
Er will, was hier geschehe is, net glaube!

ORGON. Isch glaube nur, was isch gesehe hab.
Gesehe hab isch nur, dass Sie mein Sohn,
der Ihne anscheints lieber is als isch,
bei seiner Lüscherei net platze lasse wollte.

ELMIRE. Wenn Sie erst dann einsischtisch wern, wenn Sie,
was wahr is, sehe, dann sollt mers Ihne zeische!

ORGON. Was?

ELMIRE. Zeische!

ORGON. Do gibts garniks zu zeische!

ELMIRE. Und wenn isch Sie mim Kopp druff stoße däht?

ORGON. Glaub isch net!

ELMIRE. Sie solle doch net glaube,
Sie solles sehn! Was dähtese dann saache,
wenn Sie mit eischne Aache sehe dähte,
wie schwarz Ihr reiner Mensch im Innern is?

ORGON. Do däht isch saache – Garniks däht isch saache,
weils garnet sein kann, desweesche glaub ischs net,
dass der im Innern anners als wie auße is.

ELMIRE. Des dauernd Hin und Her, jetz is bald Schluss!
Jetzt führ ischs Ihne vor!

ORGON. Des will isch sehn!

ELMIRE. Se wolles werklisch?

ORGON. Isch bitte Sie darum!

ELMIRE. Des könnte aber schmerzlich für Sie wern!

ORGON. Für Sie könnts schmerzlich wern! Hähä! Hähä!

ELMIRE. Ihne werds Lache noch vergehn!

ORGON. Ihne werds vergehn.

ELMIRE. *Zu Dorche.* Ruf ihn. Ihr andern lasst uns hier allein!

DORCHE. Vorsicht! Son Voochel is net leicht zu leime!

ELMIRE. Nur ruhisch! Liebe und Eitelkeit, des fängt!

Vierter Akt – Vierte Szene
Orgon. Elmire.

ELMIRE. So, Sie verstecke sisch hier unnerm Disch.

ORGON. Hier unnerm Disch? Isch?

ELMIRE.   Unnerm Disch!

ORGON. Warum denn unnerm Disch?

ELMIRE.   Es hot sein Grund!
Jetzt aber los un net gemuckst!

ORGON. *Kriecht.* Wann isch nur net so neugierisch wär,
isch ließ mer diese Zumutung net biete!

ELMIRE. Noch eins, damit net nachher isch die Schuld krieh
und Sie am End noch vor der Zeit Ihrn Kopp rausstrecke:
Isch muss, damit isch Sie von dem, was Sie
net glaube, überzeusche kann, Tartüff belüsche.
Die Kälte, die mir sonst natürlich ist,
muss, dass er mir nicht gleisch erschrickt,
isch ebenso natürlich mildern. Doch
wenn sein Herz genug in Flammen steht,
greifen Sie ein, denn sonst werds mir zu brenzlich.
Isch lege es in Ihre Hand, mein Herr,
Ihr Frau vorm Geifer eines tollwütigen
Wollüstlings zu schützen! Ruhisch, er kommt!

Vierter Akt – Fünfte Szene
Tartüff. Elmire. Orgon.

TARTÜFF. Isch hab gehört, dass Sie misch sprechen wollen.

ELMIRE. Isch hab da was Vertraulisches für Sie.
Doch sehnse nach, ob niemand hier versteckt is,
mer wolle doch so ebbes wie heut Mittag
net nochemal erlebe! Hab isch vielleicht
für Sie gelitte! Den Schreck vergess ischs Lebe net.
Sie haben sischerlisch bemerkt, wie isch
versucht hab, des Damiesche abzuhalte.
Doch wie der Vadder kam, hab isch misch so
verwirrt, dass isch das Wort, das Sie
ganz reingewaschen hätte, nisch mehr fand.
Noja, jetzt sin mer besser dran als je zuvor.
Mein Mann, der gute Kerl, will selber, dass
mer alls zusamme sin und uns um des,
was drauß geredet wird, net kümmern.
So sind wir endlich ungestört allein.
Und isch will die Geleeschenheit sofort

*Elmire, gespielt von Hildburg Schmidt,
Michael Quast als Tartüff und Orgon, gespielt
von Matthias Scheuring.*

benutzen, Ihnen zu gestehn wie leischt,
vielleischt zu leischt, Ihr Liebesangebot
ins Innerste mir eingedrungen ist.

TARTÜFF. Heut Mittag hot sischs anners angehört!

ELMIRE. Ach Lieber, kommese! Verstehe Sie
so wenisch von der Frau un wisse net,
dass sie, grad wennse kratzberschtisch sisch sträubt,
se sisch grad gern umfange halte lässt.
Das Schamgefühl gebietet uns Verhüllung.
So geben wir, indem wir es bestreiten,
das, was wir wünschen, zu. Sie gucke so!
Muss isch noch deutlischer misch offenbaren!
Warum hab ischs Damiesche uffgehalte,
was meine Sie? Warum hab isch erlaubt,
dass Sie mir lang un breit ihr Lieb erklärn?
Vielleischt, weils mir zuwidder war? Ja ja!
Un dann, als isch gebete hatt, die Hand
Marieschens auszuschlaache, ja habbe Sie
dann net gemerkt, dass isch nur desweesche
am Schicksal dieses Mädchens Anteil nahm,
weils misch verdrosse hat, das, was mir ganz
gehören soll, mit diesem Kind zu teilen.

TARTÜFF. Wie Honisch geht mers ei! Jed Wörtsche aus
dem sieße Mündsche kribbelt misch am Leib.
Mei Herz lääft ibber. Mir wird dunkel.
Ja disch will isch, disch! Doch, Sie verzeihe,
mein Herz is meiner Sach noch net ganz sischer.
Bedenke hots, ob sischs ganz öffnen kann.
Vielleischt soll mer so nur die Heirat ausgeredt wern.
Gradraus: Mein Herz kanns Glück net eher fasse,
eh nischt das zweifelhafte Wort ersetzt
wird durch unzweifelhafte Tat. Erst wenn
Sie mir e Pröbsche gebe, steh isch fest im Glauben.

ELMIRE. *Hustet, um Orgon zu warnen.*
Was dann? Jetzt gleisch? Is des e Art, e Glas
uff aan Zuuch auszuleern? Isch öffne Ihnen
mei Innerstes, und Sie verlanges Äußerste!

TARTÜFF. Vergebung, es is ja nur, weil isch mein Glück
garnischt verdiene! Hoher Gewinn erweckt
den Zweifel, ob er überhaupt gewonnen ist.
Deswegen brauch isch en Beleesch, nur korz,
dann bin isch still, dann kann isch widder glauben.

ELMIRE. Ihr Leidenschaft will so tyrannisch an
sisch reiße, was erbete sein will, will
unterwerfen, was sisch beigesellen soll,
dass misch das Eingeständnis meiner Schwäche reut.

TARTÜFF.
Warum, wenns stimmt, dass isch Ihr Herz gewonne hab,
soll mer uff aamoll de Beleesch verweigert wern.

ELMIRE. Isch hab so Angst, isch zieh des Himmels Zorn,
von dem Sie immer redde, uff misch.

TARTÜFF. Wenn des der Grund is, der Sie uffhält,
saache isch Ihne: Gott hot niks degeesche!

ELMIRE. Es werd mer abber alls damit gedroht,
desweesche hab isch forschtbar Angst.

TARTÜFF. Mein Kindsche, ei des brauchste net. Der
da oben verbietet viel im allgemeinen.
Im einzelne sieht des dann anners aus.
Do muss mer gucke! Das ist unser Kunst!
Es kommt im Innersten doch nur auf unsern
guten Willen an. Un der is gut.
Bei dir und mir. Und sollte trotzdem Schuld
entstehn, isch übernehme sie. Sie geht auf misch!
Sie huste aber stark!

ELMIRE.   Isch komm bald um!

TARTÜFF. Soll isch e Stick Lakritz besorsche?

ELMIRE. Den Huste bringt des aach net weg!

TARTÜFF.   Es stört!

ELMIRE. Un wie!

TARTÜFF.   Also wie gesacht, im Innern
der gute Wille machts! Und außerdem,
es kommt niks raus, versprech isch Ihne.
E Sünd, von der kein Mensch was weiß, is kaa.
Wie soll was sein, von dem kein Mensch was weiß.

ELMIRE. *Hustet, klopft auf den Tisch.*
Isch seh, es hilft mer niks, isch gebbe nach.
Mir wird ohne Beleesch von keim geglaubt.
Man zwingt misch, weit zu gehen. Zu weit!
Man zwingt misch! Bitte! Wenns sein muss, mein Wort
nischts gilt. Gut. Doch der, der misch hier zwingt,
das Letzte zu beweisen, nehm alle Schuld auf sich!

TARTÜFF. Isch hab gesacht, isch nehms auf misch! Doch jetzt
... *Er dringt auf sie ein.*

ELMIRE. Sehnse erst drauße nach, ob net mein Mann kommt!

TARTÜFF. Was kimmert Sie dann der? Der könnt uns hier

innisch verschlunge sehn un dähts net glaube.

ELMIRE. Ja schon. Doch hab isch Ängst. Erst sehnse nach!

Tartüff ab.

Vierter Akt – Sechste Szene
Orgon. Elmire.

ORGON. Mein Engel, kannste mer verzeihe. Sauhund!
Isch bin von Sinne. Isch seh alles ein.

ELMIRE. Was? Schon? Los, unnern Disch un abgewart!
Bis jetzt is doch noch niks geschehn!

ORGON. Wie tapfer, Liebes! Aas! Was hoste durchgemacht!
Für misch! Das ist der Deibel in Gestalt.

ELMIRE. Nur net so schnell mim Urteil bei de
Hand! *Sie stellt sich vor ihn.*

Vierter Akt – Siebte Szene
Tartüff. Elmire. Orgon.

TARTÜFF. Sogar der Zufall schafft sich ab für uns.
Es is kein Mensch im Haus. Nur wir.
Geliebte ...
Er geht mit offenen Armen auf Elmire zu, sie tritt zur Seite.

ORGON. Obacht! Loss disch net zu weit treibe
von deiner Leidenschaft, du liebestoller Bock,
sonst rennste der dei Hern! Ja kann des sein?
Gesehe hab ischs, abers will mer in
mei Kopp net rein, isch kanns ja net begreife ...

ELMIRE. Beruhisch disch.
Zu Tartüff.   Des is sonst net mei Art,
isch bin gezwunge worn durch Sie.

ORGON.
Is des Vollkommenheit, dass der mei Tochter
will als Fraa, mei Fraa als Hur?
Is des, dass mer nur alls geleimt werd, Wahrheit?

ELMIRE. Beruhisch disch! Komm!

TARTÜFF.   Genau! Beruhisch disch!

ORGON.   Nie!
Isch will misch net beruhische! Nie! Grad net!
Isch wollts jo erst net glaube.

Isch horsch uff des Gepischpel un Gemaunz
und glaubes net!

TARTÜFF.   Ebe! Genau!

ORGON.   Sei still!
Isch denke alls, des meiner doch net so!

TARTÜFF. Genau!

ORGON. Halts Maul! Glei musser doch
was anners saache.

TARTÜFF.   Hätt isch auch gesagt,
isch wollt ...

ORGON.   Enaus!

        TARTÜFF. Eusch beide prüfen!

        ORGON.   Raus!

TARTÜFF. Raus? Wo raus?

ORGON.   Raus aus meim Haus!

TARTÜFF.   Raus aus
Ihrm Haus? Sie meine raus aus meinem Haus!
Und wer hier rausfliecht, des bestimme isch!
Dann wer sisch mit mir aaleescht, wer sisch traut,
misch hinners Licht zu führn, der werd sisch wünsche
nie geborn zu sein. Mit mir is was
beleidischt, was größer is als isch.
Isch habe eusch vertraut. Jetzt hat mir euer
Satansspiel den Glauben an den Menschen geraubt.
Gott habt Ihr beleidischt, und isch bin Gottes Rächer! *Ab.*

Vierter Akt – Achte Szene
Elmire. Orgon.

ELMIRE. Was dann? Der droht?

ORGON.   Mir is net zum Lache!

ELMIRE. Warum?

ORGON.   Die Schenkung!

ELMIRE.   Was?

ORGON.   Unds Kästsche!

DAS IST
DER DEIBEL IN
GESTALT.

Im Vordergrund:
Anja Krüger und Pirkko Cremer
als Elmire und Mariesche.
Im Hintergrund v.l.n.r:
Gerhard Fehn als Orgon,
Hildburg Schmidt und Kai Schwegel
als Dorche und Damiesche.
Mitte: Alexander Beck spielt in einer
seiner Doppelrollen
den Loyal und Richter.

ELMIRE.   Kästsche?

ORGON. Später! Erst muss isch gucke, obs noch in seim Zimmer is?

Fünfter Akt – Erste Szene
Clemens. Orgon.

CLEMENS. Ei Kerle naa! Verschwörerdokumente in Ihrem Haus! De Kopp kann sowas koste!

ORGON. Ja, jetzt sinse fort. Des Kästsche! Fort!

CLEMENS. Do steckese jo ganz schee fest! Des Kästsche mitsamt der Schenkungsurkund in solcher Hand! Un dann sin Sie aach noch so dumm, den Mann hochkant zur Tür enauszuschmeiße!

ORGON. Sie hätten wohl behalte, diesen Lump!

CLEMENS. Ja, ja. Ich hätt erstmol mit ihm verhandelt. Un alles nur, weil Sie zu gutgläubig sin.

ORGON. Ja des is aus! Alles hab isch geglaabt, jetzt glaab isch niks mehr! Kaanem glaab isch mehr! Schon garnet aam, von dem mer glaabe kennt, dass mer ihm glaabe kennt. Musst isch ihm denn net glaabe? Wie isch ihn uffgelese hab, hot er mir nachgewiese, dass der Mensch niks braucht. Dass der nur glücklich lebt, der wunschlos lebt. Wie er dann bei mir war, da hot er misch gelehrt, dass mer die kleine Freude des Lebens auch genieße muss. Bei ihm hab isch gelernt, wie gut mers Esse schmeckt. Un immer hot ers bewiese, mit Worte. Do kann isch net dageesche an. Alles konnt er beweise! Un jetzt bin isch dohinner komme, wo alles Unheil dieser Welt beginnt: im Wort. Dann des, was Mensche unnernanner redde, is alls gelooche. Worte sin erfunne, sich demit aazuschmiern! Isch glaab kaa Wort mehr! Isch glaab nur, was isch seh, un was isch seh, glaab isch schon garnet, denn der Mensch, er kann net wisse, was werklich is, was net. Sie, Schwaacher! Isch! Mei Hand hier, die misch petzt, au, alles werd mer am End bloß vorgemacht. Naa, jetzt macht mer kaaner mehr was vor! Isch will jetzt niks mehr sehn un niks mehr hörn. Mei teures Esse schmeckt mer aach net mehr. Des habter jetzt davon. Alles Sein is Schein.

CLEMENS. Mach nur! So isser! Wie er leibt und lebt!

Er macht was falsch, begreift niks, schon erklärt er sich die ganze Welt für falsch. Jedem glaabt er uffs Wort. Dann merkt er, dass mern aagelooche hot, un jetzt do glaaber kaam Mensche mehr, kaa Wort. En Mensch, der net vollkomme is, is überhaupt kein Mensch. En Lump spricht er sich heilisch. Kommt er druff, dass er en Lump geheilischt hot, verdammt er alle Heilische zu Lumpe.

Fünfter Akt – Zweite Szene
Orgon. Clemens. Damiesche.

DAMIESCHE. Was, Vadder, was? Der droht? Des is der Dank?

ORGON. Ja, mein Kind! Alles Sein is Schein!

DAMIESCHE. Was Sein is Schein! Des Kreuz häng isch dem aus!

CLEMENS. So sin die junge Leut! Merkese sisch: Nichts mit Gewalt!

ORGON.   Alles Sein is Schein!

Fünfter Akt – Dritte Szene
Orgon. Clemens. Damiesche. Britschebräät. Elmire.
Mariesche. Dorche. Philippine.

BRITSCHEBRÄÄT. Was hab isch da gehört, des glaab isch net!

ORGON. Jaja.

BRITSCHEBRÄÄT. Dass des hier soweit komme is!

ORGON.   Was?

BRITSCHEBRÄÄT. Dass du, mein Sohn, disch aach verhetze lässt!

ORGON. Niks is hier verhetzt! Der Mensch, dem isch, was isch verspresche konnt, versproche hab, mei Tochter, s Haus, mein innischstes Geheimnis, hot sisch an meine Frau erangemacht und will die Meinigen und misch in jene Armut hinunterstürzen, aus der isch ihn emporgehobe hab!

DORCHE.   Der gute Kerl!

BRITSCHEBRÄÄT. Wer hot sisch des dann widder ausgedacht?

ORGON. Was soll des heiße?

BRITSCHEBRÄÄT. No, dass unser Freund
nur Feinde hat in Ihrem eignen Haus!

ORGON. Isch saache doch, er hot sisch rangemacht!

BRITSCHEBRÄÄT. Ja, saache kann mer viel!

ORGON. Isch habs gesehn!

BRITSCHEBRÄÄT. Der Tugendhafte wird am ehesten verleumdet.

ORGON. Isch habs gesehn, Frau Mutter! Selbst gesehn!

BRITSCHEBRÄÄT. Gut eingefädelt, werklisch, die Verleumdung!

ORGON. Verstehese! Gesehn! Gesehn, des heißt gesehn!

BRITSCHEBRÄÄT. Mer darf net immer glaabe, was mer sieht!

ORGON. Isch platz!

BRITSCHEBRÄÄT. Des Gute sieht oft bös aus!

ORGON. Wenn der mei Fraa besprrr ...

BRITSCHEBRÄÄT. Des soll geschehe sei?

ORGON. Ja, hätt ischs soweit komme lasse solle?

BRITSCHEBRÄÄT. Also, beweise kannste niks!

ORGON. Isch wollt,
wenn Sie nischt meine Mutter wären, dann wollt
isch Ihne jetzt –
Bemerkt Loyal. Was will der Mann?
Isch bin jetzt grad in Stimmung für Besuch!

Fünfter Akt – Vierte Szene
Die Vorigen. Loyal.

DORCHE. *Zu Loyal.*
Mein Herr ist nischt in Stimmung für Besuch!

LOYAL. Mein liebes, schönes Fräuleinsche, isch wünsch
en schöne Daach. Isch will net lästisch sein!
Der Hausherr wird sisch freue, misch zu sehn.

DORCHE. Ihr Name?

LOYAL. Isch komm im Auftrag des Herrn
Tartüff, betreffs Vermögensangeleeschenheiten.

ALLES SEIN
IST SCHEIN!

DORCHE. *Zu Orgon.*
Der Mann is ganz manierlich. Er käm vom Herrn
Tartüff und saacht, es wär für Sie erfreulisch.

CLEMENS. Vielleischt will er vermitteln! Hörn mern an!

LOYAL. Mein Herr, tiefuntertänischst bin und bleibe isch
Ihr Diener, der sisch wünscht, dass Sie vom Glück
auch weiterhin wie jetzt begünstischt wern.

ORGON. *Zu Clemens.* Genau! Des läuft auf en Vergleisch enaus!

LOYAL. Es ist mir eine Ehre, schon Ihrn Vadder
gekannt zu habbe. Bei Gelegenheiten
wie der, hab isch ihm oft geholfe.

ORGON. Sehr erfreut! Es is mer peinlisch, dass
Ihr Name mir ...

LOYAL. Isch schreibe misch Loyal,
gebürtisch aus dem Odenwald, und diene seit
bald vierzisch Jahren, und, des darf isch sagen,
ohne Tadel dem Gerischt der Stadt.
Und dademit bin isch, wenn Sies gestatte,
beim Grund, der misch zu Ihne führt: Hier hab
isch en Gerichtsbeschluss ...

ORGON. Was fürn Beschluss?

LOPYAL. Nur ruhisch, es hat doch alles seine Ordnung.
Mer wern uns einisch wern. Isch hab da en
Beschluss, aus dem hervorgeht, dass dies Haus
sofort zu räumen ist.

ORGON. Räume? Isch? Mei Haus?

ALLE. Räume? Er? Sein Haus?

LOYAL. Mein Herr, isch nehm doch an, dass Sie,
wenn Sie e Schenkung unterzeichne, wisse, dass
danach die Schenkung nischt mehr dem, der se
verschenkt hot, sondern dem, der se erhalte hot, gehört.

DAMIESCHE. Fresch aach noch!

LOYAL. Herr, mit Ihne red isch net.
Isch rede mit Ihrm Vadder, der als Mann
der Ordnung weiß, dass isch nur dafür sorge,
dass Recht bleibt, was Recht ist.

ORGON. *Zu Damiesche.* Ja, du sei still!

LOYAL. So dass ein Widerstand ganz sinnlos war!

DAMIESCHE. Wie gern däht isch der Wanz die Jack vollhaache!

LOYAL. Befehlen Sie dem Sohn sofort zu schweigen,
sonst muss isch ihn zur Wache bringen!

BRITSCHEBRÄÄT. Ich fall aus allen Wolken. Jetzt kriehste se!

ORGON. Was hab ich dir gesagt, siehstes jetzt ein?

BRITSCHEBRÄÄT. Die Ohrn robb ich der ab.

ORGON. Bringt die Mamma fort!

BRITSCHEBRÄÄT. Den Arsch reiß isch der uff.

ELMIRE. *Zu Loyal.* Was soll dann dodran Rescht sein,
dass mein Mann, der niks verbroche hat,
hier alles nimmt un schmeißten ausem Haus.

LOYAL. Alles nemme mer net, des Mobiljar
behalte Sie. Isch will sogar noch helfe,
es rauszuschaffe; drauße warte auf mein
Befehl paar starke Kerle, die schaffe Ihne
mir niks dir niks des ganze Gelerch vors Haus.
Wissese was, isch will kein Unmensch sein!
Isch mach e Aagebot: Wenn Sie verspreche,
die Aageleeschenheit, die für uns beide unschön is,
in Ruhe abzuwickele, will isch
erlaube, dass Sie einmal noch in dem
vertrauten Haus die Nacht verbringe dürfe.
Isch müsst Sie nur um alle Schlüssel bitten
und auch mit meine Leut hier übernachte,
dass mer vom feste Inventar net heimlich
was gestrenzt werd.

ORGON. He? Gestrenzt? Jetzt hots
gewackelt, jetzt kriehter uff sei Hundemaul!

DAMIESCHE. Beherrsch Dich, Vadder! *Zu Loyal.* Machese sich raus!

ORGON. Ruhisch, Bubsche! *Zu Loyal.* Ab, du Säckel, sonst …

DORCHE. Ja, druff!

DAMIESCHE. He, Vadder, Obacht! *Er hält Orgon zurück.*
Zu Loyal. Babbwatz, raus!

DORCHE. Alls druff!

CLEMENS. *Hält beide zurück.*
Ruhisch Blut! Wollter Euch dann verderbe?

LOYAL. Ich warne Sie! Sie stürzen sich ins Unglück!

DAMIESCHE. Ich halts net aus!

ORGON. Isch platz!

CLEMENS. *Zu Loyal.*
Her den Beschluss, isch reeschel des. Jetzt gehnse!

LOYAL. Erlauben Sie, dass isch misch jetzt empfehle! *Ab.*

Fünfter Akt – Fünfte Szene
Die Vorigen. Ohne Loyal.

ORGON. *Zu Britschebräät.*
No, wer hatt rescht?

BRITSCHEBRÄÄT. Isch fall aus alle Wolken!

DORCHE. Denkt nur net schlecht von unserm Herrn
Tartüff, er weiß, Besitz verdirbt den Menschen,
niemals könnt ers leide, dass wir verdorbe wern.

ORGON. *Zu Elmire.*
Saach dieser Frau, sie soll ihr Maul jetzt halte.

CLEMENS. Dürft isch raten …

ORGON. Raten! Raten! Raten!

ELMIRE. Man müsste sein Betrug beweisen!

ORGON. Ja!
Betrug! Ei, hätte Sie ihn net betrooche!

DAMIESCHE. Ja, aber …

ORGON. Still!

MARIESCHE. Wir wolle doch …

ORGON. Ach was!

Fünfter Akt – Sechste Szene
Die Vorigen. Walter.

WALTER. Mein Herr, es wär mir, weil isch misch um Ihre Gunst
bemühe, lieber, isch müsste nischt als Bote
des Unglücks vor Sie treten. Fliehen Sie!
Eh das Gewitter, das sisch über Ihrem
Haupt zusammenzieht, enunnerplatzt.
Mein Wagen steht vor Ihrer Tür bereit.

Er gibt Orgon einen Beutel.
Die tausend Taler helfen übers erste.
Niks wie fort! Ein Freund, befreundet mit
den höchsten Richtern unsrer Stadt hat mir,
sich selbst gefährdend, mitgeteilt, dass Sie
noch heut in Haft genommen werden sollen,
angeklagt, ein Mitverschworener
des letzten Aufruhrs gegen unser Obrischkeit
zu sein, beweisbar durch ein Kästchen …

ELMIRE. ORGON. CLEMENS. Kästsche …

WALTER. … mit Papieren eines Feinds der
  Ordnung, aufgefunden
in Ihrem Haus und ausgeliefert dem
Gerischt durch Ihren Freund Tartüff.

ORGON. Was is der Mensch? Ein Tier, das
  Menschen frisst!
Mein Herr, isch schulde Ihnen Dank, Marie,
nischt länger will isch eurer Liebe widerstehn.
Isch geb das vaterlose Kind in Ihre Hand.
Isch muss sofort – Elmire, Sie – nein, du,
Damiesche, sorgst mir für – Dorsche hierher!
Herr Schwaacher, s liebste wär mer, Sie übernehme …

CLEMENS. Ja, fort! Wir kümmern uns um alles! Schnell!

Fünfter Akt – Siebte Szene
Die Vorigen. Tartüff. Richter.

TARTÜFF. Nur immer langsam! Lassese sisch Zeit!
Mer habbe ja net weit bis zum Gefängnis.
Im Namen des Gerischts: Sie sind verhaftet!

DAMIESCHE. Verräter!

TARTÜFF.   Wer?

MARIESCHE.   Sie Heuchler!

TARTÜFF.   Ich?

ELMIRE.   Betrüger!

TARTÜFF. Des saache Sie zu mir? No ja, derjenische,
der seine Pflicht erfüllt, empfindet e
Beleidischung nischt mehr als Kränkung seiner selbst.

DORCHE. Ja, habbese vergesse, wie der Mann hier
Sie damals aus dem Dreck gezooche hat?

TARTÜFF. Das hab isch nischt vergessen, doch muss isch mein
Gefühl der Dankbarkeit ersticken, wann das
Gefühl der Pflicht misch ruft, das allgemeine
Rescht, die Ordnung zu beschützen. Dieser
Pflischt würd isch sogar den Freund, die Gattin,
Kinder, ja misch selbst zum Opfer bringen.

CLEMENS. Warum is Ihne Ihre Pflischt erst uffgestoße,
nachdem mer Sie erwischt hot bei der Fraa vom Freund.

TARTÜFF. Isch hab genug von dem Gejauner jetzt!
Zum Richter. Befrein Sie mich! Vollzieh Sie Ihrn Befehl!

WAS IS DER MENSCH? EIN TIER, DAS MENSCHEN FRISST.

Finale

RICHTER. *Singt.*
Sofort! Dann folgen Sie mir ins Gefängnis!

CHOR DER FAMILIE. Wer er, wer er?

RICHTER. Ja er, ja er.

TARTÜFF. Warum dann ich, warum nicht er?

ORGON. Warum, warum dann er?

TARTÜFF. Warum dann ich, nicht er?

CHOR. Warum dann er, nicht er?
Warum dann er, nicht er?
Warum dann er, nicht er?

RICHTER. Ja darum, weil …

TARTÜFF. Warum dann ich, nicht er?

ALLE MIT TARTÜFF. Warum, warum, warum? Wir sind gespannt!

RICHTER. *Rezitativ.* Das Spiel ist aus!
Wir Richter kennen den Betrüger lange schon,
durch Namenswechsel kam er stets davon,
um ihn zu fassen, brauchten wir die frische Tat,
als er den Freund verriet, übt er an sich Verrat.
Was er hiermit verliert, erhalten Sie zurück …
den Glauben an das Recht, den Glauben an das Glück
des Tüchtigen, die Möbel, Haus! Der Kasten
mit Schriften eines Staatsfeinds bleibt in unsrer Hand.
Anklage gegen Sie entfällt, die Kosten gehn zu Lasten
des Staats, sobald Sie den Verfasser uns genannt.
Denn wer uns nützt, der wird geschützt.

CHOR. Recht bleibt Recht bleibt Recht bleibt Recht.

DER MENSCHENFEIND

KOMÖDIE VON WOLFGANG DEICHSEL NACH MOLIÈRE

*Alkest – Philipp, sein Freund – Cäcilie – Elise, ihre Cousine – Oront – Arsinoe – Herr von Matzbach –
Herr von Sponheim – Bastian – Schambedist*

Erster Akt – Erste Szene
Philipp. Alkest.

Der Schauplatz ist in Cäciliens Haus.

PHILIPP. Was is dann widder?

ALKEST. 			Ruh will ich, mei Ruh!

PHILIPP. Horchese!

ALKEST. 		Ach, gehnse!

PHILIPP. 			Hörn Sie!

ALKEST. 				Niks!

PHILIPP. 				No horchemol,
wenn Sie mein Freund net wärn ...

ALKEST. 			Ihr Freund bin ich
gewese, des is aus! Sie haben sich
entlarvt, mit Tücke hab ich nichts zu schaffe!

PHILIPP. Mit was für Tücke?

ALKEST. 			Dass Sie sich net schäme!

PHILIPP. Für was?

ALKEST. 		Für ebe des!

PHILIPP. 			Ja was dann? Was?

ALKEST. Ei ebe die Begegnung mit dem Mann
hier vor Cäciliens Haus. Beteuerungen,
Anerbieten, heiße Freundschaftsschwüre.
Do werd scharwenzelt, umenanner rum
getänzelt! Ich frag: wer war dann des?

Un Sie, Sie wisse net emal sein Name.
Aus isses mit der Herzlichkeit. Eiskalt
werd über diesen Mensche hergezooche.
Verflucht enin! Sowas is widderwärtich!
Lief mir des unner, dass isch derart misch
zum Lumpe mache dät, ich dät sofort,
aus lauter Ekel vor mer selbst, mich hänge!

PHILIPP. Gnade! Für Höflichkeit gleich Todesstraf!

ALKEST. Im Witzereiße warnse nie sehr stark!

PHILIPP. Jetzt ernst! Wo wollese druff naus?

ALKEST. 				Auf Wahrheit!
Ein Mensch, der en Charakter hat, sagt, was er denkt.

PHILIPP.
Wenn aaner höflich zu mir is, bin ichs zu ihm.
Reicht aaner mer sei Hand, reich ich die mei.
Dem werd zurückgeholfe, der mir hilft,
un wer mich segnet, kriehts mit Zins retour.
So is des mal!

ALKEST. 		Ja, Schacher is des, Schacher!
Und was ihr da verschachert, is niks wert.
Das taugt niks. Freundschaftsbeweise, die
eim nachgeschmisse wern, sin mir zu billig.
Ein Freund von aller Welt, der kann mein Freund
net sein. Ich will mein Freund für mich, ich will,
wenn ich mir Lob verdien, mein eige Lob,
mein eigne Tadel, wenn ich ihn verdien.
Nur so erfahr ich durch die annern, wer
ich bin, und wenn sie des net einsehn, isses
mit unsrer Freundschaft aus.

PHILIPP. 			Ich sehs ja ein!
Nur mein ich, unner Mensche geht des net
so grad eraus, zu jedem.

Michael Quast spielt Alkest.

ALKEST, DER MENSCHENFEIND, HASST DAS GETUE UND HOHLE GEREDE DER SOGENANNTEN BESSEREN GESELLSCHAFT UND VERACHTET MENSCHEN, DIE NICHT AUFRICHTIG SIND. ER BESCHLIESST, FORTAN OHNE HEUCHELEI ZU LEBEN. ABER WIE SCHWER IST ES, SOWOHL IM GESELLSCHAFTLICHEN ALS AUCH IN PRIVATEN LIEBESDINGEN AUF LÜGEN ZU VERZICHTEN?

ALKEST. Muss aber gehn!

PHILIPP. Mer macht sich doch nur lächerlich, wenn man net allsmol was für sich behält. Sie täte doch einer Frau net ins Gesicht reisaache, dass sie ihr Schminkerei net jünger macht.

ALKEST. Ei doch sofort!

PHILIPP. Des is doch lächerlich.

ALKEST. Bin ich halt lächerlich. Recht so! Soll mich doch des ganze Menschepack verlache. Gut so! Schlecht wärs, wenn die, die ich veracht, uff aamol saache, was ich saach. Ich könnt ja dem, was ich gesacht hab, net mehr traue.

PHILIPP. Ei Kerle naa! Ja hassen Sie die Menschen dann allesamt. Verlange Sie da net e bissi arch zu viel vom Mensch? Ja, früher in der Antike war der Mensch so stark, dass er sich an die strengste Sitten hielt. Heut isser schwach, und jeder lebt in seiner Zeit. Wer do degeeche anrennt, holt sich Beule. Sie maane, mir gefällt des all do um mich rum. Naa naa! Ich hab mich dran gewöhnt. Ich bin halt Philosoph!

ALKEST. Un ich bin kaaner, gewöhne will ich mich an niks, schon gar net dran, dass Mensche unernanner hause wie des Vieh.

PHILIPP. Die meiste sin nun mal wies Vieh, des dumm sei Gras enunnermampft un wart, bisses vom Stärkere verrisse werd. Ich kann do doch nur lache. So sinse.

ALKEST. Sollese anners wern! Sollese was mache!

PHILIPP. Dann mache Sie doch erst mal was, damit Sie Ihrn Prozess gewinne!

ALKEST. Gar niks mach ich!

PHILIPP. Es geht doch um viel Land, viel Geld!

ALKEST. Genau!

PHILIPP. Ihr Gegner ist gefährlich, rücksichtslos. Der Golz hat überall Beziehunge.

ALKEST. Sehr richtig!

BIN ICH HALT LÄCHERLICH. RECHT SO!

PHILIPP. Was?

ALKEST. Ja. Jeder weiß, dass Golz sich hochgegaunert hat, und keiner tut des Maul auf gegen ihn.

PHILIPP. Dann machen Sies!

ALKEST. Ich denk net dran! Seit gestern läuft er auch noch rum, streut aus, ich wär Verfasser von dem Pamphlet, das anonyme Machwerk, das ein Drecksack geschmiert hat gegen unsern Hof.

PHILIPP. Du lieber Gott!

ALKEST. Ich und anonym!

PHILIPP. Du lieber Gott, des is ja ferchterlich! Der Hof versteht kein Spaß. Sie müsse gleich vorsprecho, zu de Richter gehn! Wenn Sie net sofort all ihr menschliche Verbindunge einsetze ...

ALKEST. Menschliche Verbindunge! Des fehlt mer grad, was brauch ich menschliche Verbindunge, wenn es Gesetze gibt. Soll ich das einzig Reine, was der Mensch erschaffen, das Gesetz besuddele? Soll ich, was obbe über uns zu hänge hat, enunner zerrn durch menschliches Gemauschel? Ich hab des Dreckzeug net geschribbe, die Grundstücksrechte sind verbrieft und Schluss!

PHILIPP. Heilige Einfalt, Sie riskiern net nur Ihren Besitz, des kann Sie Kopp un Krage koste. Un dann, wenn Sie verliern, werd dumm geguckt.

ALKEST. Naa naa! Do wart ich doch nur druff!

PHILIPP. Was is?

ALKEST. Des wär mer recht, wenn ich verlier, dann hätt ich den Beweis, wie ungerecht die Menschheit is. Dafür will ich dann gern die Koste traache.

PHILIPP. Wenn aaner des mit anhörn dät, der müsst doch glaube, dass bei Ihne ebbes net ganz stimmt!

ALKEST. Ja, weils bei ihm net stimmt.

PHILIPP. Jetzt dät ich eins nur gar zu gern mal wisse. Wie kommts, dass sich ein Mann, der alle Menschen

von sich weist, an einen Menschen hängt,
und ausgerechnet an Cäcilie,
obwohl Elise, die mit niemand spielt,
die niemanden belügt, ihn still bewundert,
obwohl Arsinoe, die wenigstens
net launisch is, ihm nachläuft?
Cäcilie aber is kokett, hat Laune,
zieht über jeden her, sehn Sie des net?
Kann, wer schön is, mache, was er will?

ALKEST. Gell, sie ist schön? Schön ist sie, und ich
bin schwach! Doch seh ich haarscharf alles.
So groß die Liebe zu Cäcilie is,
so groß mein Hass auf ihre Schwächen.
Aber ich treibs ihr aus, sie werds erlebe!
Sie ist verdorben durch die annern, ich
erlöse sie, ich reiße sie empor!

PHILIPP. No wenn des gehe sollt, dann alle Achtung.
Werd überhaupt Ihr Lieb erwidert?

ALKEST. Sonst gäbs bei mir kei Lieb.

PHILIPP. Warum dann reecht Sie
so uff, wenn jemand anners sie besucht?

ALKEST. Ich will sie ganz für mich, so wie ich sie
allein nur lieb, so soll auch sie allein
mich liebe oder gar nicht. Dazu muss
sie sich entscheiden, deshalb bin ich hier.

PHILIPP. Ich kann nur saache, ich an Ihrer Stell
däht mer Elise nemme. Sie ist redlich,
aufrichtig, zuverlässig, sparsam, treu
und schlicht, korz, die däht gut zu Ihne basse.

ALKEST. Ich hab mers selbst oft gesacht, doch is
die Leidenschaft meiner Vernunft im Weg.
Ich käm ja gern von dieser Liebe los.
Ausreiße däht ich mer se, wenn ich könnt.

PHILIPP. Ich will Sie doch nur vor Enttäuschung warne.

Erster Akt – Zweite Szene
Die Vorigen. Oront.

ORONT. Mein Herr, das ist sie, die Geleechenheit,
auf die ich nun schon Woche warte, ehrlich!
Grad hört ich hier vom Diener, dass Cäcilie
mit Mademoiselle Elise in die Stadt is.
„Jetzt biste ganz umsonst hierhergefahrn",

denk ich, doch da werd mer gesacht, dass
Sie mit Ihrem Freund die Damen hier erwarten.
„Des kommt ja wie gerufe!", denk ich, ehrlich,
„jetzt hoste endlich die Geleechenheit,
dem Herrn zu saache, was er dir bedeutet,
und dass mir niks so sehr am Herze liegt
als wie sei Freundschaft zu erringe. Ehrlich!"

Alkest hat, in Gedanken versunken, nicht zugehört.

ORONT. Mein Herr, ich meine Sie!

ALKEST. Was? Mich?

ORONT. Ja, Sie.
Ja bin ich Ihne denn zu nah getrete?

ALKEST. Verzeihung, nein, ich hab nur nachgedacht,
warum grad ich zu dieser Ehre komme.

ORONT. No hörnse, Sie sind wirklich zu bescheiden!
Ein Mann, den alle Welt nur lobt ...

ALKEST. Ich weiß net.

ORONT. Der hier das höchste Amt bekleiden könnte ...

ALKEST. Ich weiß net.

ORONT. Doch! Wär unser Staat nur reich
genug, ihn angemessen zu belohnen.

ALKEST. Ich weiß net.

ORONT. Doch! Jetzt gebbeses nur zu!
Ihr Hand! Ich muss sie schütteln! Reihen Sie mich,
ich bitt Sie, unter Ihre Freunde ein.

ALKEST. Ich weiß net.

ORONT. Was dann, was? Sie wolle net?

ALKEST.
Des geht mer all e bissche schnell, gleich Freundschaft!
Freundschaft bedeutet Wahlverwandtschaft, sowas
will geprüft sein, wo man sich kaum kennt.
Das Band der Freundschaft wird zur Fessel, wenn
die Freunde in verschiedne Richtung strebe.

ORONT. Genau! Mir aus de Seel gesproche. Ehrlich.
Sie sind, für was ich Sie gehalte hab,
uff Sie, do kammer sich verlasse. Ehrlich.
Jetzt sinse mir noch lieber als zuvor.

Gut, gönnen wir dem Keime unsrer Freundschaft,
sich zu entfalten, Zeit. Doch wenn Sie jetzt
schon über mich verfügen wollen, so –
darf ich doch sagen, dass mein Einfluss bis
zu höchsten Kreisen reicht, vor allem
den höchsten Kreisen des Gerichts. Wie stehts
mit Ihrm Prozess? Soll ich was tun für Sie?
Ach Sie möcht ich gleich bitte, mir zu helfe,
als Mann, der unbestechlich urteilt.
Ich hab heut morjn grad e Gedicht verfasst
und zweifle doch noch, ob ichs drucke lasse soll,
wenn Sie mich da …

ALKEST.   Ach, bitte nein.

ORONT.   Warum?

ALKEST. Weil ich sofort sag, was mer basst, was net.

ORONT. Des is doch, was ich will. Was hätt ich dann
devon, wenn Sie mer um de Bart rumginge. Ehrlich.

ALKEST. Dann weeche mir.

ORONT.   „Die Hoffnung". Ein Sonett,
Sonett, e Form, dies in sich hat, bekanntlich.
Ich weiß, das strenge Thema lautet:
a b b a, a b b a, c d c, d c d.
Doch ich schuf eine freiere Variante:
a b a b a b a b, c d c, d c d.

ALKEST.   Ja, gut.

ORONT. „Die Hoffnung" … Diesen Titel, müssese
verstehn, hab ich gewählt, weil das Gedicht
von einer Dame handelt, die mir – aber
des geht zu weit. „Die Hoffnung" … Leider ists
ja heute üblich, über ganze Strophen
ein einziges Gefühlchen auszubreiten.
Ich war bemüht, was mich bewegt im Innern,
kurz und bündig aus mir rauszuschleudern.

ALKEST. Mer werns ja sehn, jetzt fangese nur an.

ORONT. Am End kommt doch net alles so heraus,
wie des mein Herz hier inne drin empfand.

ALKEST. Dann zeichese erst mal!

ORONT.   Also, „Die Hoffnung".
Eins muss ich vorher sagen: ich hab des ganz
Gedicht in einer Viertelstund geschribbe. Ehrlich!

ALKEST. Wenns gut is, machts ja niks.

ORONT. „Die Hoffnung.
Hoffnung, der Sehnsucht Schwesterlein,
Hat oft schon manchem Mann die Wunden
Einlullend seine Liebespein
Mit heilendem Verband verbunden."

PHILIPP. Des klingt ja vielversprechend.

ALKEST.   Was? Der Kappes?

ORONT. „Dein Wort, dein Lächeln, deine Hand,
O Phyllis mein,
Halfen zwar oft mir über Trauerstunden,
Doch spare dir die Kosten,
Das bringt nichts ein,
Was satt macht, habe ich nie gefunden …"

PHILIPP. Merveilleux!

ALKEST.   Bäh! Schäme Sie sich net?

ORONT. „Und wehrst du mir das wahre Glück,
Lässt mich nur immer warten, werben,
Und stößt den Weinenden zurück,
Was bleibt mir da zu tun als sterben,
Les ich doch aus dem kalten Blick:
Da ist auf Dauer nichts zu erben."

PHILIPP.
Un erst der Schluss! Naa werklich! Die Finess,
Delikatess!

ALKEST.   Der Deibel holse, dei
Finess, Delikatess, un dich dezu!

PHILIPP. Wie zartche alls!

ORONT.   Sie Schmeichler! Ehrlich, ehrlich.

PHILIPP. Ich schmeichle nicht.

ALKEST.   Was sonst, du Speichellecker?

ORONT. Doch jetzt sind Sie dran! Raus mit de Sprach!

ALKEST. Des is un bleibt e kitzlich Sach. En Dichter,
der will nun mal gelobt wern. Neulich grad
sagt ich zu einem Herrn – den Namen will
ich hier nicht nennen –, dass ein Mann, der auf
sein Ruf bedacht is, jeden Trieb beherrscht,
auch seinen Trieb zu dichte, und wenn er schon

was schreibe muss, hält ers geheim und reibts
net jedem gleich unner die Nas, sein Senf!

ORONT. Soll ich des so verstehn, dass ...

ALKEST.   Nein, ich mein
ja doch nur eins, dass jeder seine Schwächen hat.
Beim einen ists das Dichten, bei dem andern ...

ORONT. Sie wollen sagen, mein Gedicht ist schlecht?

ALKEST.
Nicht davon red ich. Zu bewusstem Herrn
sagt ich, dass mancher, ders net nötig hätt
zu dichte, sich durch Dichte ruiniert.

ORONT. Ich ruiniert?

ALKEST.   „Wer zwingt euch dann",
sagt ich zu diesem Herrn, diesem Bewussten,
„des Zeug aach noch gedruckt erauszubringe?
Gut, mancher muss sei Geld demit verdiene.
Do loss ich schon mal was, des net so ganz
gelunge is, bassiern. Jedoch für einen Mensch
von Stand mit Geld gehört sichs einfach net,
sein Name in Verbindung mit Gedichten,
die weder Fisch noch Fleisch sind, zu verbreiten."
So sagte ichs dem Herrn, diesem Bewussten.

ORONT. Ja, ich versteh. Doch mein Gedicht, wie ...?

ALKEST. Versteckeses im letzte Schubfach!
Des is doch alles an de Haar ebeigezooche,
macht nachgemachte Muster nochmal nach.
„Einlullend", wenn ich so e Wort schon hör!
Do wird mit Reimcher rumgeklimpert. Tränen,
der Tod sogar werd flugs beschworn, un dann
uff aamol kommt: „Da ist auf Dauer nichts zu erben."
Naa naa, des hot noch net emol Geschmack!
Gefühl schon gar net. Früher, ja, hat man noch
gewusst, was dichte heißt, ein schlichtes Volkslied:
        „Wenn ich ein Vöglein wär
        und auch zwei Flügel hätt,
        flög ich zu dir."
Des sin kei auserwählte Verse, nur des
Gefühl is wahr und findt die Sprach, dies braucht.
        „Da s aber nicht kann sein,
        bleib ich halt hier."
Der war verliebt, der das gedichtet hat.
Ja, lachese! Bleibt mer doch all fort
mit euerm Klunker, euerm falsche Glanz!

ORONT. Beweise werd ich Ihne nach den Regeln

Arsinoe gespielt von Hildburg Schmidt.

65

der Poetik, dass mein Sonett vollkommen ist.

ALKEST. Mit Regeln kann mer jeden Quatsch beweise!

ORONT. Sie habbe wohl die Weisheit ganz für sich gepachtet?

ALKEST. Dann fiel mer sicher aach was zu Ihrm Versche ei!

ORONT. Do werd ich notfalls druff verzichte könne!

ALKEST. S werd Ihne gar niks anners übbrig bleibe.

ORONT. Wie würd wohl e Gedicht von Ihne aussehn?

ALKEST. Genauso armche. Ich dähts nur niemand zeiche!

ORONT. So was von Hochmut habe ich noch net erlebt!

ALKEST. Wer Weihrauch will, is falsch bei mir!

ORONT.
Mei kleines Herrche, gehnse net e bissche weit?

ALKEST.
So weit, wie man mich treibt, Euer Durchlaucht!

PHILIPP. *Dazwischentretend.*
Genug, Ihr Herrn, des is doch mehr als peinlich!

ORONT.
Sie habbe recht! Ich wollt mich grad vergessen.
Mein Herr, ich bin Ihr Diener jederzeit.

ALKEST. Und ich der Ihre! Untertänigst! Ehrlich!

Oront ab.

Erster Akt – Dritte Szene
Alkest. Philipp.

PHILIPP. Do habbese Ihrn Krach! Des kommt devon,
dass Sie so offe sind. Verlangt do einer
niks als wie e freundlich Wort, und Sie ...

ALKEST. Ach, sinse still!

PHILIPP. No, also ...

ALKEST. Gehnse! Ab!
Allein sein will ich!

PHILIPP. Sin Sie ...

ALKEST. Garniks bin ich!

PHILIPP. Ja, aber ...

ALKEST. Was dann noch?

PHILIPP. Sowas von grob!

ALKEST. Ab, saach ich! Lossese sich net mehr blicke!

PHILIPP. Mich beleidigen Sie nicht! Ich bleib!

Zweiter Akt – Erste Szene
Alkest. Cäcilie.

ALKEST. Madame, ich drücks net länger runner, ob jetzt,
ob später, einmal musses doch eraus!
Drum lieber gleich, so schwer mers fällt, Verstellung
kann kein Mensch von mir verlangen, also:
Schluss! Wir müssen miteinander brechen!

CÄCILIE.
Grad woll ich Ihnen höflichst danke, dass Sie
so gut warn, mich zu meinem Haus zu bringe,
da sin Sie doch nur widder mitgegange,
um mich nach Strich un Fade auszuzanke.

ALKEST. Niks Zank, ich halts nur net mehr aus, dass hier
Ihr Haus, Ihr Herz, Ihr ... – für jeden offesteht.

CÄCILIE.
Ach so, Sie sehn das als Verbrechen an, dass ich
Verehrer hab? Ich soll wohl die, die mich
gern sehn, mim Stecke aus de Dür raustreibe!

ALKEST. Mim Stecke net. Ei wenn Sie nur e bissche,
e bissche kälter wärn zu dene Herrn.
Warum werd jeder anngelacht, warum,
Herrgott, sind Sie so schön, dass jeder sich vernarrt!
Un außerdem möcht ich mal wisse, warum
sich ausgerechnet Sponheim Ihrer Gunst erfreut.
Was hat dann der schon groß vollbracht?
Was macht dann den unwiderstehlich?
Sei weiß lackierte Fingernägel,
sei gelb Perück, sei vornehm Fistelstimm?

CÄCILIE. Sie wisse ganz genau, dass Sponheim mir
in dem Prozess gegen die Eltern meines
verstorbnen Gatten Hilfe leisten kann.

ALKEST. Es wär mer lieber, Sie verlörn in dem
Prozess, als dass Sie ihn durch den gewinne.

DO HABBESE
IHRN KRACH!

CÄCILIE. Sin Sie dann eifersüchtig uff die ganze Welt?

ALKEST. Weil Sie sich liebe lasse von de ganze Welt.

CÄCILIE. Solange ich noch jeden gleich behandle,
gleich freundlich, gibts für sie kein Grund zu zetern.

ALKEST. Was aber hab ich dann voraus vor jedem?

CÄCILIE. Dass Sie geliebt wern! Is des Ihne niks?

ALKEST. Garniks, solang ich das net glaube kann.

CÄCILIE. Sie glaube, was ich hier gestehe, nicht?

ALKEST. Ich weiß ja nicht, wem Sies sonst noch gestehn!

CÄCILIE. Charmant, charmant! No gut, dann will ich sie
ganz schnell befrein von Ihren Zweifeln. Hiermit
nehm ich, was ich gestanden hab, zurück.
Was nicht gesagt ist, ist nicht zu bezweifeln.

ALKEST. Aach! Aach! Dass ich Sie liebe muss!
Wie mers zuwidder is! Wies mich zerreisst
im Innern! Was hab ich verbroche, dass mir
grad diese Strafe aufgebrummt wird, dass ich,
der nur die Wahrheit liebt, zum Sklave werd
von einem Weib, das alle Welt bemogelt.

CÄCILIE. Do werd eim ja, bei solcher Leidenschaft,
ganz angst und bang!

ALKEST.   Ja, angst und bang werd mirs
doch aach, bei solcher Leidenschaft, ich hab
doch aach den Schreck, weil ich mich nicht versteh,
weil mirs auch neu is, weil eine solche
Leidenschaft ganz neu is in der Welt!

CÄCILIE. Des stimmt! Neu is mir auch, dass bei em Mann
die Sehnsucht nur als Streitsucht rauskommt,
die Zärtlichkeit als Zank, Treue als
ein ewiges Gemecker, Zuneigung
als Zorn!

ALKEST.   Mein Zorn vergeht sofort, wenn Sie
das eine Wort nur sagen!

CÄCILIE.   Welches Wort?

ALKEST. Das mir Gewissheit schafft! Das eine Wort!

Zweiter Akt – Zweite Szene
Die Vorigen. Bastian.

CÄCILIE. Was is dann?

BASTIAN.   Herr von Matzbach.

CÄCILIE.   Lasse bitten!

Zweiter Akt – Dritte Szene
Alkest. Cäcilie.

ALKEST. In einem solchen Augenblick lassen Sie bitten?
Jetzt wollt mer sich grad mal in Ruhe spreche, kommt widder
en Besuch! Muss dann des sein?

CÄCILIE. Ich darf ihn nicht verärgern.

ALKEST.   Rücksicht uff den?

CÄCILIE. Ich lebe nicht allein auf dieser Welt.
Matzbach hat Einfluss in den höchsten Kreisen.
Selbst wenn er mir nichts nützt, könnt er
mit seiner bösen Zung mir schaden.

ALKEST.   Gründe,
Erklärungen für alles! Jeder darf
hier rein und raus, für jeden gibts en Spruch.

Zweiter Akt – Vierte Szene
Die Vorigen. Bastian.

BASTIAN. Herr von Sponheim.

ALKEST.   Lasse bitten! *Will gehen.*

CÄCILIE.   Wohin?

ALKEST.   Ich geh!

CÄCILIE. Sie bleiben!

ALKEST.   Nein!

CÄCILIE.   Und wenn ich Sie drum bitte?

ALKEST. Umsonst, weil mir die Zeit zu schad is, dass ich
sie totschlaach mit dummem Geschwätz.

CÄCILIE.   Ich wills!
Dann gehnse! Aach gut! Aber schleunigst!
Gehnse!

Zweiter Akt – Fünfte Szene
Die Vorigen. Elise. Philipp. Matzbach. Sponheim.

ELISE. Cousine, zwei Freunde wollen dich besuchen!

CÄCILIE. Stühle!
Zu Alkest.   Ach, Sie sind ja doch noch da?

ALKEST. Damit ich endlich hör, für wen Sie sich
entscheiden, ob für die da, ob für mich.

CÄCILIE. Jetzt still!

ALKEST.   Und bitte laut!

CÄCILIE.   Sind sie bei Trost?

ALKEST. Die Wahrheit!

CÄCILIE.   Oh ...

ALKEST.   Sofort!

CÄCILIE.   Des is kein Scherz mehr!

ALKEST. Nein! Jetzt will ichs wissen! Die Entscheidung.

SPONHEIM. Der Stoll, wie der sich widder aufgeführt hat
heut morje in der Rue. Und niemand sagts ihm.

CÄCILIE. Ein glückliches Gemüt. Er denkt, sei Witze wern
belacht, und dabei lacht mer über ihn.

MATZBACH.
Wenn schon die Red druff kommt, auf Leut, die
garnet merke, wie sie uff annern wirke:
Ich treff vorhin den Görz, gleich packt er mich:
„Ja wissese dann schon ...“ un zischelt mer
ins Ohr, ich tret von eim Fuß uff de annern:
„Ich muss ...“ „Naa, hörnse weiter!“... „Ich muss wirklich ...“
„Ei gleich!“ Zwei Stunde steh ich in de Hitz,
un meinese, ich wüsst noch, was er wollt?

CÄCILIE. Wer niks zu saache hat wie unser Görz,
der muss es spannend mache.

SPONHEIM.   Wie der Truchs.

CÄCILIE. Der Unnerschied is der, dass Görz mit Worten
strunzt, un Truchs mit Taten. Wo der sei Finger
drin hat, kann mer sicher sein: Es werd niks.

MATZBACH. Ich hab ihn neulich mit Sophie gesehn.

CÄCILIE. Do habbe sich die Richtige gefunne.
Die Frau, ich mag sie, doch wenn Plauderei
zur Arbeit wird! Ich bin bereit, mit ihr
von Regen, Sonne, Schnee zu reden, nicht mal
zu sowas fällt dem gute Huhn was ein.

SPONHEIM. Dafür redet ihr Bruder ohne Pause.

CÄCILIE. Ei ja, von Pferden, Wagen, Hunden. Menschen
sind ihm als Thema wohl e bissche hoch.

PHILIPP. Gibt es dann niemand, den man lobe könnt.

SPONHEIM. Ei doch. Duval.

CÄCILIE.   Sie meine wohl sein Koch.

PHILIPP. Sei Diners sind bon!

CÄCILIE.   Des wärnse ohne ihn.
Sein Geierblick verdirbt den Appetit.

ELISE. Munter gehts widder her, un wer kommt jetzt dran?

PHILIPP. Sein Onkel, möcht ich saache, is, wenn ich
des saache darf, ein sehr gescheiter Mann.

CÄCILIE.
Un wie! Mer traut sich bei ihm niks zu saache.
Es fällt ein Satz, von wem auch immer. Er
macht Gänsefüßcher dran – un hot sei Lacher.
Und fehlt ihm mal das Stichwort für sein Spott,
dann steht er da, die Arm gekreuzt, die Augen
nach oben, weils ihn quält, was er da unten
in Niederungen unsrer Dummheit sieht.

MATZBACH. Des isser, wie er leibt und lebt! Naa, sowas!

SPONHEIM. Mit wenig Strichen! Merveilleux, Madame!

ALKEST. Ja, macht nur weiter! Feste druff, ihr Herrn!
Gibts dann net noch ein Opfer, des mer hinner
seim Rücke runnermache kennt, um es,
wenns reinkäm hier, zu küsse un zu drücke?

SPONHEIM. Was wollese von uns. Die Witze hat
Madame gemacht!

ALKEST. Un ihr habt se belacht!
Habt se durch euern Beifall uffgehetzt!

PHILIPP. Mal ruhig! Was setze Sie sich dann uff aamol
für Leut ein, die doch Ihne ebeso
verächtlich sind wie unsern Freunden hier?

CÄCILIE. Er muss doch widdersprehe! Sie könne net
von ihm verlange, dass er einmal denkt,
was annern denke, denn dann wär er ja
ein ganz gemeiner Mensch. Er will was Eignes.
Kommt ihm das, was er sagt und will und ist,
durch andere entgegen, lehnt ers ab!
Je mehr er Welt verbessert, desto böser
wird er der Welt, je mehr er Freund gewinnt,
desto mehr wird er sich selbst zum Feind.

ALKEST. Do habbeses ja endlich auch geschafft,
Madame, jetzt werd auch über mich gelacht.

PHILIPP. Eins is doch wahr, Sie nehme fremde Ansicht
net an, obs nun ein Lob, obs Tadel is.

ALKEST. Ich nehm nur an, was sich beweise lässt.
Ich bin net geeche Tadel oder Lob,
wenn sie begründet sind. Cäcilie aber fordert
Beifall dafür, dass sie Schwäche zeigt!

SPONHEIM. Ich bitte Sie! Cäcilie hätte Schwächen?

MATZBACH. Schwächen? Wo dann? Ich seh keine Schwächen!

ALKEST. Ich sehe sie. Und Liebe fordert, dass man
die Liebste auf die Schwäche hinweist.

CÄCILIE.
Ja, das ist ihm die Liebe, dass man Schwächen
der Liebsten laut herausposaunt.

ELISE. No aber werklich, des is doch net Liebe!
Wer liebt, verwandelt Mangel in Gewinn.
Wer liebt, der nennt ein Trampel ländlich
  Unschuld.
Des Dickerche sieht er als Juno an.
Des freche Schlappmaul sprüht nur so von Geist,
unds dumme Huhn erscheint als herzensgut.
Ja, des is Liebe!

ALKEST. Naa, ich bleib dabei.

CÄCILIE.
Genug jetzt diskutiert! Gehn mer spaziern!
Sie wolle uns verlasse, meine Herrn?

WER LIEBT, VERWANDELT MANGEL IN GEWINN.

SPONHEIM. Wo denke Sie dann hin?

MATZBACH. Kei Red davon.

ALKEST. *Zu Cäcile.* Dene ihr Bleiben liegt Ihne ja sehr am Herz!

SPONHEIM. Solangs Madame nicht wünscht, geh ich net fort.

MATZBACH. Ich hab den ganze Tag mer freigehalte!

ALKEST. Wann die gehn, soll mer worscht sei, jedenfalls
ich geh als letzter fort!

CÄCILIE. Soll des en Witz sei?

ALKEST. Werfe Se mich raus! Des will ich sehn!

Dritter Akt – Erste Szene
Sponheim. Matzbach.

SPONHEIM. Nanu? So gut gelaunt? Is was passiert?

MATZBACH. Ei nein! Warum sollt ich aach schlecht gelaunt sei.
Sieh mich an! Geld hab ich, komm aus ältester
Familie, bin jung, seh gut aus, hab
en gute Schneider und e gut Gebiss.
Mein Urteil gilt, wenn ich klatsch im Theater,
klatsche die annern aach. Mein Mut is stadtbekannt.
Jeder Poste steht mer offe, jedes Herz!

SPONHEIM. Ja, dann versteh ich net, bei deiner Auswahl,
warum du dich auch bei Cäcilie,
wo Liebesmüh vergeblich is, bemühst?

MATZBACH.
Das Wort „vergeblich" gibt es nicht bei mir.
Ich hab schon zu viel eingezahlt, um uffzugebbe.
Ich hab zu oft gekniet, als dass ich uff
die Hand, die mich erhebt, verzichte könnt.

SPONHEIM. Du machst dir Hoffnung?

MATZBACH. Gründe gibts genug.

SPONHEIM. Ich fürcht, ich fürcht, du redst dir da was ein.

MATZBACH. Vielleicht.

SPONHEIM. Hast du Beweise?

MATZBACH. Nein, ich täusch mich.

Pirkko Cremer in ihrer Rolle als Elise.

SPONHEIM. Jezt ehrlich, was hat sie zu dir gesagt …

MATZBACH. Hab mich geirrt!

SPONHEIM. Dir heimlich mitgeteilt?

MATZBACH. Niks! Niks!

SPONHEIM. Jetzt raus demit, ich bitte dich!

MATZBACH. Sie weist mich ab.

SPONHEIM. Hör uff mit dene Witze,
jetzt saach, was macht dich dann so sicher, Freund?

MATZBACH. Sie hasst mich, und ich häng mich uff desweeche!
Du aber bist bei ihr hoch aageschribbe.

SPONHEIM. Was hältste von, wenn wir mal offe sin?
Und mache en Vertrag, damit mer net
allsfort im Dunkle tappt: Wenn eins von uns
Beweise ihrer Liebe hat, Versprechung
oder Brief, teilt ers dem andern mit –
und der gibt auf, stillschweigend, neidlos.

MATZBACH. Sehr vernünftig! Auf zum Kampf! Doch still!

Dritter Akt – Zweite Szene
Die Vorigen. Cäcilie.

SPONHEIM. Oh …

MATZBACH. Ah …

CÄCILIE. Noch hier?

MATZBACH. Ei ja …

SPONHEIM. Im Band –
der Leidenschaft!

CÄCILIE. Do hielt doch grad en Waache?

Dritter Akt – Dritte Szene
Die Vorigen. Bastian.

BASTIAN. Madame Arsinoe.

CÄCILIE. Was will dann die hier?

MATZBACH. Arsinoe, die Fromme, Tugendhafte!

CÄCILIE. Bei der is alles niks als Heuchelei.
Die will doch aach niks anners als en Mann.
Doch weil se niemand hat, der sie umschwärmt,
do nennt se des, was annern Spaß macht, Sünde.
Sogar Alkest stellt se ganz offe nach,
un weil se denkt, ich hätt ihn ihr gestohle,
bekämpft sie heimlich mich, wo se nur kann.
Impertinent. Ich kann se net verknuse.

Dritter Akt – Vierte Szene
Die Vorigen. Arsinoe.

CÄCILIE. Ah, welche Überraschung. Sie fehlten mir.

ARSINOE. Ich hab da was gehört, mein Pflichtgefühl ...

CÄCILIE. Wie schön, dass sie mich endlich mal beehrn.

Sponheim und Matzbach heimlich kichernd ab.

Dritter Akt – Fünfte Szene
Cäcilie. Arsinoe.

ARSINOE. Nur gut, dass die zwei Schluris fort sind.

CÄCILIE. Nehmen Sie Platz!

ARSINOE.   Nein, ich steh viel lieber.
Freundschaft beweist sich in Gefahr. Die echte
Freundschaft ist nicht zimperlich. Die wahre
Freundin schont die Freundin nicht und ist
die Hand erkrankt, so ist es besser, sie
vom Arm zu trennen, als ihn zu verliern.
Um was muss eine Frau am meisten bangen?
Um ihrn Ruf! Es geht um Ihren Ruf!
Vor kurzem war ich Gast in einem Kreis,
der zu den ersten Kreisen bei uns zählt,
zufällig kams Gespräch auf Sie, man sprach
von Ihnen und – ich sags nicht gern – sprach schlecht.
Ein Strafgericht! Ich muss wohl nicht erwähnen,
wer Sie verteidigt hat. „Leichtsinnig ist sie“,
hieß es. „Aber“, sag ich, „großmütig auch!“
„Sie nimmt Ge-chenke!“ „Aber gibt sie auch!“
„Nur was gibt sie?“ „Das sind Gerüchte“, sag ich,
„wer redlich denkt, der hört nicht auf Gerüchte!“
Doch unter uns: Gerüchte haben Anlass,
und wenn Ihr Haus net ganz so offe stünd,
gäbs für Gerüchte keinen Grund! Das nur als Rat!

CÄCILIE. Ich danke Ihnen. Ja, die Freundin ist
der Freundin immer Wahrheit schuldig. Danke!

Ich unterhielt mich neulich auch in einem
Kreis, der zu den ersten Kreisen zählt.
Das Thema: Frömmigkeit. Zimperlichkeit,
hieß es, und Frömmigkeit sind zweierlei.
Es sollte der, der allem Leben ausweicht,
nicht Sittenrichter spielen. Auch wäre, wenn
e Frau em nackte Mann auf einem Bild en
Lendenschurz anmale lässt, des lang noch kein
Beweis, dass sie den Nackte net viel lieber
in natura hätt. Un außerdem –
eine gewisse Dame sollt net Menschlichkeit
verkünde, solang se noch ihr Diener schlägt.

ARSINOE. Mir war zwar längst bekannt, dass Offenheit
nur Undank ernt, doch hätt ich net gedacht,
dass Sie mein Rat derart in Raasch versetzt.

CÄCILIE. Wieso denn Raasch? Im Geecheteil! Wie wärs dann,
wenn wir regelmäßig uns besuche
un Sie erzähle mir, was übber mich,
un ich, was übber Sie geschwätzt werd hier.

ARSINOE. Do wär ich doch im Nachteil, denn wer locker lebt,
macht sich lieb Kind, wogeeche der, der streng
zu sich un annern is, nur angegriffe wird.

CÄCILIE. So schlimm siehts doch net aus. Jed Art zu lebe
kommt zu ihrem Recht auf dieser Welt.
Wahrscheinlich werd auch ich emal so streng,
wenn ich erst in Ihrm Alter bin.

ARSINOE.   Werd jetzt
mit dene zwei, drei Jährcher, die uns trenne,
erumgestrunzt, nur um mir weh zu tun?

CÄCILIE. Was reisse Sie dann alls Ihr Schlappmaul uff,
nur um mich zu zerfetze!

ARSINOE.   Muss ich mich von
der Giftmischern dann alls besspritze losse!

CÄCILIE. Was kann dann ich dafür, dass hinner mir
die Männer her sind, hinner Ihne net?

ARSINOE. Die schmeißt sich an un is noch stolz debei.

CÄCILIE. Oh, Sie wärns aach!

ARSINOE.   Was wär ich?

CÄCILIE.   Stolz! Wenn Sie
was anzuschmeisse hätte!

ARSINOE. Wollten wir
wie Sie auf jedes Schamgefühl verzichten,
wir könnten Männer haben mehr als Sie.

CÄCILIE. Des tät ich gern mal sehn, wie wir das könnten.

ARSINOE. Wie schrecklich alles! Wo bleibt nur mein Waache?

CÄCILIE. Ei wartese, ich will Sie net vertreibe.
Da ist ein Herr, der Ihne wohl geleeche kommt.

Alkest tritt auf.

Versuchese Ihr Glück. – Mein Freund,
ich muss ganz schnell en Brief noch schreibe.
Wärn Sie so gut, die Dame hier, solang
sie uff ihrn Waache wart, zu unnerhalte? *Ab.*

Dritter Akt – Sechste Szene
Alkest. Arsinoe.

ARSINOE. Ich bin der lieben Freundin dankbar, dass
sie mir Gelegenheit verschafft zu saache,
wie sehr ich Ihre Ruh bewunder.

ALKEST. Ruh?

ARSINOE. Mit der Sie Ihr Geschick ertragen.

ALKEST. Welches?

ARSINOE. Dass Ihr Verdienst kei Anerkennung findt.
Ausnahme gibts. Grad gestern hörte ich
in einem Kreis, der zu den ersten Kreisen zählt,
Ihr Lob ...

ALKEST. Wer werd heut net gelobt.

ARSINOE. Doch würd Ihr Licht erst wirklich strahlen, wenn
Sie selbst – ich könnte Ihnen dazu helfen –
im allerersten Kreis, am Hofe, tätig würden.

ALKEST. Niks, des is niks für mich. Ich will so bleibe,
wie ich bin. Ich will mich net alls ducke,
Geschwätz hörn und mer selbers Maul verbiete.

ARSINOE. Ehrlicher Mann! An Ihnen lernt ein jeder
Genügsamkeit. Vor allem in der Liebe.
Bewundernswert, wie lange Sie bei dieser ...

ALKEST. Vorsicht!
Sie sprechen da von Ihrer Freundin!

ARSINOE. Die Freundschaft endet da, wo Anstand aufhört.
Ich kann es nicht ertragen, dass ein Mann
wie Sie andauernd hintergangen wird.

ALKEST. Was, hintergangen? Naa, des glaub ich net.
Ein jeder hintergeht. Wer guckt ins Herz.
Und wenns so wär, dann wär mirs lieber, man
redet net davon, solangs net sicher is.

ARSINOE. Sie habbe recht, Wahrheit verdirbt eims Glück.

ALKEST. Ach was! Ich scheu die Wahrheit nicht. Nur is
für mich, was net bewiese is, kei Wahrheit.

ARSINOE.
Da kommt mein Waache. Sie wolle den Beweis! Begleiten Sie
mich doch zu meinem Haus,
ich will Ihne was zeiche! Ich sag, man könnte
am ganzen weiblischen Geschlecht verzweifeln.
Doch gibt es andre Frauen, die sich sorgen,
dass Männer, gutgläubisch wie Sie, den Glauben
an das Weib nischt ganz verliern.

Vierte Akt – Erste Szene
Elise. Philipp.

PHILIPP. Er is en Dickkopp.

ELISE. Gut, er is en Dickkopp,
doch soll en Mensch kein Dickkopp sein, wenn es
um Gradheit geht, um Mut, Wahrhaftigkeit.

PHILIPP. Is des Mut, wenn mer sich mit jedem anleecht?
Sein Prozess stand so schon schlecht, der Golz hat
ihn denunziert als Feind des Hofs, und heut hat
er sich noch en Feind gemacht, Oront,
gekränkt als Dichter, kreischt jetzt auch uff aamol,
Alkest hätt das Pamphlet verfasst.

ELISE. O Gott, do muss merm helfe!

PHILIPP. Helfe lasse
wird der sich nie! Nur bei Cäcilie spielt er
den Jammerlappe! Des basst doch alles net!
Ein Mann, der sonst für alles, was er macht,
sein Grund angibt, der sonst nur hitzig werd,
wenn er sein grade Weg net gehe kann,
verheddert sich in einer Leidenschaft.
Wie kommt aus diesem kalte Mann die Glut?
Des basst doch net, des kanns doch gar net gebbe.

ELISE. Des gibts. Der Mensch ist halt kaa Uhrwerk.

PHILIPP. Un dann auch noch mit der Cäcilie!
Ja liebt die Frau ihn überhaupt?

ELISE. Des weiß ich net. Ich kann von einem Menschen,
der selbst so wenig von sich wisse will,
aach wenig saache. Se schwärmt mer allsmal was
von ener großen Liebe vor, und ich seh,
se bildt sich des nur ein. Dann widder sieht
mer schon von weitem, dass sie verliebt is,
ich frage sie danach, sie weiß niks.

PHILIPP. Warum hält sich der Menn net an e Frau,
die so vertrauenswürdig is wie Sie?
Wie einfach könnt doch alles sei, wie einfach!

ELISE.
Ich wills gestehn: Was ich auch tun könnt, ihm
Cäcilie zuzuführen, ich würd es tun.
Und würd er abgewiesen, gar getäuscht,
käm dann zu mir, so wär er mir genau
so lieb, als wenn er gleich gekommen wär.

PHILIPP. Zu oft, wann immer auch Ihr Name fiel,
hab ich dem Freunde Sie empfohlen,
als dass mich jetzt, was Sie gesagt, net freue könnt.
Doch sollt er Ihnen, dadurch, dass Cäcilie
sich noch besinnt, entzogen sein, so wär ich
sehr glücklich, könnte ich an seiner Stelle
um Ihre Gunst mich mühn.

ELISE.   Sie scherzen.

PHILIPP. Des kommt von ganz hier inne. Einmal schlägt
auch mir die Stund, in der ich mich getrau,
des, was ich wünsch, offe erauszusaache.

Vierter Akt – Zweite Szene
Die Vorigen. Alkest.

ALKEST.
Mein Fräulein, helfen Sie! Ich schnapp noch über! Des
überwind ich net! Wer bin ich dann?

ELISE. Sie sin ja außer sich! Sie zittern ja!

ALKEST. Jetzt will ich net mehr lebe. Fiel der Mond
vom Himmel, dät die Erd mer unner mir
verplatze, alles ließ mich kalt, doch dass ...

PHILIPP. Jetzt setz dich doch erst mal!

ALKEST. Kann Grausamkeit in Schönheit gehn!

PHILIPP.   Was is?

ALKEST. Kann Reinheit unnedrunner derart babbisch sein!

PHILIPP. Was is?

ALKEST.   Was is! Was is! Ich bin betrogen!
Cäcilie hat mich betrogen!

PHILIPP.   Der Beweis?

ALKEST. Ist hier!

PHILIPP. Ein Brief?

ALKEST.   Ein Brief Cäciliens an
Oront! Wer hätt schon an Oront gedacht!

PHILIPP. Ja, was is schon en Brief!

ALKEST.   Geb mer kein Rat!

ELISE. Beruhichese sich! Erzählese!

ALKEST. Nur Sie, mein Fräulein, können mir jetzt helfen.
Rächen Sie mich!

ELISE.   Rächen? Gern! Nur wie?

ALKEST. Mein Herz gehört ab heute Ihnen!
Treu will ich sein, weil die mir untreu war.
Sie soll sich giften! Winden soll sie sich,
schwarz wern vor Neid un innerlich verbrenne!

ELISE. Mich rührt Ihr Leidenschaft. Ihr Antrag ehrt mich.
Doch is vielleicht des alles halb so schlimm.
Wenn aaner maant, sei Liebche hätt ihn aageschmiert,
dann kennt er sich oft selbst net mehr vor Zorn,
doch wird im gleiche Aacheblick schon nach
Entschuldigung für den Betrug gesucht,
un unnerm liebe Blick schrumpelt die Wut.

ALKEST. Niks schrumpelt! Nach der Schande! Ausgerechnet
mit diesem Denunziant! Was ich gesagt hab,
nehm ich net zurück. Mein Herz is Ihrs!
Sie kommt. Ich merk schon, wie die Gall mer schwillt!
Jetzt musse alles eingestehn vor Zeugen!
Un dann zerreiße ich das letzte Band
und leg ein freies Herz zu Ihren Füßen.

ELISE. Ich mag nicht Zeuge sein, wir gehn, mein Freund.

Elise und Philipp ab.

ICH MERK
SCHON, WIE DIE
GALL MER
SCHWILLT!

Pascal Thomas als Oront, einer der
vielen Verehrer der Cäcilie.

Vierter Akt – Dritte Szene
Alkest. Cäcilie.

ALKEST. Jetzt nur ganz ruhig! Beherrsch dich! Ruhig!

CÄCILIE. Was drückt Sie? Was gibts so zu stöhne, warum
wern dann die Aache hin- un hergewälzt?

ALKEST. Warum? Desweeche, weil, wenn
der Hölle Bosheit sich mit Gottes Zorn
begatte däht, niks Ferchterlichers raus
gekroche käm als Sie!

CÄCILIE. Wie zärtlich widder heut.

ALKEST. Aach noch Hohn! Statt schamrötlich zu wern!
Sie sind überführt! Mein Argwohn war
mein Schutzgeist! Ich seh klar. Ich räche mich!
Ja, hättese mich gleich zurückgestoße, mir
gesagt: „Ich will dich nicht!" Ich könnt niks saache.
Doch dass Sie zuckersüß mich angelockt,
in mir die Lieb erweckt, wern Sie bereue!
Weil diese Liebe jetzt zu Hass wird, wart nur!
Un diesen Hass, den lass ich raus! Ich hab
mit dem, was ich jetzt tu, niks mehr zu tun.
Aus isses mit Vernunft, und Sie sind schuld!

CÄCILIE. Sind Sie uff aamol doll worn übber Nacht?

ALKEST. Ja, doll! Un gern! Un außerdem bin ich
net doll! Doll bin ich nur durch Sie, weil Sie
mit zuckersüßen ...

CÄCILIE. Widder zuckersüß?

ALKEST. Ich habe einen Brief erhalten!

CÄCILIE. Un?

ALKEST. Er zieht nicht mehr bei mir, der Unschuldsblick!

CÄCILIE. Des Stück Papier? Dafür die Raserei?

ALKEST. Des Stück Papier! Und Sie erröten nicht?

CÄCILIE. Warum dann jetzt aach noch erröten?

ALKEST. Arglist, gepaart mit Frechheit! Wollen Sie
vielleicht auch noch behaupten, weil das Blatt
nicht unterzeichnet ist, dass Sie den Brief
gar net geschribbe habbe?

CÄCILIE. Naa! Mei Schrift!

Des is ein Blatt aus einem Brief von mir.

ALKEST. Sind Sie dann werklich gar so kalt? Da steht
ein Mann vor Ihnen, hält einen Brief, in dem
sein Nebenbuhler ...

CÄCILIE.   Nebenbuhler?

ALKEST.   Oront!

CÄCILIE. Ach so! Oront? Steht dann die Anred druff?

ALKEST. Nein! Doch die Person, die mir den Brief gab,
sagt, sie hätt ihn von Oront. Oront!
Grad von Oront! Gut, weeche mir, nicht von
Oront! Doch des steht fest, Sie schreibe hier
an einen Mann, so zuckersüß an einen ...

CÄCILIE. Und wenn der Brief an eine Frau gerichtet wär?

ALKEST. An eine – also das – no, alle Achtung!
Ja, meine Sie, ich fall auf sowas rein?
Das ist ein Liebesbrief, wo zuckersüß,
hier, ich zitiere: „Mein ...“

CÄCILIE.   Schluss jetzt!
Sie brülle hier in meinem Haus herum!
Jetzt lesese mir noch aus meine Briefe vor!

ALKEST. Ich will nur hörn, wie Sie sich diese Stell erklärn.

CÄCILIE. Erklärnse sichs doch selbst, Sie könnes doch so gut!

ALKEST.
Ich will doch niks als den Beweis von Ihne,
dass dieser Brief an eine Frau gerichtet ist.

CÄCILIE. Der Brief ist an Oront gerichtet.
Ich will offe sei: Oront gefällt mir.
Es macht mer Spaß, wenn er so freundlich zu
mir is, so wie ich freundlich zu ihm bin.
Er dreht net alls an mir erum. Mich freut,
was glänzt, was soll ich mer im Kopp rumwälze,
ob des, was glänzt, echt oder falsch ist.
Ich käm vor lauter Wälze net zum Gucke.
Leichtsinnig, oberflächlich, flatterhaft,
unehrlich, ja unehrbar, so nennt mich jeder,
der mein Feind ist, nenne Sie mich nur auch so!
Vielleicht bin ichs! Mir solls gleich sein,
wenn Sie mir nur endlich meine Ruhe lassen!

ALKEST. Wer steht des dorch! So also sieht des aus
in dieser Welt. Die Frau lässt mich im Stich, un

jetzt bin ichs, der sie im Stich gelasse hat.
Ich bin im Unrecht, sie im Recht!
Zum Verräter macht mich die Verräterin,
macht mich, indem sie jede Schwäche zugibt,
so schwach, so lahm, dass ichs net schaff
und reiß all des verzwickelte Geknäul
mit einem Ruck all ausenanner,
so erbärmlich, dass es net mal mehr
zu einer anständigen Verachtung langt.
Beweisen Sie mir bitte wenigstens –
ich will mich auch dann zwingen, es zu glauben –
dass, was hier steht in diesem Brief, nicht gilt.

CÄCILIE. Sind Sie dann so verrückt vor Eifersucht,
dass Sie mich schon zur Lügerei beschwätze!
So wie ich Ihnen offen meine Liebe
zu einem andern eingestehen würde,
so wie ich Ihnen offen mein Gefühl
zu Ihne eingestand und damit alle
die Schranken fallen ließ, mit denen wir,
weil wir empfindlich sind, uns schützen müssen.
Grad weil ich selber mich so weit gewagt,
kränkt mich Ihr Misstraun! Gehn Sie! Einen Zorn
hab ich! Ja, Zorn, weil ich so schwach bin
und schaffs noch immer nicht, den Holzbock hier
aus meinem Herz zu bannen! So dumm, dass ich
all die, die sich um mich bemühn, vorn Kopp stoß,
anstatt dass ich mich endlich einlass auf
en annern, liebenswürdiger als der hier,
damit er endlich Grund zu jaunern hat,
der grobe Klotz, der Starrkopp, Sturkopp, Olwel!

ALKEST. Ach, weiter! Weiter! Mehr! Wie wohl mers tut!
Wie schön war des jetzt widder ausgedrückt!
Ja, schennese nur weiter! Ich verdiens!
Mir wackele die Knie! Das zärtlichste
Gefühl streicht mer von unne uff, mer is
so dormelisch! Isch bin beruhischt! Auch
wenn es widder zuckersüße Täuschung war,
weiter! Saachese des Wort, des mir
Gewissheit schafft, den feste Glaube, Dauer!

CÄCILIE. Sie liebe nicht so, wie ich geliebt wern muss!

ALKEST. Ich lieb Sie ja schon so, dass ich mir wünsch,
dass Sie verlörn all des, wesweeche
Sie sonst geliebt wern: Schönheit, Reichtum, Stand.
Ja, wenn Sie hässlich, arm und niedrig wärn,
dann könnte meine Liebe alles geben,
was Schicksal Ihnen nicht gegeben hat,
und niemand sonst hätt Sie erhöht als ich.

CÄCILIE. Wie ritterlich! Ich will nur hoffe, dass

Ihr Wünsch sich net erfülle. Saachese,
is des dann net Ihr Diener? So vermummelt?

Vierter Akt – Vierte Szene
Die Vorigen. Schambedist.

ALKEST. Könne mir zwaa dann nie in Ruhe redde?
Was soll die Maskerad? Was is?

SCHAMBEDIST. Ach Gottsche!

ALKEST. Was dann?

SCHAMBEDIST. Ssst! Ssst!

ALKEST. Ei was?

SCHAMBEDIST. S steht schlescht!

ALKEST. Was denn? Jetzt red!

SCHAMBEDIST. Wie? Laut?

ALKEST. Ja! Los!

SCHAMBEDIST. In Geeschenwart?

ALKEST. Wirds bald!

SCHAMBEDIST. Ja schon. Mer misse fort!

ALKEST. Wie fort?

SCHAMBEDIST. Wie? Klamm und heimlisch!

ALKEST. Un warum?

SCHAMBEDIST. Ei fort!

ALKEST. Warum …

SCHAMBEDIST. Und schnell!

ALKEST. … will ich jetzt wisse!

SCHAMBEDIST. Weils eilt!

ALKEST. Soll ich der erst die Knoche breche!

SCHAMBEDIST. En Mann, er hatt en schwarze Mantel aa
un schwarze Strimp, kam in die Kisch gestolpert

und aach en schwarze Hut, un e Papier,
mit Ihrm Prozess wär was denebe gange …

CÄCILIE. O Gott!

ALKEST. Un was?

SCHAMBEDIST. Woher soll ich des wisse?
Uff jeden Fall mitnemme wollt er Sie.
Desweesche ging er fort, dann kam der anner Mann,
wo mit dem erste niks zu tun hat, also
isch mein, der erste hot den zweite net
gekannt, obwohl wir beide, isch un Sie,
ihn kenne. No, wie heißter?

ALKEST. Weiß ich doch net!

SCHAMBEDIST. Doch doch! Sie kennen! Der war oft bei uns.
Misch hot er auch gekannt, redt mich an
mit Name, sagt zu mer: Du – du – mein Name …

ALKEST. Schambedist heißt du!

SCHAMBEDIST. Genau! Und wie heißt der?

ALKEST. Isch haach der gleich …

SCHAMBEDIST. Nur net so uffgereescht!
Der Mann war aach so uffgereescht!

ALKEST. Warum?

SCHAMBEDIST. Ei, weil Sie net da warn grad, wo man Sie doch
einsperre wollt, da warn Sie net daheim,
wo er Sie warne wollt: „Versteckelt euch!",
hot er mir zugepischpelt.

CÄCILIE. Einsperrn? Ihn?

SCHAMBEDIST.
Ja weesche dem, wos er geschribbe hat
geesche de Kanzler, was en annere
geschribbe hat und hat ihn angezeischt, weil –
warum dann so en Umstand. Steht doch alles
uff dem Zettel, den er mir gegebbe hat.

ALKEST. Dann her demit!

CÄCILIE. Was is dann nur geschehn?

ALKEST. Wenn ich des selber wüßt! Den Zettel her!

SCHAMBEDIST. Ich hab en liehe lasse.

Lucie Mackert und Sebastian Klein in ihren Rollen als Liesel und Schambedist.

ALKEST.   No, jetzt knallts!

CÄCILIE. Nur ruhig! Bitte, gehnse! Sehnse nach!

ALKEST. Jetzt hätte mer uns fast verstanne,
kommt mittedrin eim widdern Umstand zwische!

Fünfter Akt – Erste Szene
Alkest. Philipp.

ALKEST. Niks is! Beschlosse is beschlosse!

PHILIPP.   Langsam!

ALKEST. Sie könne redde, was Sie wolle, ich
hör nicht mehr zu. Ja, wolle Sie vielleicht
behaupte, dass das Recht, dass das Gesetz
gar nicht auf meiner Seite war?

PHILIPP.   Ach was.

ALKEST. Sie wolle wohl behaupte, das Gesetz
war auf der Seite meines Gegners?

PHILIPP.   Nein!

ALKEST. Un wer hat den Prozess gewonne? Ich?

PHILIPP.   Nein, Golz.

ALKEST. Ja, gelle! So is des. Gewonne hat
ein stadtbekannter, ausgemachter Lump!

PHILIPP. Sie hätte halt wie er Ihr menschliche
Verbindunge …

ALKEST.   „Menschliche Verbindunge",
die hot mer jetzt emol gesehn!
Gesetze sin niks wert, solang es Richter gibt.
Ich kann noch froh sein, dass die Anklag
von weeche staatsfeindlicher Schrift vom Tisch is.
Man nennt e schlecht Gedicht e schlecht Gedicht
und landet hinter Gitter, so kommts noch!
Nein, diese Welt ist eine Welt, in der

der Wolf den Wolf – nein, nicht der Wolf,
denn Wolf verschont den Wolf – in der der Mensch
den Mensch zerreisst! Ich mach da net mehr mit.
Ich scheide aus, ich geh aufs Land, werd Bauer.
Mim Rest von meim Vermöge lern ich der Pflanz
Genügsamkeit, dem Tier die Treue, Sternen
die Reinheit ab.

PHILIPP.   Weil Sie vom Geld grad rede,
ich ging in die Berufung, holt mers widder.

ALKEST. Niks is! Des, was mich der Prozess gekost hat,
de ganz Besitz fast, hab ich gern verlorn,
dann dafür hab ich endlich den Beweis,
dass Unrecht herrscht. Was mir das Recht gibt, mich
von Ewigkeit zu Ewigkeit zu gifte.
An mir, wie ich hier stehe, ist bewiese,
dass Unrecht herrscht, und wer das leugnet, leugnet,
dass ich bin ...

PHILIPP.   Ja, aber ...

ALKEST.   Was aber?
Sie streite ab, dass ich vor Ihne steh?

PHILIPP. Das net!

ALKEST.   Behauptese, die Welt ist gut?

PHILIPP. Ich geb doch zu, die Welt ist schlecht. S wär besser,
wenns mehr Gerechtigkeit, Selbstlosigkeit
und Treue gäb, doch eins geht net,
dass alle Menschen selbst, treu, gerecht sind.
Für was hätt man die Tugend, die das Laster
enunnerdrückt? Für was Philosophie,
die lehrt, wie man sich abfindt mit seim Schmerz?
Desweesche hat der Mensch Vernunft!

ALKEST.   Desweesche
hat der Mensch Vernunft, dass er jetzt geht,
weil er sonst platzt von weeche Ihrm Gebabbel.
Bleibe tu ich nur, weil ich Cäcile
noch eine Frage stellen will, damit
sie endlich mir beweist, dass sie mich liebt.

PHILIPP. Ich dät an Ihrer Stell in diesem Zustand
Gespräche über Liebe lieber lassen.
Wie isses? Gehn mer so lang zu Elise?

ALKEST. Ich will einmal allein sein mit meim Schmerz.

PHILIPP. No gut, dann hol ich halt Elise runter. *Ab.*

DESWEESCHE HAT DER MENSCH VERNUNFT!

Fünfter Akt – Zweite Szene
Cäcilie. Oront. Von diesen unbemerkt Alkest.

ORONT. Treffen Sie endlich Ihre Wahl, Madame!
Wenn meiner Liebe Glut in Ihrem Herz,
so wie Sies schriftlich angedeutet haben,
die Flamme angefacht, beweisen Sies!

ALKEST. *Tritt vor.* Der Herr hat recht! Entscheiden Sie! Sofort!

ORONT. Sehr richtig! Bitte! Enden Sie das Leiden.

ALKEST. Ziehen Sie den Denunzianten vor, dann ...

ORONT. Wenn Sie so sehr das Grobe lieben, dann ...

ALKEST. ... auf Nimmerwiedersehn!

ORONT.   ... geb ich gern auf!
Was hören Sie im Innern Ihres Herzens?

ALKEST. Eraus demit, den Name!

ORONT.   Er oder ich!

ALKEST. Sie zögert!

ORONT.   Weil sie nicht weiß, was sie will.

CÄCILIE.
Ich weiß schon, was ich will. Ich weiß es längst!
Vor allem will ich, dass man mich nicht drängt.
Was sin dann des für Sitte? Was verlangen
Sie da von mir? Schamlos soll ich dem einen
mei Lieb gestehn, der annere sieht zu.
So wenig wissen Sie von Liebe, dass
Sie jed Geheimnis aufblättern wolle wie e Buch.
Ich kann nicht lieben und zugleich vernichten.
Ich möcht, dass der, der sich vergeblich müht,
dies selbst begreift. Ich sprechs nicht aus, dieses
verrückte Ja oder Nein, Entweder – oder.

ORONT. Ich hab kei Angst, verletzt zu wern!
Wenn ich nur endlich weiß, was is.

ALKEST. Sie wolles nur mit niemandem verderbe!
Un dademit verderbes mit allen.
Auch ein Schweigen sagt mer viel, wenn Sie
net sprechen, deut ich mir Ihr Schweigen so,
als hätte Sie des Schlimmste ausgesagt.

ORONT. D'accord! Mer aus de Seel gesproche! Ehrlich!

CÄCILIE. Was is in Sie gefahren, meine Herrn!
Ich hab doch grad erklärt, warum ich schweig.

**Fünfter Akt – Dritte Szene
Die Vorigen. Elise. Philipp.**

CÄCILIE. Du kommst mer wie gerufe! Stell dir vor,
die beiden Herrn hier haben sich verbündet,
belagern mich und fordern trotzig, dass
ich den einen bleiben heiß, den annern
zum Haus raus jaache soll. Was rätste mir?

ELISE. Mich derfste da net fraache, liebe Freundin.
Der Mensch soll offen sagen, was er fühlt.

ORONT. Da sehnse, niemand steht auf Ihrer Seit!
Jetzt sprechese!

ALKEST. Oder Sie lasses bleibe!

ORONT. En einzig Wort!

ALKEST. Ich weiß schon so Bescheid!

**Fünfter Akt – Vierte Szene
Die Vorigen. Arsinoe. Sponheim. Matzbach.**

ARSINOE. Madame, Sie staunen wohl, mich hier zu sehn,
doch musst ich unsern kleinen Streit vergessen,
als ich gehört hab, was die beiden Herrn
für Vorwürf gegen Sie erhoben!
„Des glaub ich net! So weit kann sie net gehn!
Des muss ein Missverständnis sein",
hab ich gedacht, desweeche bin ich hier.

MATZBACH. Gut, dass Sie hier sind, meine Herren.

SPONHEIM. Von Matzbach hab ich diesen Brief an ihn.

MATZBACH. Von Sponheim gab mir den, den er empfing.

SPONHEIM. Und beide Briefe ...

MATZBACH. ... stammen von Cäcilie.

SPONHEIM. Wie jeder sieht ...

MATZBACH. ... der ihre Handschrift kennt.

SPONHEIM. Und das sind viele!

MATZBACH. Da sie gerne schreibt.

SPONHEIM. Wolle mer hören ...

MATZBACH. ... was sie schreibt über mich.
„Sie sind sehr ungerecht, wenn Sie behaupten, ich sei niemals
munterer, als wenn Sie nicht zugegen wären. Also lassen
Sie mich nicht so oft allein, vor allem nicht mit diesem gelben
Gockel ..." – das bin ich!–" ... der sich wohl einbildet, ich
wär in ihn verliebt. Denn anders kann ich seine ärgerliche
Zudringlichkeit mir nicht erklären. Und dann unser gestiefelter,
grimmiger Held ..." – *Zu Alkest*. Sie, mein Herr. „Sein Trotz,
seine Grobheit und seine Schwermut belustigen mich
zuweilen. Doch wie viel öfter langweilt er mich damit. Und
dann endlich der Verfasser des erlesenen Sonetts über die
Hoffnung." *Zu Oront*. Das geht auf Sie! – „Ja, ich würde
ihm schon manchmal zuhören, wenn seine Prosa ein wenig
weniger langweilig wäre als sein Vers. Also, kommen Sie,
und ich werde Ihnen sagen, warum ich in Ihrer Gesellschaft
munterer bin als in irgendeiner sonst."

SPONHEIM. Hörn mer mal, wie über mich gedacht wird:
„In jeder Gesellschaft, in die ich geschleppt werde, vermisse
ich Sie mehr, als ich möchte. Und wenn Sie nicht sofort
kommen, um diesem Zustand abzuhelfen, werde ich Ihnen
das mein Leben lang nicht verzeihen. Also, kommen Sie
schnell! Sie übersehen ganz, wie wenig mir unser dürrer
Hecht" – das bin ich – „bedeutet. Was soll mir ein Mann
bedeuten, der, wie ich sah, eine dreiviertel Stunde damit
zubrachte, in einen Brunnen zu spucken, um Kreise auf dem
Wasser hervorzubringen."

MATZBACH. Des Spiel is aus. Der gelbe Gockel geht.
Es wird mir ein Vergnüchen sein, der ganzen Stadt
zu rühmen, welch edles Weib unter uns lebt.

SPONHEIM.
Sie wern schon sehn, dass andre Fraun
ihn schätzen, Ihren „dürren Hecht".

Sponheim und Matzbach ab.

**Fünfter Akt – Fünfte Szene
Die Vorigen. Ohne Sponheim und Matzbach.**

ORONT. Dein Lächeln, deine Hand, o Phyllis.
Ja, war ich blind? Ich wars! Doch haben Sie mir
mit eben jener Gaukelei, die mich
geblendet hat, die Augen aufgemacht.
Mit Dank nehm ich mein Herz zurück und räume
das Feld Alkest, zu weiteren Liebeskämpfen. *Ab.*

Das Ensemble v.l.n.r.: Hildburg Schmidt (Arsinoe), Pirkko Cremer (Elise), Lucie Mackert (Liesel), Michael Quast (Alkest), Anja Krüger (Cäcilie),

Fünfter Akt – Sechste Szene
Die Vorigen. Ohne Oront.

ARSINOE.
Ich dacht ja schon, des Herz des bleibt mer stehn. Noch
immer zitter ich am ganze Leib.
Naa, naa! Wie konntese nur sowas waache?
Es is mer gleich, wie Sie mit dene Schleechtschwätzer
umspringe, aber dass Sie diesen Mensch
verwunden, der ganz in Ihrem Liebesbanne stand,
der offen, edel, mutig, fein,
wahrhaftig, herzensgut, treu, schlicht …

ALKEST. Madame,
ich muss Sie bitte, sich da rauszuhalte!
Ich wüßt auch net, wie ich Sie für Ihr Teilnahm
belohne könnt, denn wollt ich mich auch rächen,
indem ich mich in jemand annerster verlieb, in Sie verlieb
ich mich ganz sicher net.

ARSINOE. Jetzt seht euch den an! Garnet eingebildt!
Der denkt, ich wär in ihn vergafft, der denkt,
ich hebe uff, was annern liehe losse.
Kriechese nur weiter der da nach, ich hoff,
Sie wern erhört! Die Buberolzern und
der Krippelbisser, des gibt en schönes Paar. *Ab.*

Fünfter Akt – Siebte Szene
Die Vorigen. Ohne Arsinoe.

ALKEST. Jeder hat geredt, ich schweig. Sie sehn:
Ich kann im Zaum mich halte, wenn ich will.

CÄCILIE. Jetzt reden Sie! Reddese mit mir!
Wie ichs verdien! Wenn Sie mir jetzt niks saache,
ausspreche, was Sie denke, könnt ich nie
mehr grad in Ihne Ihre Auche sehn.
Mir wars egal, wens in meim Spielche trifft, egal,
wer schreit, doch dasses Sie auch trifft, des tut
mir selber weh. Hassen Sie mich! Auf!
Sie müssen mich ja hassen! Sprechen Sie
das Wort, das mich verdammt, jetzt aus!

ALKEST. Ja, kann ichs dann? Ich kanns ja net!
Da, bitte! Da seht Ihr mal, wie schwach die Lieb
den Menschen macht. Ich kann mich anstrengen,
soviel ich will, ich bring kein Hass eraus.
Damit bin ich selber, ihr seid Zeugen,
Beweis, wie weit der Mensch sein Grundsatz aufgibt,
Beweis, dass Grundsatz, ja Vernunft niks gilt.
Cäcilie, ich will alles, was Sie taten,
vergessen, will mer saache, dass Sie
verführt worn sin durch Jugend, durch die elend

Alexander Beck (Matzbach), Philipp Hunscha (Sponheim), Sebastian Klein (Schambedist), Matthias Scheuring (Philipp), Pascal Thomas (Oront).

Gesellschaft um Sie rum. Nur eins vorausgesetzt,
dass Sie mir folgen in die Einsamkeit!
Weg von den Menschen. Das wird Sie erlösen.
Dann kann ich Sie vielleicht auch wieder lieben.

CÄCILIE.
In Einsamkeit, das heißt: Verzicht uff alles,
was ich gern um mich hab, schon jetzt, so jung.
Ich soll mich uffem Land lebend begrabe.
Ich bin net stark genug, zu lebe nach
Ihrm Plan! Für Sie wär des doch auch niks, Land!
Da, wo Sie keiner kennt. Ihr Platz ist hier,
wo man Sie schätzt und wo Sie wirken können.
Wenn Sie zur Frau mich wollen, bin ich bereit,
hier in der Stadt ...

ALKEST.   Jaa! Jetzt hass ich Sie!
Das halbe Ja ist schlimmer als ein ganzes Nein.
Wenn meine Lieb nicht alles für Sie ist,
dann will ich niks. Raus!

CÄCILIE.   Aus meinem Haus?

ALKEST. Aus meinen Augen. Ich kann Sie nicht mehr sehn!

Cäcilie ab.

Fünfter Akt – Achte Szene
Die Vorigen. Ohne Cäcilie.

ALKEST. Elise, immer werd ich Sie verehrn,
weil Sie wahrhaftig sind und gütig,
doch den Antrag, den ich Ihnen machte,
nehm ich zurück. Ich bin Ihrer nicht wert.

ELISE. Quälese sich net. Ich bleibe net allein.
Es gibt da ein, der, wenn ich mich net täusch,
das Leben sehr gern mit mir teilt.

PHILIPP.   Ach, ja!

ALKEST. Ich wünsch euch Glück, ihr beiden. Ich gehe.
Und wenn auch alles mich verfolgt, ich find
den Ort, wo einer frei und unbefleckt
vom Unrecht ohne Ekel leben kann. *Ab.*

PHILIPP. Ei, wo will der dann hin? Auf! Hinnerher!
Der arme Kerl hat nur noch uns.
Der is verlorn, wenn wir ihn laufe lasse.
Auf! Hinnerher!

DER EINGEBILDET KRANKE

KOMÖDIE VON WOLFGANG DEICHSEL NACH MOLIÈRE

Argan – **Belinda**, *seine zweite Frau* – **Angelika**, *seine Tochter* – **Luische**, *seine Tochter* – **Bernd**, *sein Bruder* – **Klaus**, *Liebhaber der Angelika* – **Dr. Diafoirus**, *Hausarzt* – **Thomas Diafoirus**, *dessen Sohn* – **Blum**, *Apotheker* – **Nannche**, *Magd*

Erster Akt – Erste Szene
Argan.

Argan im Sessel, neben sich ein Tisch voller Medikamente, Flaschen, Dosen. Eine Glocke. Ein Handspiegel. Argan sieht Arzt- und Apothekerrechnungen durch, überprüft durch Abtasten und Blicke in den Spiegel seine Befindlichkeit.

ARGAN. Von Doktor Diafoirus sechsmal Aderlass:
drei Taler und fünf Groschen. Doktor! Doktor!
Zwölfmal schröpfen! Dreimal Harnschau! Sieben
Rezepte eigener Komposition:
drei Taler un sechs Grosche. Kerle naa!
Du werst jo immer teurer, Doktor, Doktor!
No bald wird alles anners, gell, umsonst
werd ich behandelt! Trotzdem wird was abgezooche.
Was habbe mer dann do von unserm
Apotheker Blum? „Am vierunzwanzigste
ein Trank aus Rosenhonig, Catholikon
Levante Sennes, Bezoar, ein Hauch –“
„Ein Hauch!“ Schön ausgedrückt. *Kreischt.* Ein Taler, zwei Grosche!
Betrachtet seine Zunge im Spiegel.
„Klistier: Komposition aus Rosenhonig,
Rhabarber, Kassia.“ Do krieht mer Appetit.
„Zur Abstoßung der dunklen Säfte, Durchspülung
der verehrten Därme Euer Hochwohlgeboren –“
Schön ausgedrückt. *Kreischt.* Zwei Taler! Ein Taler Abzug.
Schöner Ausdruck is net alles. Weiter:
„Hochdero Verklumpung des Magens gelockert
mit Antimon Ipecacnanha Übersee –
Des werd teuer: „Ipecacnanha“, kenns net.
Jetz werds wirklich teuer: „Brechwurz.“ Ach so!
Gekotzt hab ich wien Reiher. Doch zwei Taler,
dofür gibts e Menue im Reichshof.
„Item: Gegen Verknotung der Gelenke
und Zipperlein: Malven gemahlen, in Wein
und Froschlaich sanft zur Kühlung aufgelegt
auf Füße, Handgelenk des edlen Herrn Argan.“
Aach wenn der mich hier adelt, nur die Hälft.

„Komposition nach Doktor Diafoirus:
Muskat gelöst in Molke zwecks Erregung
des Gallenflusses.“ Drei Taler! Naa!
Mein Gallenfluss is angeregt, mei Gall
lääft über! *Kreischt.* Dafür soll ich zahle, wenn
die Rechnung reicht fürn Gallenfluss, was brauch
ich da noch Troppe. Weg mit dem Zettelkram!
Knallt die Rechnung auf den Tisch.
Mir wird werklisch schlecht! Die Zettel weg! *Ruft.* He!
He! Kaaner da? Wie immer kaaner da!
Wenns mer schlecht geht, lässt mer mich allein!
Läutet mit einer kleinen Glocke.
Ja will misch keiner hörn! Nannsche! *Kling.*
Des Oos will misch net hörn! *Klingling.* Nannsche!
Sannsche! Susanna! Klinglingling!
Das zahle isch der haam! Isch verplatze!
Die tun, als wärnse taub. In aller Seelenruh
en arme alte Mann abkratze losse!
Verrecke sollste, Schinnoos! *Klinglingling.*
Die Klingel, die taugt aach niks! *Brüllt dazu.* Klingling!
Wirft die Klingel weg.
Klingling! Kommt endlich aaner, wenn ich sterbe!
Ihr Mörder! *Leise, angstvoll.* Ich könnt werklich sterbe hier
un kaaner käm dezu. *Ersterbend.* Kling – ling –

Erster Akt – Zweite Szene
Argan. Nannche.

NANNCHE. *Draußen.* Autsch!

ARGAN.   Klingling!

NANNCHE. *Auf.*   Was hetzese mich so!
De Kopp hab ich mer angerannt, au au!

ARGAN. Lüg mer des Ohr net voll. Isch geb dir Saures!

Michael Quast spielt Argan.

ARGAN, EIN
WOHLHABENDER
BÜRGER, IST
EIN WAHRHAFTER
EGOIST UND
HYPOCHONDER. MIT
DER PANISCHEN
EINBILDUNG, ER SEI
STERBENSKRANK,
TYRANNISIERT ER
SEINE FAMILIE UND
SIEHT SICH ALS
LEIDENDEN
MITTELPUNKT DER
WELT. UND IST
EIN LOHNENDES
GESCHÄFT FÜR
ÄRZTE UND
APOTHEKER.
WER KANN DEM
EINGEBILDETEN
KRANKEN DIE
AUGEN ÖFFNEN?

NANNCHE. Au, au!

ARGAN.   Isch geb dir au! Seit einer Stunde ...

NANNCHE. Au!

ARGAN.   Kreisch isch ...

NANNCHE.   Au!

ARGAN.   ... die Kehl mir aus dem Hals!
Seit Stunden lässt du mich hier einsam sterben ...

NANNCHE. Au! Ja weil Sie ...

ARGAN.   Halts Maul, jetzt
  bin ich dran
mit schenne.

NANNCHE.   Schenne?

HALTS MAUL, JETZT BIN ICH DRAN MIT SCHENNE.

ARGAN.   Schenne, weil isch, weil isch
so krank bin, dass isch das Recht besitze zu schenne.

NANNCHE. Schenne mit mir, wo Sie dran schuld sin,
dass isch de Kopp mir renn un bin halbblind.

ARGAN. Fast wär isch beinah hier euch weggestorbe ...

NANNCHE. Fast hätt isch mer des Auche ausgeschlage ...
No simmer quitt?

ARGAN.   Was quitt? Gewitterhex!

NANNCHE. Hitzgickel!

ARGAN.   Gaggelgans!

NANNCHE.   Kamillebeudel!

ARGAN. Schardeek!

NANNCHE.   Erbs!

ARGAN.   Rieb!

NANNCHE.   Net mehr schenne! Au!

ARGAN. Des letzt Vergnüsche willste mer noch raube.

NANNCHE. Gut, schennese! Dann darf isch abber heule! *Heult.*

ARGAN. Schluss jetzt! Wie hots dann ausgesehe heut?

NANNCHE. Ei was?

ARGAN.   No das Ergebnis! Vom Klistier!

NANNCHE. Ergebnis?

ARGAN.   Vom Klistier! Wars eher gelb?

NANNCHE. Isch seh so ebbes ...

ARGAN.   ... oder schwarz?

NANNCHE.   ... net an!

ARGAN.
Do habbe mers doch widder: kaaner nimmt
Anteil an dem, was isch hervorbring, nicht mal
du guckst des aa, wo mir uns solang kenne!

NANNCHE. Fier was bezahle Sie Ihr viele Ärzt,
  Ihr Apotheker, die solle doch Ihr Dippe
inspiziern, ob Ihr Ergebnis gelblich,
orange, bräunlich, bläulich, grienlich, schwarz is.

ARGAN. Jetzt kriehstese! *Er springt auf.*

NANNCHE.   Vorsicht, Sie sin krank!

ARGAN. Weil du mich krank machst! Das zahle isch dir haam!
Die Pille, die misch dieser Ärger kost,
zieh isch vom Lohn dir ab, Kanallje!

NANNCHE.   Krotze!
Liest aus Rechnungen vor.
Zwanzisch Taler für Klistiere von
unserm feine Apotheker Blum,
fünfundzwanzisch Taler vom Doktor
Diafoirus. Naa, mehr! Do, hier noch dreißig –
Von dene wernse doch gemolke!
Von so em Kranke kann mer prächtisch lebe.

ARGAN. *Hysterisch.*
Kei Wort mehr gegen meine Ärzte, Apotheker ...

NANNCHE. Die habbe Ihne doch jed Krankheit eingeredt.

ARGAN. *Pathetisch.* Du Miststück ...

NANNCHE. *Mechanisch.*   Selber Mist ...

ARGAN.   ... wagst zu zweifeln
an meinen Leiden! Wagst anzuzweifeln,
dass ich hier sterbe an Herzgewummer, Herzgebubber,

Herzbennelabriss, Lungenhusten, Magenropper,
Darmverschlingung, Darmdurchbruch, un Bruch
von Knochen. Knoten, Gicht.
Stampft mit dem linken Fuß auf. Greller Schmerzensschrei.

NANNCHE.   Memmereiter!

*Ein Todesschrei. Auf den hin kommt die Tochter Angelika,
die Einzige, die die Krankheit des Vaters ernst nimmt.*

Erster Akt – Dritte Szene
Die Vorigen. Angelika.

ANGELIKA. Um Himmels Wille, Vadder, was is geschehn?

ARGAN. Die bringt mich um wie immer, Satansweib!

ANGELIKA. *Schnappt nach Luft. Immer wenn sie sich aufregt,
hat Angelika asthmatische Atemnot.*
Sie habbe mer vielleicht en Schrecke eigejagt. *Will gehen.*

ARGAN. Halt wart! Ich muss der ebbes saache.

ANGELIKA.   Ja gern!

ARGAN. Momentsche! Mein Krückstock! Ich muss schnell …

NANNCHE. Ja schnell, da gibts glei widder was zu gucke.
Der Apotheker Blum hälten uff Trab.

Argan ab ins Kabinett.

Erster Akt – Vierte Szene
Nannche. Angelika.

ANGELIKA. *Schmachtend.* Du Nannche!

NANNCHE.   Was?

ANGELIKA.   Ja merkste niks?

NANNCHE.   Na, was?

ANGELIKA. *Stellt sich in der Pose einer Verliebten auf.*
Ei, wenn du mich erblickst.

NANNCHE.   Erblicke, was?

ANGELIKA. *Keucht asthmatisch.*
Jetzt quäl mich nicht, du weißt worüber ich
mit dir jetzt spreche muss.

NANNCHE.   Ja über den,
worüber du seit einer Woche spreche musst.

ANGELIKA.
Warum fängst du net an von ihm zu spreche?

NANNCHE. Ich bin ja net in ihn verschosse.

ANGELIKA. Sei net so grob, wenn was so fein is un so zart.
Das war ein Wink des Himmels, sag doch selbst.

NANNCHE. Ei ja.

ANGELIKA.   Ein Schicksal, sag!

NANNCHE.   Ei ja.

ANGELIKA.   Wie Mitte uff
de Straß isch meinen Anfall hab, du hosts gesehe!

NANNCHE. Ei ja.

ANGELIKA.   … nach Luft geschnappt … grad kippe wollt in
   Ohnmacht,
un plötzlich, da steht er, und fängt mich uff,
steht da un fängt mich uff. Du hosts gesehe!

NANNCHE. Ei ja, ei ja.

ANGELIKA.   Das Leben hat er mir gerettet!

NANNCHE. No ja!

ANGELIKA.   Da plötzlich mitte uff de Gass gerettet!
Un isser net ein schöner Kerl?

NANNCHE.   Ei ja.

ANGELIKA. Gut erzoche. So reserviert! Un so
leidenschaftlich! Wie er mir gleich sei Lieb
ins Ohr gekrische hot, wie mutig!

NANNCHE.   Ja.

ANGELIKA. Wie seine Stimme bebt, sein Auge funkelt –
Do konnt ich doch net anners, rausgeplatzt is mers,
da musste ischs ihm sagen, dieses Wort:
„Ach ja."

NANNCHE. Jaja.

ANGELIKA.   Du meinst, dass sichs gehört,
ihm kalte Blicke zu zu schleudern?

NANNCHE.   Nana!

ANGELIKA. Wenn dich ein Mann anglotzt, wie e abgestoche
Rind, ächzt, krächzt un schluchzt, da darf
ich stumm nicht bleiben, da muss ich ebbes,
ihm alles sagen: „Ach ja!"

NANNCHE.   Ei ja!

ANGELIKA. Wie er sich aufreckt, in die Ferne schaut
als Retter! Held! Wie goldisch! Un mir noch
den Namen dann verrät, den Namen: Klaus,
ja wie das klingt: Klaus! Klaus!

NANNCHE.   Ja, Klaus.

ANGELIKA. Das wär kei Frau, die nicht dahinschmilzt, wenn
ein solcher Held vor ihr erscheint.

NANNCHE.   Naa, naa.

ANGELIKA. Jed Frau, die däht do schmelze jede …
Luftschnappen. Der hot doch sicher schon e anner! Jede
läft dem doch nach, dem laafe doch die Weiber
all nach! Was will der denn mit mir, der Dunsel,
die ausem Haus net kommt.

NANNCHE.   Jetzt wart emol …

ANGELIKA. *Schnappt.*
Der nimmt sich aa, die net wie ich bewacht wird.

NANNCHE. Jetzt wart erstmol, ob er um deine Hand
anhält, wie ers versproche hat.

ANGELIKA.   Was warte,
wenn er mich vorher schon betrügt, der Schwittjee!
Nie mehr glaub ich em Mann, alles Verräter.
Schnappt Luft, fällt in Ohnmacht.

Erster Akt – Fünfte Szene
Die Vorigen. Argan.

Argan kommt aus dem Kabinett.

NANNCHE. No un? Gelb oder schwarz?

ARGAN.   Niks! Niks ging,
weil du misch uffgeregt host. Ein Klistier
umsonst! Des ziehe isch dir vom Lohn ab!
Blick auf Angelika.

Was hotse dann schon widder. Rappel dich uff!
Ich muss der was erzähle. Jemand hot
angehalte um dei Hand. Gleich kommt er.

Angelika kreischt, schnappt, fällt Nannche um den Hals.

ARGAN. Do wird mer munter! Heirate, des macht Spaß!
Nadur! Do brauch ich net zu fraache:
Willste?

ANGELIKA. Wolle will ich, was Sie wolle!

ARGAN. Sehr brav! Die Stiefmutter hätts lieber, du gingst
ins Kloster.

NANNCHE. *Nach vorn.* Wie se sich sorgt, des Rabenaas!

ARGAN. Ich kenn den jungen Mann noch net, aber
sein Vater sacht, er wär sehr gut gewachse.

ANGELIKA. Ja!

ARGAN.   Vornehm erzoche.

ANGELIKA.   Ja des isser!

ARGAN. Hätts Studium abgeschlosse: Medizin!

ANGELIKA. Desweche konnt er mir das Leben rette!

ARGAN. Was rette?

ANGELIKA.   Mein Leben! Ich hat widder mol
mein Anfall uff de Gass die vorig Woch,
des Nannche war debei. Ich wollt grad falle
un da kam er, er fing mich auf, ich schnapp
nach Luft. Er drückt mich hier *Zeigt auf die Brust.*
der Atem strömt …

ARGAN. Der drückt mei Tochter uff de Gass die Brust?

NANNCHE. Sie sage selbst, er ist doch Arzt!
Aber dass der Borsch der Sohn vom Doktor sein soll?
Der hätt sich so erausgemacht, der Wambes?

ANGELIKA. Der Klaus soll Sohn sein von Ihrm Hausarzt?

ARGAN. Mein Schwiegersohn in spe heißt Thomas!

Angelika fällt in Ohnmacht.

NANNCHE. Aus der Heirat wird niks!

ARGAN.   Halt dich raus!

NANNCHE. Des kennter Ihne basse!

ARGAN.   Halt disch raus!
Du Breckeldippe!

NANNCHE.   Alles Käs!

ARGAN. *Springt auf.*   Reiserbes!

NANNCHE. Obacht, Sie sin krank!

ARGAN. *Kläglich.*   Ei ja, weil du …

NANNCHE. Nur Ruh! Mer redde jetzt in aller Ruhe.
Sie wolle sisch net selber schade!

ARGAN.   Naaa!

NANNCHE. Thomas Diafoirus! Isch kennen noch
als Kind, des Deppche.

ARGAN.   Aber kann Latein!

NANNCHE. De Klaa! De halslos Schmalzbacke! „Babbsack",
so habbesen gerufe. Was hot sein Vadder
geblecht defür, dass son Dummbeudel
sein Doktor mecht. Mer rege uns net uff!
Mer bleibe ganz vernünftig, gell! Mit so
em Labbes, Dabbes, Olwel wolle Sie
ihr Mädche koppeliern? Warum? Warum?

ARGAN. Warum? Ja weil er Arzt is, weil isch brauch
en Arzt im Haus! Mein eigne Arzt! Für misch!
Der immer da is. Sein Vadder hot
noch annere Patiente, ich will mein Arzt,
der mir sofort sagt, was mer fehlt, verstehste!

NANNCHE. Versteh ich doch, versteh isch alles. Nur
für was en eigne Arzt, wann mer net krank is?

ARGAN. Net krank? *Trampelt mit dem linken Gichtfuß, Schrei!*

NANNCHE. Sie sin krank. Kränker noch als isch gedacht.
Ihr Tochter, die is aach krank …

ARGAN. *Zeigt auf die ohnmächtige Tochter.* Der fehlt niks!

NANNCHE. Krank isse, do brauchtse doch noch lang kein Arzt
zum Mann!

ARGAN.   Isch! Isch! Isch brauch en Arzt zum Mann!

Apotheker Blum gespielt von Philipp Hunscha.

Mei Tochter kann ihrm Vadder aachmol en
Gefalle tun, wo isch so gut als war.

NANNCHE. Sie warn auch immer gut zum Mädche, weil
Sie gut sin. Gebbese ihr den Mann, dens liebt.

ARGAN. Naa!

NANNCHE. Doch, weilse gut sin, gut!

ARGAN. Isch bin net gut. Bös bin isch, bös!

NANNCHE. Na gut,
desweche krieht das Kind den Mann, dens liebt.

ARGAN. Misch liebt doch auch kein Mensch.

NANNCHE. Doch!

ARGAN. Ja, doch! Mei Frau Belinda, die!

NANNCHE. No ja!
Ihr Tochter liebt Sie.

ARGAN. Also nimmtsen Doktor Thomas,
der erbt mol alles, was sein Vadder
mir abgeknöppt hot, behandelt mich umsonst.

NANNCHE. Verbiete tu isch diese Heirat, aus!

ARGAN. Ja isse dann verrückt worn! Eine Dienerin!

NANNCHE. Verrickt sin Sie! Als Dienerin da duld isch net,
dass sich herumspricht, wie verrückt mein Herr ist.

Argan trampelt, schreit.
Angelika erwacht, läuft luftschnappend ab.

ARGAN. Was reeche isch misch uff! Nur ruhig! Mach dein
Spaziergang do ins Kabinett! Mol gucke!

Erster Akt – Sechste Szene
Die Vorigen. Belinda.

Belinda auf mit Kissen. Belinda leidet unter Kopfschmerzen,
die sie demonstrativ überspielt. Sie tut beherrscht, ist aber
schnell genervt.

ARGAN. Ach endlich kommste! Hilf mer! Hilf Belinda!

BELINDA. Was hot mei Männche?

ARGAN. Morde will se mich!

BELINDA. Reg dich net uff, mei Bubche!

ARGAN. Die do! Die!

BELINDA. Nur ruhisch, ruhisch mei Schnuckel, Butzel!

Jetzt läuft ein mechanisches Ritual der ehelichen Beruhigung ab,
mit widerlich kindischen Stimmen.

ARGAN. Mei Zutzel!

BELINDA. Wutzel!

ARGAN. Schätzi!

BELINDA. Krätzi!

ARGAN. *Fleht.* Schmätzi!

BELINDA. Ja Schmätzi. Schmätzi. *Kuss.*

ARGAN. *Hustet ihr ins Gesicht.* Bloach! Bloach!

BELINDA. *Wendet sich angewidert ab.*
Was regst du deinen Herrn so uff!

NANNCHE. Er isses, der sich uffregt, er hots gern.
Isch hab ihm nur en gute Rat gegebbe.
Er will sei Tochter mit dem Thomas koppeliern.
Isch saach, des Mädche is so überspannt,
die wär im Kloster besser uffgehobe.

ARGAN. *Verdutzt.* Gelooche! Lüge alles! Die lügt dir ins Gesicht!
Jetzt schmeiß die raus! Schick se zum Deibel!
Den Satansbrate in die Hölle, fristlos!

BELINDA. Mol ruhisch, mei Äffche, so unrecht hot se net.
Un guck: Du weißt, wie schwer e Dienstmagd heut
zu finne is, so treu, so flink, wies Nannche.
Nanette, wenn Sie einmal noch meinen Gatten
uffrege, fliege Sie hochkant raus.
Wie sitzt der Mann dann do! Die Kisse!
Legt Argan ein Kissen hinter den Rücken.
So isses besser!
Wieder in kindlich weinerlichem Ton.
Gell, mei aale Brut?

ARGAN. *Auch in widerlichem Schmuseton.*
Mei Schnuckelschnut, mei Läppche ...

BELINDA. Kordeldeppche!

ARGAN. Dei Stimmche, ach, du Lerche!

BELINDA. Schmusebärche!

ARGAN. Mei Osi ...

BELINDA. Hasi ...

ARGAN. Scheesi ...

NANNCHE. *Beiseite.* Stinkekäsi ...

BELINDA. Uns Mützche übers Öhrche! Warm, mei Bärche!

NANNCHE. *Zieht ihm die Mütze übers Auge.*
Un Äuchelcher aach warm ...

ARGAN. *Reißt die Mütze ab.* Jetzt kriehstese!

BELINDA. Unds Kisselsche do hinners Köppche ...

ARGAN. Böbbche!

NANNCHE. *Drückt ihm ein Kissen ins Gesicht.*
Unds Kisselsche uffs Mäulsche gegen Nachtluft.

*Argan zappelt, stellt sich tot. Nannche nimmt das Kissen weg,
erschrickt. Belinda sieht hoffnungsvoll auf Argan. Argan springt
mit hämischem Lachen auf. Kissenschlacht mit Nannche.*

ARGAN. Schrubber.

NANNCHE. Socke.

ARGAN. Klebscheib.

NANNCHE. Zwockel.

ARGAN. Schnedderedett.

NANNCHE. Bumbes.

ARGAN. Schleimschissern.

NANNCHE. Blamaasch.

BELINDA. Schluss jetzt!
Seid ihr meschugge. Alter Simpel.

ARGAN. Da, mein Druck im Bauch. Ich brauch e Spülung.

BELINDA. De Apotheker Blum weiß schon Bescheid.

> **DA, MEIN
> DRUCK IM
> BAUCH.
> ICH BRAUCH
> E SPÜLUNG.**

ARGAN. Wie umsichtig!
Zu Nannche. Des zieh isch vom Lohn dir ab.
Zu Belinda. Wenn isch disch net hätt, wär isch schon tot.

BELINDA. *Greift sich an die Schläfen.*
Kein Wort von deinem Tod! Nie mehr! Ich leide!

ARGAN. Des geht vorbei. Mein Testament für dich
will isch jetzt mache! Hol den Notar, den Blum!

BELINDA. Der is so teuer. Erstmal berate lasse!
Sein Bruder, Apotheker Blum, weiß auch
Bescheid, und gibt Bescheid umsonst.

ARGAN. Du hälst mei Geld zusamme.

NANNCHE. Ja! Für sich!
Abgehend. Do isser schon, der gute Apotheker.
Bleibt in der Gasse, um zu lauschen.

Erster Akt – Siebte Szene
Die Vorigen. Nannche lauschend. Blum.

*Blum mit Klistierspritze, sein Gesicht ist durch
Magen- und Gallenprobleme zerfurcht und gelb.*

BLUM. Isch bin gerufe worn! Außer der Reih.
Klistiersche? Bon! Erlaubt ist, was gefällt!

ARGAN. Sehr freundlisch. Abber erstmol e Geschäft,
was mehr drängt, mei Testament.

BELINDA. Nein, nein!

ARGAN. Mei Frau sacht, Sie wüsste auch Bescheid
in Erbschaftsangelegenheite als Bruder.

BLUM.
Bin unterrischtet über alles. Gleich eins:
Sie könne Ihrer Frau per Testament
garniks vermache, ...

ARGAN. Niks?

BLUM. ... denn unser Recht
sieht vor, dass nur die Kinner erbe.

ARGAN. Warum?

BLUM. Ja wer des wüsst! Vielleicht, weil die Gefahr
besteht, dass sich e neu Fraa in des Erbe
einschleicht. Stellese sich vor, e Fraa

Sascha Nathan in der Rolle des Bernd,
dem Bruder von Argan.

is grad zwei Jährcher mittem alte Bock
verheirat, tut em schön. De alte Saascher,
pardon, de alte Herr verstirbt, un sie,
die Fraa, krieht alles, dem Mann sei Kinner niks.

ARGAN. Was net all gibt. Jetzt abber mol zur Sach:
Wie drehe mers, dass hier mei Fraa, mei Zambel ...

BELINDA. Mei Wambel!

ARGAN.   Dubbes ...

BELINDA.   Schnubbes!

ARGAN.   ... ausgesorgt hot,
wenn isch misch ans Sterbe mache.

BELINDA.   Aufhörn!

BLUM. Des erste wär e Schuldverschreibung
in Höh von dem was Sie besitze, Häuser,
Tuchhandel, Ländereien, Schuldverschreibung
an jemand, dem Sie trauen, dem Ihr Frau traut,
wenn Sie tot sind, ...

BELINDA.   Nein, nein!

BLUM.   ... zieht ders Erbe ein
und übergibts der Witwe.

BELINDA.   Witwe naa! *Kopfschmerz.*

ARGAN. Genial, gell Bobbel?

BELINDA.   Zobbel. *Wimmert.* Naa.

ARGAN. Wie is des dann mit Bargeld?

BLUM UND BELINDA.   Bargeld? Wo?

ARGAN. Ja verzischtausend Taler, versteckelt hier
im Haus, da kimmter kaaner druff.

BELINDA.   Wo?

ARGAN. In der „Geleeschenheit"!

BLUM.   In was?

ARGAN.   Im Kabinett.
Ungeduldig, gequetscht. Im Kackstuhl, do im Polster nebem Loch.
E Kästsche. Hier, hab ich de Schlüssel.
Zeigt auf seine Halskette.

BLUM. Des könnese der Gattin gleich rausrücke.

ARGAN. Gut, hole Ihrn Bruder, den Notar,
dass er die Schuldverschreibung uffsetzt.

BELINDA. An wen?

ARGAN. „Ein Mann meines Vertrauens"? Sie! Herr Blum!
Belinda, du traust dem Herrn doch auch?

BELINDA. Ei ja!

ARGAN. Also, wenn Sie einverstanden sind?

BLUM. Wie Sie wolle.

ARGAN. Jetzt abber mei Klistier.
Ins Kabinett ab, Blum hinterher.

Erster Akt – Achte Szene
Belinda. Später Blum.

BELINDA. Ein ekelhafter Saftsack und Sabbeler,
vor meine Aache Klistier reischiebe. Bä!
Sechs Jahr schon pfleg ich einen Mann, der mich
nie ausführt, weil er sein Leben zwischen Krankenstuhl,
unserm Bett, bä, und Kabinett verbringt.
Ein Suddeler und ekelhafter Saftsack.

BLUM. *Mit Klistierspritze auf.*
Bä! Ein ekelhafter Saftsack! Was hab
ich fürn Beruf! Nur weil mein Vadder mir
e Apothek vermacht hot, muss ich alles,
was stinkt, Kräuter, Worzele, Rinde, Fette
verribbele, stoppe, mansche, rührn,
Klistiere komponiern, Salbe schmiern,
Säfte rührn, Zäpfche rolle, was fürn
Beruf, wo mer mehr Ärsch sieht als Gesichter.

BELINDA. Jetzt saache mol, freust du disch dann gar net?
Du kriehst sei ganz Vermösche überschribbe!
Wir wisse, wo das Geld liegt. Ein Glückstag!

BLUM. Der Glückstag wär sein Todestag. Des dauert!
Der Mann is kerngesund, je vous dit.

BELINDA. Mer helfe doch e bissi nach, e bissi.

BLUM. Attention! Nur immer langsam. Ich will
net hinner Gitter. Nur immer langsam.

E Messerspitzche Pulver ins Klistier,
e Messerspitzche in die Fleischbrüh, mehr net,
des dauert.

BELINDA. Ja, dann ziehe mer uffs Land.
Du host dei Äcker, Küh und Schaf, dei Jagd
un isch mei Pferdscher, Hundscher, komm bei misch bei.
Zieht ihn an sich.

BLUM. Obacht! Attention!

BELINDA. Ach Attention! Komm her!
Der hockt doch Stunde uff seim Stuhl un dann
betracht er was er vorgebracht hot, komm!

BLUM. Red net von Stuhl! Denk bitte an mei Leber,
mei Mache dreht sich um. Oaach, mirs schlecht!
Ab, Belinda hinterher.

Zweiter Akt – Erste Szene
Nannche. Angelika.

NANNCHE. Isch hab mich abgeschafft zu horsche, alles
mitkriche konnt isch net, nur eins: Der Blum un
Belinda, beduppe wollese dein Vadder.

ANGELIKA. Hilf ihm! Uff mich, do hört er doch noch net!

NANNCHE. Jetzt abber aach mol ebbes Schönes: Klaus
steht draußte, will dich sehn!

ANGELIKA. Isch ihn net!

NANNCHE. Warum dann des?

ANGELIKA. Er macht mit annern rum!

NANNCHE. Des is doch eingebildt. Der gibt sich Müh:
Verkleidet als ein Lehrer der Musik.

ANGELIKA. Der Heiratsantrag kam vom Saftsack Thomas.

NANNCHE. Klaus hat sich ins Kostüm gequetscht, weil er
beim Vadder um die Hand anhalten will!

Angelika luftschnappend ab.

NANNCHE. Ach Kinner, Kinner, euch bring ich zusamme.

Zweiter Akt – Zweite Szene
Nannche. Klaus. Dann Argan.

Nannche lässt Klaus, der eine Laute trägt, herein.
Klaus leidet unter Schnupfen und Niesen.

KLAUS. Ich hab gehört, sie will en annern Mann.

NANNCHE. Ei die doch net.

KLAUS. Des sollse selbst mer saache.

NANNCHE. Vielleicht erlaubt der Vadder, dass Sie in ihrm Zimmer mit ihr musiziern. Er kommt!

ARGAN. Was für e Farb? Soll mer der Doktor saache! Bewegung is verordnet. Sechs mal auf und ab im Zimmer! Hab vergesse, ob isch in der Läng, ob in de Breite laafe soll. *Nimmt die kürzere Strecke.* Verordnet sin Gedanke, die beruhige. Das Meer! Welle! Welle! Un wenn isch absauf? Des soll beruhige? Welle!

NANNCHE. Herr Argan!

ARGAN. *Brüllt.* Still! Welle! Still! Au mei Ohrn.

NANNCHE. *Bewegt nur die Lippen, als spräche sie.* Herr Argan, ein Herr will sich vorstelle.

ARGAN. Ich hör niks. Ich bin taub. Nur wege dir!

NANNCHE. *Lippenbewegung.*

ARGAN. *Lippenbewegung, Schrecken.*

KLAUS. Herr Argan!

ARGAN. Ich kann ja widder hörn! Danke! Danke! Wie war noch der Name?

KLAUS. Klaus!

NANNCHE. Der neue Lehrer für die Mussik!

KLAUS. Ich freu mich, dasses Ihne besser geht.

ARGAN. Was besser? Wem gehts besser?

KLAUS. Ei Ihne.

NANNCHE. Viel schlechter gehts dem Herrn Argan!

KLAUS. Er sieht gesund aus.

ARGAN. Ich gesund? Wieso?

NANNCHE. Ja sehnse *Stößt Klaus.* net wie krank der Mann is, todkrank!

ARGAN. *Schreck.* Ja ebe!

KLAUS. Ja wenn ich ihn genau betrachte …

NANNCHE. So obehin sieht der gesund aus, wie er da läuft, trinkt, isst, kreischt, kerngesund! Doch dieser Mensch is krank bis auf den Tod.

ARGAN. *Schreck.* Tod?

KLAUS. Noja, gleich tot? Krank siehter aus!

ARGAN. Ja gelle? Er verstehts! Wer is der Mann?

NANNCHE. Ich sage doch: der neue Mussiklehrer. Die Stund sollt längst begonne habbe. Ich bring ihn uff des Zimmer von Angelika.

ARGAN. Ich hab gedacht, Sie wärn aach Arzt. Guckese! Die Knote an meine Finger hier! Tut weh!

NANNCHE. Des is kein Arzt! Ich bringen zu Angelika!

ARGAN. Ich will mer die Musik hier unne anhörn.

NANNCHE. Die Mussik schad de Ohrn!

ARGAN. Mussik heilt! Angelika soll komme. *Schreit.* Angelika!

NANNCHE. Die Mussik muss mer still im Zimmer übe.

ARGAN. Do wo geübt wird isses doch net still! Ein Stuss!

NANNCHE. Daab Nuss!

ARGAN. Aaal Krätschern!

NANNCHE. Abeemick!

ARGAN. Ruhig, Knotterbix! Was soll der Herr sich denke!

NANNCHE. Dass Sie en Krumbelmächer sin!

> JA SEHNSE NET WIE KRANK DER MANN IS, TODKRANK!

ARGAN.   Alt Quetsch!

NANNCHE.
Jetz Schluss! Mer muss sich schäme vor dem Herrn!

ARGAN. *Sterbeschrei.*

Zweiter Akt – Dritte Szene
Die Vorigen. Angelika.

ANGELIKA. *Sieht Klaus.* Ach ja! *Keucht, fällt um.*

KLAUS. *Kniet.* Isch bin ja da! Musik! Der Lehrer! *Leise.* Retter!
Drückt ihre Brust zur Wiederbelebung.

ARGAN. Was werd denn do gespielt? Soll des Mussik sei?

ANGELIKA. Ich hab heut nacht geträumt von einem Retter,
der diesem fremden Herren ähnlich sah.

KLAUS. Un ich hab aach geträumt, von einem der mir
ähnlich war, und dieser fremden Dame.

ANGELIKA. *Zu Klaus, zornig.*
Gerettet, schon verlassen!

KLAUS. *Zu Angelika, zornig.*
                              Du ziehst en annern vor!

NANNCHE. Gleich vier! Do kommt ihr Hausarzt samt seim Sohn!
Besser wärs, die zwaa, die übe uff ihrm Zimmer.

ARGAN. Niks! Mein Hausarzt mit seim Sohn, dem Thomas,
der hält jetzt um dei Hand an, Mädche.

Nannche geht durch die Haustür ab.
Klaus Hustenanfall, will hinterher.

ARGAN. Bleiwese, do kann mer gleich bespreche,
was es für Mussik bei de Hochzeit gibt!

Zweiter Akt – Vierte Szene
Die Vorigen. Nannche.

NANNCHE. *Hält Lachen zurück.*
Se komme. Ich sag niks mehr gege diese
Vermählung! Wie die Faust aufs Auge! Passt!
Lacht laut heraus.

Zweiter Akt – Fünfte Szene
Die Vorigen. Dr. Diafoirus. Thomas Diafoirus.

*Auftritt Diafoirus Senior und Junior Thomas, zwei voluminöse
Figuren, die an Ekzemen leiden. Sie kratzen sich bei Erregung,
manchmal auch gegenseitig.*

DIAFOIRUS. Geehrter Herr Argan, der Grund, warum ...

ARGAN. Doktor Diafoirus, Pardon, dass ich ...

DIAFOIRUS. ... warum ich mit meim Sohn erscheine, weil ...

ARGAN. ... mei Mütz nicht abnehm, doch mein Ohr, des hot ...

DIAFOIRUS. ... des is ein feierlicher Augenblick, wenn ...

ARGAN. ... hot vorhin so gemuckt, dass ich befürchte ...

DIAFOIRUS. ... der Vater für den Sohn die Hand der Tochter ...

ARGAN. ... mein Kopf hat ...

DIAFOIRUS.   ... erbittet ...

ARGAN.   ... einen Zug gekriegt, so ...

DIAFOIRUS. ... den Kopf der Tochter, nein ...

ARGAN.   ... dass ich Sie bitte ...

DIAFOIRUS. ... die Hand ...

ARGAN.   ... mein Ohr ...

DIAFOIRUS.   ... die Hand ...

ARGAN.   ... neins Ohr ...

DIAFOIRUS.   ... der Tochter ...

ARGAN. Nein, meins! Sie solle in mein Ohr mer gucke!

THOMAS. Sie, Herr Argan, der mehr mir Vater ist als ...

DIAFOIRUS. Sei doch mol still! – erbittet – keiner hört zu.

Er kratzt sich. Junior kratzt sich.

ARGAN. Taub war ich aach. Was hot des zu bedeute?

DIAFOIRUS. Als Vater, nicht als Arzt steh ich vor Ihne.

ARGAN. Nicht als Arzt? Sie sind kein Arzt? Seit wann?

DIAFOIRUS. *Kratzt sich wütend.*
Arzt bin ich! Dochs war ausgemacht, dass ich
in aller Form um vier heut anhalt ums Ohr.
Was dann fürn Ohr? Die Hand! Jetzt bin ich raus!

ARGAN. No gut. Sie gucke später mer ins Ohr.

THOMAS. Bin ich jetzt dran? Mein Herr Argan, Sie sind mir
mehr Vater als mein Vater, der mich nur
erzeugt hat, denn Sie haben mich erwählt.
Sein Anteil an der Menschwerdung ist leiblich,
doch Ihrer geistig, ...

NANNCHE. ... lernt mer uff de Hochschul.

THOMAS. So ist sein Anteil niedrig, Ihrer hoch.
Leise. Gut, Babba?

DIAFOIRUS.   Optissime, bestens Bub!

ARGAN. Angelika, jetzt mach du mal dein Knicks.

THOMAS. *Zum Vater.* Soll ich sie küssen?

DIAFOIRUS.   Ja.
Thomas misslingt der Kuss.   En Handkuss, Dormel!

THOMAS. Naturforscher beobachten, dass sich
die Pflanze Heliotrop zur Sonne wendet,
so windet sich mein klopfend Herz als Wurm ...

ARGAN. *Schreck.*
Mei Herz kloppt aach! Wie doll! *Zu Dr. Diafoirus.* Ei horchese!

THOMAS. ... empor zu Ihrem Licht. So wie die kleine Motte ...

NANNCHE. „Kleine Motte?" Fette Ratte ...

THOMAS. *Zu Nannche.*   Danke,
... so wie die fette Ratte im Licht verglüht, ...

ARGAN. Ratte im Licht?

DIAFOIRUS.   Bildlich! Als Poet!

ARGAN. Poet? Ich brauch en Arzt! En Mann! Un Enkel!

THOMAS. So wie der Mond die Erde küsst ...

DIAFOIRUS.   Halts Maul jetzt!
Diskret. Was Kinnercher betrifft: Es ist geprüft.

Der Bubb kann Ihne tausend Enkel zeuge.

ARGAN. Gleich tausend?

NANNCHE.   Tausend von der Sort? Mein Gott!

THOMAS. Tausend Motten umschwärmen ...

DIAFOIRUS.   Halt endlichs Maul!
Ich muss jetzt doch mal für meinen Sohn e Wort
einlegen: auch wenn er Ihnen erscheint
wien Hefedepp, viel steckt in ihm!

NANNCHE.   En Zentner Kreppel.

DIAFOIRUS. Er holt sich schwer was rein, doch was mol drin is,
des bleibt auch drin, oft kriegt ers garnet raus.
Die Bäum, die spät erst trage, trages beste Obst.
Er hot sein eigne Kopp. Plötzlich kommt
der Ihne mit eigene Gedanke, sowas,
des unterstütz ich! Kaum zu glaube wie
der Schwammbacke plötzlich e neu Idee erausquetscht.
Deswesche bringt er Ihrer Tochter aach
als Brautgeschenk die neuste Streitschrift mit.
Ich kennse selbst noch net. Lass hören, Thomas!

THOMAS. „Streitschrift gegen die Praktiken
der Medizin von heute, insbesondere
gegen Aderlass, Klistier, falsche Pharmaka
nebst namentlicher Aufführung
der durch solche Praktiken qualvoll
zu Tod gekommenen Opfer."

DIAFOIRUS. *Reißt Thomas beiseite.*
Ja biste ganz verrückt! *Kratzt sich.*

THOMAS.   Warum?

DIAFOIRUS.
Du fliegst hochkant von der Hochschul mit dem Stuss!

THOMAS. Warum?

DIAFOIRUS.   Weils unsrer Lehre wiederspricht.

THOMAS. Ja un? Findst du des richtig, dass mer schon
en Säugling, wenn er rot is, Blut abzappt? *Kratzt sich.*

ARGAN. Son klaane Aderlass kennt isch jetzt aach gebrauche.

DIAFOIRUS. Geb mer sofort die Schrift!

THOMAS.   Warum?

DIAFOIRUS. Dass isch se um de Kopp der haache kann!

Gerangel mit gegenseitigem Kratzen.

THOMAS. Warum lässte mer nie en eigene Gedanke?

DIAFOIRUS.
Eigene Gedanke kannste habbe,
soviel du willst! Abber dahaam! Gehste
uff die Gass damit, schadest du
der allgemeinen Lehre. Außerdem,
du bist zu dumm für eigene Gedanke.

THOMAS. Und du? Du hängst an einer
Theorie, die war
vor tausend Jahren schon verkehrt!

ARGAN.   Verkehrt?

DIAFOIRUS. Jetz hoste den Salat! Du machst hier ein
Patient verrückt! Die erste Regel:
nie darf der Kranke hörn, wie Ärzt sich streite!

THOMAS. Mein Vater entreißt mir mein Geschenk, jetzt hab
ich nur noch anzubiete: eine Sektion!

ANGELIKA. Was is dann des?

THOMAS.   Leiche wern uffgeschnitte,
damit man weiß, woran der Kunde starb.

ARGAN. Uffgeschnitte? Danke junger Mann
fürs Angebot! Angelika, damit
mer mol uff annere Gedanke komme,
kannst du jetzt des Liedche trällern, des du
studiert hast mit dem Lehrer.
Jetzt wolle mer doch zeiche, dass die Tochter
des Hauses auch was biete kann. Legt los!

ANGELIKA. Au! Soweit sin mer noch net.

ARGAN. E Frau soll singe könne! Frisch eraus!
Ja haste was gelernt fürs viele Geld!

KLAUS. Ja doch! Ich hätte da e klaanes Singspiel ... *Prosa.*
Stellen Sie sich einen Hügel vor, mit Blumen besetzt. Unter
einer Linde springt eine Quelle. Lämmer weiden. Der Schäfer
Strackus beobachtet, wie der Schäfer Schrötus mit seinem
Hirtenstab die zarte Schäferin Phyllis belästigt.
Schmutziges Lachen der drei Herren.
Strackus zerschlägt seinen Harfe auf dem Kopf des Grobians
Schrötus, der sich winselnd zurückzieht. Strackus erweckt die
ohnmächtige Phyllis mit einem Kuss. Sie öffnet nach Luft

schnappend ihre Augen. Es fällt ihm schwer, die Tränen, die
er so schön findet, zu stillen. Sie dankt ihm mit einem Blick,
für den er täglich mehrmals sterben würde. Plötzlich erscheint
Blick auf Thomas. der widerliche geile Stinkbock Schrötus auf
den wundervollen Blumenwiesen, gefolgt von seinem Vater
Krötus und dem Vater von Phyllis Daab Oos. Vater Daab Oos
sagt dem Strackus, dass Phyllis dem Schrötus
versprochen sei. Die Ungewissheit, ob sich
nicht Phyllis dem Willen des Vaters Daab Oos
beugt und Schrötus zum Gatten nimmt,
erzeugt bei Strackus einen solchen Schmerz,
daß er ihr Urteil erzwingen will. Ohne
Rücksicht auf die Väter Krötus und Daab Oos
singt er:

KLAUS. *Strackus.* Wenn ich sag, ich liebe dich.

ANGELIKA. *Phyllis.* Sag ich dir, ich glaub dir nicht.

KLAUS. *Strackus.* Wie beweis ich meine Lieb.

ANGELIKA. *Phyllis.* Gib dem Schrötus einen Hieb.

KLAUS. *Strackus.* Gut, ich tret ihm in den Bauch –
Und die Väter hau ich auch.

BEIDE. Jetzt gibts keine Väter mehr –
Und wir lieben uns so sehr.

KLAUS. Chor der empörten Lämmer. *Er singt vor.*
Alle lassen sich mitreißen und singen: Bää bää bää ...

ANGELIKA. Isch glaab der trotzdem net.

ARGAN. De Vadder haache, des is net mein Geschmack.

Zweiter Akt – Sechste Szene
Die Vorigen. Belinda.

ARGAN. Mei Schätzi! *Mechanisch hastige Schmusenummer.*

BELINDA.   Krätzi!

ARGAN.   Kätzi!

BELINDA.   Wätzi!

ARGAN.   Möpsi!
Hier ist der Bräutigam.

DIAFOIRUS.   Los, tritt vor.

Vater und Sohn: Alexander Beck (Diaforius Junior) und Matthias Scheuring (Doktor Diaforius).

THOMAS. Die Sprache hat Ihnen den Namen ...

NANNCHE.   Vater

THOMAS.
... den Namen Vater ... Vater? Alsfort werd ich gestört ...
Kratzt sich.

BELINDA. *Kalt.* Es freut mich, Sie zu sehn, Herr Doktor.

ARGAN. Jetz Kind, leg deine Hand in seine Hand.

Angelika fällt in Ohnmacht.

ARGAN. Se hot manchmal so Aafäll.

*Diafoirus und Thomas stürzen sich gierig auf sie. Untersuchung.
Sie tasten Angelika ab.*

ARGAN. Net nötig. Gibt sich alles nach de Hochzeit.
Ich weckse uff. *Todesschrei.*

ANGELIKA. *Schreckt hoch.* Vadder, was hoste?

ARGAN. Blamieren duhste mich mit deim Gezick!
Wie steh ich da vor de Doktores, die
mich am Lebe halte. Schäm dich!

ANGELIKA. Schäme? Weil ich Vernunft hab? Schäme!
Die Eh als Kette, des schafft Hass.
Des könnese net wolle, Thomas!

THOMAS. Ei naa ...

DIAFOIRUS.   Du hosts zu wolle!

THOMAS.   Ja ...

ANGELIKA.   Ei naa!

BELINDA. Ich würd des Frollein auch net in die Ehe dränge.
Im Kloster hot se doch mehr Freiheit. Geistig.

NANNCHE. Wie fürsorglich! Unds Schwesterche gleich mit!

ANGELIKA. Wenn ich auch weiß, dass Ihne mei Seelenheil
net so am Herze lieht, ich geh ins Kloster,

un lieber, anstatt ich mich ankett an ein,
der mir so fremd is wie en Tanzbär.

ARGAN.
Pardon, die Herrn! *Leise zu Angelika.* Heirate willste gar net?

ANGELIKA. Heirate will ich! Nur ein Mann, bei dem
ich sicher bin, dass ich in Liebe ganz
mei Lebe mit dem Kerl verbringe kann.

BELINDA. Die sagts grad raus, sie will en Mann sich selber
aussuche nach Lust und Laune. Das ist frech!

ANGELIKA. Verdrehe Se nur immer, was ich sag.
Ei Tochter heirat, weils die Eltern wolle,
des gibts! E anner Tochter will selbständig sei,
ihr eigene Familie. Un widder aa
verspricht sich en Gewinn: en Reiche, Kranke.

BELINDA. Was soll des heiße?

ANGELIKA.   Madam Hunzel, die hot
geheirat nach der Regel siebzig fünf:
siebzig Jahr alt und fünf Millione schwer!

BELINDA. *Lacht.* Wusst garnet, dass die Dunsel geistreich is.

ARGAN. *Zu Diafoirus.* Sie sehen, geistreich isse, singe kannse.

BELINDA. *Kreischt.* Ja siehste net, dass deine Tochter mich
für dumm verkauft, die Haamducksern will ...

Nannche lacht.

BELINDA. ... mich uhze, die schepp Quetsch.

ANGELIKA. Sie hättes gern, wenn ich im gleichen Ton
antworte, gelle? Tu ich aber net!

BELINDA. Du Pimpernell, du heilig Gaaß, aal Suddel.

ANGELIKA. Zankdippe könne mer garniks!

Nannche lacht.

BELINDA. Schmuddelfuddel, Hustern, geil Karnickel ...

ANGELIKA. Ich sag niks, sonst werd ich ins Zimmer eingesperrt.

ARGAN. Des werste trotzdem, weil du mei Fraa uffregst.
Entweder nimmst du morgen Thomas als Mann ...

Angelika kippt um. Diafoirus und Thomas wollen sich auf sie stürzen.

ARGAN. Lossese! So hält se endlich Ruh!
Du siehst, wer Herr im Haus ist, Schnutzi!

Nannche schiebt Angelika in ihr Zimmer.

BELINDA. Wutzi. Ich muss noch in die Stadt!

ARGAN. Dann denk ans Testament!

BELINDA. *Heult.*   Naa mei Haas!

ARGAN. Doch! Sieß Aas! Breckeldippche!

BELINDA.   Süppche.

*Argan will Belinda einen Handkuss geben,
hustet ihr auf die Hand. Belinda ab.*

Zweiter Akt – Siebte Szene
Argan. Diafoirus. Thomas. Klaus. Nannche.

ARGAN. Wie diese Frau mich liebt! Darf ich bitten,
sich um meine Wenigkeit zu kümmern!
Nannche schiebt Klaus zu Angelikas Zimmer.
Der junge Mann soll zeigen, was er kann.

DIAFOIRUS. Puls. Quid dicis?

THOMAS. *Fühlt Puls.*   Dico: Das ist nicht der Puls
von einem Mann, der wo gesund ist.

DIAFOIRUS.   Bene!

ARGAN. Bene?

DIAFOIRUS.   Heißt: gut!

ARGAN.   Ah gut!

THOMAS.   Durisculus.
Schon durus.

DIAFOIRUS. Optime! Sehr gut!

ARGAN.   Sehr gut.

THOMAS. Schmerz? *Tastet Argans Unterleib ab.*

ARGAN.   Naa.

THOMAS.   Un hier?

ARGAN. *Hat bisher die Untersuchung genossen.*
Aua!

THOMAS. Hier!

ARGAN. Au, au! Des dut doch werklisch weh! Au, au!

THOMAS. Parenchymo splenico! Er hats an de Milz!

DIAFOIRUS. *Leise.* An de Niern!

THOMAS. Milz!

Diafoirus drückt Argans Nieren.

ARGAN. Au, au, au!

DIAFOIRUS. No siehste, Niern!

Thomas drückt Milz.

ARGAN. Ahuuu!

THOMAS. Ich sag der doch: Milz!

DIAFOIRUS. *Drückt die Nieren.*
Niern! *Sanft.* Es sin die Niercher, Herr Argan! *Quetscht zornig
dem Sohn das Handgelenk. Luische rennt über die Bühne.*
Du sagst jetz, was ich sag! Patient verstörn!
Heile könne mer doch sowieso net.
Schon gar net aan, der sich nur alles denkt.
Du bist enterbt, wenn du net spurst.

Diafoirus und Sohn drücken gemeinsam. Argan schreit.

DIAFOIRUS. Wir sind uns einig: da Nier und Milz verbunden,
so raten wir: viel trinken.

ARGAN. Mein vorisch Hausarzt ...

DIAFOIRUS. Purger? Mein guter Schwager!

ARGAN. Der hot verschribbe:
wenig trinke! Leber!

DIAFOIRUS. Leber?

THOMAS. Leber!

DIAFOIRUS. *Leise.* Die habbe mer vergesse! No, vill, wenig,
hält sich die Waag! Komm gehen mer schnell!

ARGAN. Halt!

Die Frage, die mich drückt: gekochtes Ei!
Wieviel Körner von Salz gehörn dezu?

THOMAS. Die Vorlesung hab ich noch net gehört.

DIAFOIRUS. Sechs oder acht. Gerade Zahle: Körner!
Bei Troppe sieben, neun: ungrad!

ARGAN. Danke!

Diafoirus und sein Sohn Thomas stolz ab.

Zweiter Akt – Achte Szene
Argan. Belinda.

Belinda kommt aus der hinteren Gasse zurück.

BELINDA. Eh ich rausgeh, muss ich der was saache:
Luische, s Klaane, hot mer verzählt, se hätt
en Mann mit Gittar in das Zimmer von
Angelika reischleiche sehn.

ARGAN. Schick se her!

BELINDA. Sie steht schon draus! Denk dran, se will e Katz! *Ab.*

Zweiter Akt – Neute Szene
Argan. Luische.

LUISCHE. Babba?

ARGAN. Komm bei mich! Un guck mich aa!
Jetz sag!

LUISCHE. Ei was?

ARGAN. Du hast mer was zu sage!

LUISCHE. Gedichte? Des Gedicht vom kranke Opa,
des hab ich grad gelernt: „Der kranke Opa"

ARGAN. Was Opa?

LUISCHE. „Ach wie war der Opa krank ... "

ARGAN. Isch geb dir Opa! Du weißt genau Bescheid!

LUISCHE. Ei was dann?

ARGAN. Was ich wisse will!

LUISCHE.   Naa, was?

ARGAN. Hab ich dir net befohle, dass du mer alles,
was du ausspionierst, erzählst!

LUISCHE. Ei Babba ja.

ARGAN.   Was haste heut gesehn?

LUISCHE. Ei Babba niks.

ARGAN.   Was? Niks?

LUISCHE.   Ei Babba niks!

ARGAN. *Hebt den Krückstock.*
Un weißte was des is?

LUISCHE.   Ei ja, en Stecke!

ARGAN. Du weißt, was man mit einem Stecken macht?

LUISCHE. Du humpelst rum demit.

ARGAN.   Wer seinen Vater
belügt, bestraft durch Schläge dieser Stock.
Du Oos willst nicht gestehn, dass ebe grad
en Mann sich eigeschliche hat ins Zimmer
Angelikas? Der Stock schlägt hiermit zu.

LUISCHE. Naa Babba naa! Tot bin ich tot! *Lässt sich fallen.*

ARGAN. Mei Kindche! Steh doch uff! Mei Herzgebobbeltes!
Verfluchter Stecke! *Weint.* Klaanes, Klaanes, Klaanes!

LUISCHE. Ei Babba, des Heule verträcht kaan Mensch,
so ganz dot bin ich doch noch net.

ARGAN. Du Hex, ich hach dich dot!

LUISCHE.   Wart, alles sag ich,
wenn du der Schwester net verrätst, was ich verrat.

ARGAN. Kaa Wörtche!

LUISCHE.   Krieh isch mei Katz?

ARGAN. E Katz? No gut!

LUISCHE. *Sieht sich überall um, leise.*
                    En Mann mit Gittar is geschluppt
ins Zimmer von Angelika. *Ab.*

SE KRIEHE NOCH DE BIPS!

ARGAN. Mich uff de Tod zu kränke, der Magd macht des en Spaß.
Die eine Tochter lässt sich belebe uff de Gass.
Die anner stellt sich tot, mich trifft debei de Schlaach.
Herz rast, Gall platzt, Fuß sticht, uns Ohr, uns Aache aach.
Un alle denke nur an sich, wer denkt an mich? *Ab ins Kabinett.*

Dritter Akt – Erste Szene
Bernd. Nannche.

*Bernd hat alle erdenklichen Krankheiten: Übergewicht, Gicht,
Ischias, Bronchialkatarrh, Herzschmerzen, Luftnot. Er nimmt das
aber nicht zur Kenntnis.*

BERND. Wo steckt mein Bruder?

NANNCHE. *Zeigt aufs Kabinett.* Wo schon soll er stecke?
Betrachte, was er vorbringt, wann er sonst
niks schafft. Sie müsse Ihrer Nichte helfe.
Ein Arzt solls Mädche kriehe, nur weil Ihr Bruder
en Arzt im Haus will. Diafoirus, de Junior.

BERND.
Der macht mich krank, mein Bruder! Wie schaffe
mer den raus aus seine eingebildet Leide.

NANNCHE. Alles was mer sagt, is wie em Ochs
ins Horn gepetzt.

BERND. *Krümmt sich, keucht.*   Och ooch au ooch!

NANNCHE. Sie müsste mal zum Arzt.

BERND.   Mir fehlt doch niks.

NANNCHE. Der korze Atem!

BERND.   Des legt sich.

NANNCHE.   Se kriehe noch
de Bips! Net abkratze in meim Salon!
Angelika, die liebt en annern Mann,
de Klaus!

BERND.   De Klaus, de Sohn vom Klotze Klaus?
Der erbt doch aach viel Moos. Was gibts dageeche!

NANNCHE. Ich sage doch. Er will en Arzt im Haus!
Ich hab was ausgedacht: En Arzt, der fremd is,
soll alles, was Ärzt verordne, übertreibe.

BERND. Des, Nannche, bei aller Lieb, versteh ich net.

99

NANNCHE. Se werns verstehe, wenn der Arzt erst kommt.

Dritter Akt – Zweite Szene
Die Vorigen. Argan.

ARGAN. *Kommt aus Kabinett.*
Son Knippelkram. Des macht mer aach kein Spaß mehr.

NANNCHE.
Wie wars dann? Gelb? Schwarz?

ARGAN. *Sehr schnell.*   Maul! Funzel!

NANNCHE. Pisser!

ARGAN.   Schlunzel!

NANNCHE.   Schisser!

BERND. *Verwirrt.*   Was werd dann des?

NANNCHE. Is alles gut gemeint. *Ab.* Rutz!

ARGAN.   Futz!

Dritter Akt – Dritte Szene
Argan. Bernd.

BERND. No, Bruder, wie?

ARGAN. *Vorwurfsvoll.*   Du siehst gesund aus, Bernhard.

BERND. So, wie du tobst, biste doch aach gesund.

ARGAN. *Brüllt.* Gesund! Gesund! Jetz fängste auch noch an!
Schwach. Kaa Wörtche krieg ich raus. *Krächzt.* Kaa Wort.

BERND. Mer redde von was annern!

ARGAN. *Besieht sich im Spiegel.* Guck der mei Zung an.
Zeigt auf den Spiegel.

BERND. Ich hätt e gut Partie für deine Tochter.

ARGAN. Kein Wort von diesem Weibsstück! Vieh! Lässt sich
von fremde Männer widderbelebe!
Ins Kloster kimmt se mer! Schluss mit der Mussik!

BERND. Warum solls unbedingt en Arzt sein, Bruder?

ARGAN. Weil ich en Arzt brauch, wenn ich dauernd sterb.

BERND. Du sterbst noch lang net. *Keucht.*

ARGAN.   Wer sagt das?

BERND.   Ich. *Herzanfall.*

ARGAN. Loss des Gestöhn. Du bist robust. Ich abber
hab e schwach Nadur.

BERND. *Japst.*

ARGAN. Loss des Jappse!
Mer versteht sei eige Wort net. *Besorgt.* Hoste
was?

BERND. *Rappelt sich auf.*
Naa, naa! Und Luische, des krieht en Apotheker!

ARGAN. Genau! Sonst kimmt se aach ins Kloster! Fertig!

BERND. Dann hätt dei Fraa ihrn Wille!

ARGAN. *Schreit.*   Mei Fraa lass raus!
Des is die Einzig, wo sich um mich kümmert!

BERND. *Unterdrückt einen Wutanfall.*
Tu mer nur ein Gefalle!

ARGAN.   Geld?

BERND.   Ei naa!
Nur eins: Reg dich net uff. Des schad dem Herz!

ARGAN. *Ängstlich.* Was willste, Bernd?

BERND.   Vernünftig redde!

ARGAN. Ja, un?

BERND. Du sagst, ich wär robust. Robust bist du!
Sonst hättste doch net überlebt, was dir
von dene Quacksalber eingeflößt wird.
Gespritzt, gezappt! Kein Körper hält des aus.

ARGAN. *Unterdrückt seinen Zorn.*
Vernünftig bleiwe! Nur, weil ich täglich mei
Klistiercher, Aderlass, Tablette, Zäppcher
besorgt krieh von dene gute Kerle, leb ich noch!
Ohne mein Arzt, mein Apotheker wär ich tot!

BERND. Wo gibts des nochmal? Ein Berufsstand, dem –

Display quotation, centered:
WEIL ICH EN
ARZT BRAUCH,
WENN ICH
DAUERND STERB.

gesetzt, du zahlst dei Rechnung vorher –
fast jeder Fehler durchgeht. Schuster, Schreiner
hafte für ihrn Pfusch. Je größer der Schaden,
desto größer die Haftung. Anners bei Ärzt:
Je größer der Schaden, desto weniger die Haftung.
Ein Toter meckert net, der hot sein Anstand.
Wer stirbt hot selber Schuld! Keine Reklamation.
Die alte Herrscher – Griechenland – die habbe
ihr Ärzt bezahlt, solange se heil warn. Warnse
mal krank, dann gabs kein Grosche mehr.

ARGAN.
Freut sich. Gut! Böse. Ich will dei giftig Zeug jetz net mehr hörn!
Leut habbe Jahr studiert! Du weißt es besser!

BERND. Niks weiß ich besser! Doch die Herrn im schwarze Kittel,
die wisse aach net wie – wir sind doch Apparate –
wie wir laufe.

ARGAN.   Wisse niks?

BERND.   Doch schon!
Viel gute Sprüch und Rätsel. Lateinisch, griechisch.
Hermo dactylus. Ipecacnanha.
Verstehe duhste niks, kriehst Ängst un zahlst.
Schweigen.

ARGAN. Ich denk als mal, du glaubst net dran, dass Mensche
Mensche heile könne. *Verzweifelt.* Was soll aans mache,
wenns krank is?

BERND.   Niks.

ARGAN.   Niks? *Schluckt schnell einen Haufen Pillen.*

BERND.   Batts niks, so schads niks.
Ich geb zu, Leut gibts, die sterbe eifach so.
Die meiste sterbe an de Ärzt und Arzeneie.

ARGAN. Schleechtschwätzer!

BERND.   Wehleidig Gießkann!

ARGAN.   Schobbeschwabbeler!

BERND.   Krumbelkrätzer!

ARGAN. Reg dich net uff!

BERND. Reg du dich net so uff!
Lenk dich mal ab! Ich rat zu mehr Musik!

ARGAN. Hab ich bis hier! Krötus, Schrötus! Mei Gall!

BERND. Dann ins Theater!

ARGAN.   Theater?

BERND.   Molière!

ARGAN.   Molière
is doch gestorbe, weil er gegen Ärzte
gehetzt hot. Kaaner wollt ihm helfe mehr.

BERND. Auswüchse hat er angeprangert. Niks sonst.

ARGAN. Jetz isser tot. Ich leb!

BERND. Wie lang?

ARGAN.   Länger wie du! Du stirbst doch bald!
Du zitterst, hinkst, hustest, hechelst, stöhnst.

BERND. Mer redde von was annerm. Dei Angelika ...

ARGAN. Naa naa!

BERND.   ... die liebt ...

ARGAN.   Naa naa!

BERND.   Gut, redde mer vom Tod!

Dritter Akt – Vierte Szene
Die Vorigen. Blum.

Blum mit Klistierspritze auf.

ARGAN. Vergiss dei Red net, Bruder, du erlaubst, des klaa
Klistiercher. *Will ins Kabinett.*

BERND.   Hälst dus kaa Stund aus ohne
Klistier, Tablette, Schröpfköpp.

BLUM.   Mein Herr, ich muss ...

BERND. Wir redde grad vom Tod, kommese morge!

BLUM. *Böse.* Pardon?

BERND.   Ich schätz Ihr höfliches Benehmen ...

BLUM. Sie schätze niks! Ich sehs an Ihrm Gesicht.

BERND. Gesichter sehnse sonst ja selten. Bruder ...

BLUM. *Zu Argan.*
Könntese Ihrn Bruder jetz zum Schweige bringe.

BERND. Entscheide dich! Gespräche über Liebe,
Tod, oder das Klistier im …

BLUM.   Schluss!
Sie greifen hier in ärztliche Verordnung ein!

ARGAN. Mein Bruder, bitte geh! Du bringst mich um!

BERND. Ich nicht!

BLUM.   Wer net will hot schon gegesse. Fini appetit!
Will ab.

Dritter Akt – Fünfte Szene
Die Vorigen. Dr. Diafoirus. Thomas. Nannche.

DIAFOIRUS U. THOMAS.
Was müssen wir da hörn! Vertragsbruch, Wortbruch!

Nannche auf.

ARGAN. Mein Bruder wars! Ich wollts Klistier jo habbe.

DIAFOIRUS. Hier gehts nicht ums Klistier!

ARGAN.   Liebe? Tod?

DIAFOIRUS. Sie habbe meinem Sohn die Eh versproche!

THOMAS. *Heulend.* Im Zimmer meiner Braut geht einer aus
und ein. De Klaus! Ein, aus! De Klaus!

ARGAN. Kaaner geht do aus, schon gar kein Klaus!

BLUM. Kei Wort dem glaube! Ebe hat er Ihr
Klistier, Composition phantastique, verworfen.
Des mit Muscat, Bezoar, in süßer Molke.

ARGAN. Ich wills doch habbe!

BLUM.   Abgelehnt! Bezoar!

DIAFOIRUS. *Entsetzt.* Was?

THOMAS.   Was?

DIAFOIRUS.   Ein Putsch!

THOMAS.   Putsch!

DIAFOIRUS. Rebellion!

THOMAS.   … bellion!

DIAFOIRUS.   Aufruhr!

THOMAS.   … ruhr!

ARGAN.   Die Ruhr?

BLUM. Vor einer Viertelstund hätts reigemusst!

ARGAN. Ich wollts doch! Der, mein Bruder wollts net! Ich …

BLUM. Je suis désolé! Leider zu spät!

DIAFOUIRUS. Zu spät!

THOMAS.   Zu spät!

ARGAN. *Entsetzt.*   Zu spät?

NANNCHE. *Lacht.*   Zu spät!

BERND.   Ruhisch Bub!

DIAFOIRUS. Ein Arzt, der ein Klistier entwirft, der Nächte
mit allem Wissen, aller Imagination
für einen Kranken – Sie! – ein einzigartiges
Klistier entwirft, aus besten, edelsten
Ingredienzien.

ARGAN.   Gott ach Gott!

DIAFOIRUS.   Wenn
der Arzt dem Apotheker die Notate
übergibt, auf dass der Buchstab sich
verwirklicht …

ARGAN. *Kniet.* Gebt mers!

DIAFOIRUS.   Soll dieser Arzt
ertragen, wenn sein Werk missachtet wird?

THOMAS. Un noch dezu die Braut vom Sohn missbraucht!

ARGAN. *Fleht.* Gebt mers! Glei! Alls hinnerei! Jetz glei!

DIAFOIRUS. Zu spät!

THOMAS. *Hämisch.* Niks gibts mer!

BLUM. Rien ne va plus!

Die Drei gehen gekränkt ab.

ARGAN. Was soll nun wern? Ich zahle gleich ihr Rechnung.

Die Drei kommen drohend zurück.

DIAFOIRUS. Wir sind verpflichtet, Ihne mitzuteile
was aus Ihne wird. Da Sie sich weigern,
aus Ihrm verfaulte Gedärm zu spüle
den schwarze Saft, den Suddel ...

THOMAS. Schmuddel ...

BLUM. Fuddel ...

DIAFOIRUS. Den Sodder ...

THOMAS. Modder ...

BLUM. Schmodder ...

DIAFOIRUS. Schotter raus
zu spüle, um rein zu sein im Innern ...

ARGAN. Rein will ich sein! Ja! Macht mich rein!

DIAFOIRUS. Nein!
... werden Sie elend sterben in zwei Tagen.
Heut schon Logorrhoe un Gonorrhoe ...

ARGAN. Au weh!

THOMAS. Doch keine Diarrhoe!

BERND. *Lacht.* Böhö!

BLUM. Desweche
Darmverschluss!

THOMAS. Vulgo: Bläh, Bläh, Bläh!

NANNCHE. A bäh!

DIAFOIRUS. Finis: Explorrhoe!

BERND. *Will Einhalt gebieten.* Eh, eh!

THOMAS. Vulgo: Sie platze uff!

DIE DREI. *Abgehend.* Adieu!

Dritter Akt – Sechste Szene
Argan. Bernd.

ARGAN. Jetz muss ich sterbe weche dir.

BERND. Komm, loss! Mer gehts grad aach net gut.

ARGAN. Dir gehts gut! Nur ich muss sterbe!
An was? Logorö? Naa, Knötel – Bröckel – Rötelrö?

BERND. Niks musste! Die räche sich mit ihrem Rö, Rö, Rö!

ARGAN. Arzt-, Apothekerlos steh ich jetz da!
Hinfällig nackt vor meinem Tod.

Dritter Akt – Siebte Szene
Die Vorigen. Nannche.

NANNCHE. Do drausse is en fremde Arzt.

ARGAN. En Arzt!

NANNCHE. Er sagt er wär der Heiler aller Heiler.

ARGAN. Enei demit!

NANNCHE. E bissi komisch isser schon!

ARGAN. Warum?

NANNCHE.
Weil er mir ähnlich sieht wien Bruder.
Ich holen! *Abgehend.* Nur ich hab kein Bruder.

ARGAN. Mach schnell! Bruder, net Bruder, was ich brauch,
des is en Arzt.

BERND. Jetz hoste ein! Mol gucke!
Jetz zeig mal, dass de ganz schwer krank bist.

Dritter Akt – Achte Szene
Die Vorigen.

*Nannche als Arzt mit einem Korb voller Geräte aus Haushalt
und Garten: Säge, Hammer, Strick, großer Löffel, Handfeger.*

DR. N. Ich komm, um den berühmtesten Patient
der Welt zu sehn, der jede Krankheit hat.
Ich bin der Arzt, der jede Krankheit heilt.

E BISSI KOMISCH ISSER SCHON!

ARGAN.
Sieht aus wie Nannche! Sowas gibts net! *Ruft.* Nannche
Zu Dr. N. Fühle Sie mal hier. *Leber.*

DR. N. Des brauch ich net!
Ich seh ins Auge! *Sieht ins Auge.* Die Niern, Leber, Milz fast futsch.

ARGAN. *Begeistert.* Genau getroffe!

BERND. Des nenn ich Diagnose!

DR. N. So nebebei: Des Aug sieht auch net gut aus.
De Arm her! Dacht ich mers. Angefault.
Ablagerung, Gelenk verknöchert. Beule.
Verdreht ihm den Arm.

ARGAN. Au au! Des tut jo wirklich weh! Au, au!

DR. N. De anner Arm geht noch.

ARGAN. Danke, Doktor!

DR. N. Des Bein geht. Des anner? *Reißt.*

ARGAN. Auwauwau!

DR. N. Verfault!

ARGAN. Ich seh niks!

DR. N. Kann mer auch net sehe.
Weil alles unnedrunner is. Die Blutblas da
zeigt mir, dass von inne alles nach ausse
rausfault. *Quetscht das Bein.* Tut des net weh?

ARGAN. Au, au! Ja schon
vielleicht. Was mache Sie dann jetzt mit mir?

DR. N. Alls der Reih nach, wie der Bauer die Klöß frisst.
Mei Regel is: sei offe zum Patient,
was ich mit Ihne mach: des wird erklärt.
Fürs Innere, Nier, Leber, Milz, weil mers
net sieht, wend ich Magie an, Zaubersprüch.
Fürs Äußere, Kopp, Arm, Bei,
des was do drausse rumbambelt, do nemme
mer Säg, Sichel, Messer, Gabel, Feuer.
Beginnen wir jetzt mit den Innereien!
Beschwörungsritual mit Handfeger.
Läbr ze Läbr, Bluod ze Bluoda!
Milz ze Milza!
Nier ze Niera aach!
Kraach!
Sie habbe doch kaa Ängst?

ARGAN. Naa, hab kaa Ängst!

DR. N. *Quetscht ihn.* Tut des noch weh?

ARGAN. Au! Naa! Geheilt!

DR. N. Des glaub ich net. *Quält ihn.*

ARGAN. Kei Schmerze mehr. Geheilt!

DR. N. So, jetzt zur zweit Partie, des Gelump
do ausse, rechtes Bein, der linke Arm.

ARGAN. Was soll sei demit?

DR. N. Soll ab!
Bein rechts, Arm links, des Auge rechts.

ARGAN. Mei Auge rechts?

DR. N. Ab solls! Raus!

ARGAN. Warum?

DR. N. Das faule Bein zieht dem gesunde Bein
die Kraft ab. So isses auch mit Arm und Auge.
Wollese net wenigstens ein Bein, Arm, Auge behalte?
Oder als blinder Stumpe durch die Landschaft rolle?

ARGAN. Naa, naa! Bruder saach doch achmol was!

DR. N. Wenn de Kopp schon wackelt, wird net lang gefackelt!

ARGAN. De Kopp bleibt!

DR. N. Abber ja, sonst hätt die Mütz kaan Halt!
Greift sich Säge und Strick aus dem Korb.

ARGAN. Was is des für e rostig Zeug? Mein Hausarzt
hot blitzblanke Instrumente!

DR. N. Des glaub ich!
Blitzblank kost Geld. Wer zahlts? De Patient!
Hat Argans rechtes Bein abgebunden.

ARGAN. Warum dann des?

DR. N. Damit net soviell Blut
des Zimmer mir versaut. Ihne Ihrs! *Sägt.*

ARGAN. Die Hos!

DR. N. Werd uff der Seit net mehr gebraucht!

ARGAN. Ich kanns net ansehn!

DR. N. *Zeigt den Löffel.* Fange mer mim Auge an!
Dann sehnse nur die Hälft.

ARGAN. Mei Auge! Halt!
Es sieht doch noch wie neu. Mei Hand hier, die
mich petzt, au, ich sehse doch, das Bein,
es läuft. *Tastet sich ab.* Kaa Schmerze mehr. Ich bin geheilt.
Tanzt. Die Sprüche haben geholfen. Danke! Danke!

DR. N. Dann kann ich gehn?

ARGAN. Ja gehnse! Gern! Nur schnell!
Des Nannche zahlt die Rechnung!

Dr. N. ab.

BERND. Des nenn ich Arzt! Der hot ders mal gezeigt!

ARGAN. Mei gutes Beinsche! Dich wollter nemme!
Mei armer Arm, mei goldisch Aache sollt fort,
des wollt die Kellerspinn mer raube!

NANNCHE. *Draußen.*
Loss los, du Bock, sonst gibts der uff die Pfote! *Stolpert herein.*
Der alte Saftsack wollt mer an die Wäsch.

ARGAN. In dem Alter?

BERND. Der versteht zu lebe!

ARGAN. Nannche! *Tanzt.* Guck, ich bin gesund!

BERND. *Trocken.* Er is gesund.

NANNCHE. Hab ich immer schon gesagt.

ARGAN. E bissi mehr Freud könnt ihr schon zeige!

NANNCHE. Warum sich freue, wenn was is, wies is.

BERND. *Kalt.* Doch des is ein Grund zur Freud, wenn aans,
was so verblend war, begreift, was wahr is.

ARGAN. Wie kalt die redde! Kaum is mer gesund,
bildet man nicht mehr einen Mittelpunkt.
Jetzt is man nicht mehr krank und krieht kaan Dank.
Doch aans, des werd sich freue! Aans!
Mei Fraa Belinda, die werd hippe im
Quadrat, dass ich gesund bin! Ich muss. Die Aufreschung!
Ab ins Kabinett.

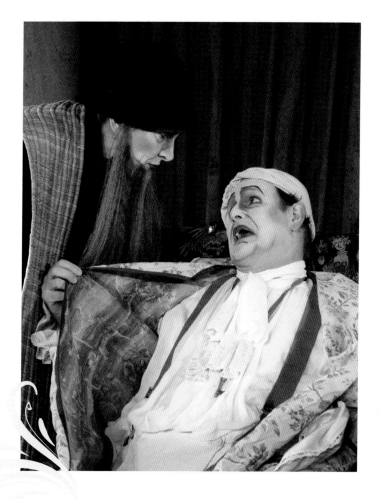

Michael Quast (Argan) und
Hildburg Schmidt (Nannche / Dr. N.)

Dritter Akt – Neunte Szene
Bernd. Nannche. Später Argan.

NANNCHE. Den Zahn Belinda müsse mer noch ziehe.
Sie sage, dass Sie ihr net traue. Rest mach ich.

ARGAN. *Im Kabinett.* Die Farb! Die Farb! *Tritt auf.*
Die Farb is herrlich! Belinda soll sichs ansehn!
Die werd sich mit mir freue!

NANNCHE. Un wie!

BERND. Die freut sich, wenn de dot bist!

ARGAN. Du hattst schon immer was gege mei Frau!

NANNCHE. Ja, er hetzt! Ach wennse wüsste, wie Belinda ihren Gatten liebt!

BERND. No ja.

NANNCHE. Wissese was! Des isses! Wir beweise Ihrm Herrn Bruder, wie sehr Ihre Belinda Sie liebt, des Schnuckel.

ARGAN. *Verträumt.* Suckel …

NANNCHE. Schätzi …

ARGAN. Wätzi!

NANNCHE. Aus! Se kommt gleich aus der Stadt! Sie stelle sich jetzt dot!

ARGAN. Tot?

NANNCHE. Damit der Kritikaster sieht, wie groß die Trauer is.

ARGAN. Führ ich dir vor! Nur, muss ich dann gleich tot sein? Kennts net was leichteres sei? Todkrank? Die Pest?

NANNCHE. Tot sag ich!

BERND. Alles anner wirkt net.

NANNCHE. *Arrangiert Argan im Sessel.* Die Beinsche bambele. Die Ärm. Maul uff!

ARGAN. *Todesschrei.*

NANNCHE. Un Sie versteckele sich do. *Schiebt Bernd in die Gasse. Laut aufheulend zur Haustür.* Se kimmt! Se kimmt! *Läuft kontrollierend zu Argan.* Maul uff! *Heult.*

ARGAN. *Nach vorn.* Der Tod. Is sowas net gefährlich? Wenn man bedenkt wie eins do obbe flattert. Wie soll mer mich mit meim Klistier noch treffe? Odder unne in de Hitz zerschmelze mer mei Pille!

Dritter Akt – Zehnte Szene
Die Vorigen. Belinda.

NANNCHE. *Todesklage.* Huhu, hua …

BELINDA. Was soll dann des Geplärr?

NANNCHE. Der gute Kerl, mein guter Herr, mei Äffche! Immer war er gut zu mir, de Krätscher.

BELINDA. Wen maanste?

NANNCHE. Den!

BELINDA. Argan is tot? *Sie macht einen Dreher, stößt ein weinerliches Lachen aus.*

ARGAN. Wie se mich liebt! Ach Gott, mei Oos! *Will hoch. Nannche hält ihn unten.*

BELINDA. *Nach vorn.* De ekelhafte Schisser, endlich isser abgekratzt, de Nippel, de ebsche Krippel. Endlich frei von dem Getatsch, Gehust, Gerülps, Geforz. Hör endlich uff zu flenne!

NANNCHE. Ich dachte, des gehört sich so!

BELINDA. Vergebne Müh! Mit dem is niks verlorn. Was hot der Filz de Welt genutzt? Des Geld hot er vom Vadder. Nie hot die Laus geschafft, nur immer sich im Kopp. Nur immer Ich, Ich, Ich! Un hat er einmal nicht sein Publikum, spielt er alaa für sich de große Kranke. „Bloach, Bloach."

NANNCHE. „De Knote hier tut weh."

Belinda und Nannche imitieren das Gequängel von Argan.

BELINDA. „Mei Druck im Bauch."

NANNCHE. „Ich brauch e Spülung."

BELINDA. „Jetz abber mei Klistier."

NANNCHE. BELINDA. „Was für e Farb? Gelb odder schwarz."

ARGAN. *Nach vorn.* Des is mei Leichered. Mei Trauermussik!

BELINDA. Frei! *Schreck, Gewimmer.* Naa! Er hot noch net die Unnerschrift zur Schenkung gebbe. Konnt er dann net morje verrecke? Noch im Tod macht er Probleme! Mer müsse tun, als würd der Knorz noch lebe, bis mer de Blum die Urkund beibringt. Die Unnerschrift, die kann ich fälsche. Ich will was defür, dass ich mei Jugend

DER TOD. IS SOWAS NET GEFÄHRLICH?

für den Knochesack verschwendet hab.
Und du kriehst zehn Prozent, wenn de mer hilfst.
Erstmal des versteckelt Geld. Der Schlüssel,
der am Hals ihm hängt, nemmenem ab.

NANNCHE. Ich bin uff Ihrer Seit, des wissese,
nur mich ekelts aach vor dere Leich.

Dritter Akt – Elfte Szene
Die Vorigen. Blum mit Klistierspritze.

BELINDA. *Stürzt auf Blum zu, umhalst ihn.*
Da biste ja, mei Blümche! Hosten gespürt,
den Aacheblick gemerkt? Hoste die Urkund?

BLUM. *Schiebt sie weg.* Die Dienstmagd!

BELINDA.   Is uff meiner Seit.
Du bist geeilt zu mir!

BLUM.   Zu dir? Argan
besuch ich, um mich mit meim alte Kunde
zu versöhnen bei einem guten Klistier.

BELINDA. Versöhn dich nur! Der Mann is tot! Küss mich!

BLUM.
Tot. *Nähert sich Argan.* Tot? Ja biste ganz meschugge! Hab ich
der net gesagt: Nur eine Prise in die Brüh!
Ganz langsam. Sonst fällts uff. Was maanste, wie wenig
Arsen ich ins Klistier gepulvert hab.
Geduld is alles! Ich komm in Deiwels Küch!
Bleib mer vom Hals! Jetz muss ich erst Klistier
begraben. Weil eine Frau nicht warten kann!
Wir dürfen uns jetzt lange nicht mer sehn!

BELINDA. Hau ab, Ängstschisser, Schmaaßert, mach die Mück!

BLUM.
Lang nicht sehen. Es tut mir leid. Je suis désolé. Adieu Tristesse!
Ab.

Dritter Akt – Zwölfte Szene
Argan. Belinda. Bernd. Nannche.

BELINDA. Jetzt erstmol den Schlüssel –
Nestelt an Argans Hals herum. Argan packt ihre Hand.
Belinda schreit erschrocken.   Ah äh!

ARGAN. *Schreit erschrocken.*   Ah äh!

Auch Nannche und Bernd schreien erschrocken.
Belinda geht stumm, aufrecht durch die Haustür ab.

Dritter Akt – Dreizehnte Szene
Argan. Nannche. Bernd.

ARGAN. Naa naa naa! Gibts net! Nicht mit mir!
Ei ja. No ja. Joo. Jej. Jeij. O ja.
Mer lernt was, wenn mer erst mal tot is.

NANNCHE. Dann lernese, wie sehr Sie Ihre Tochter liebt.

ARGAN. Die?

NANNCHE.   Ja die! Los, noch mal tot. Den Schrei!

ARGAN. Was macht mer net, um klar zu sehn. *Todesschrei.*

Dritter Akt – Vierzehnte Szene
Die Vorigen. Angelika.

NANNCHE. *Heult.* Warum war ich so frech, warum hab ich
so oft „steif Krick, Schlappsack" über ihn gesagt!

ARGAN. *Nach vorn.* Verloche Oos! Dreckschipp!

Angelika auf.

NANNCHE. *Nach vorn.*   Nachtdipp! Guck
net hie! Bleib drausse! Fort!

ANGELIKA.   Mein Vadder?

NANNCHE. Zurück! *Heult.*

ANGELIKA.   Was? Isser …

NANNCHE.   Ja.

ANGELIKA.   Mein Babbaa! Babbaa!
Grad jetzt! Wo ich deintweeche grad entsagt hab
meim Klaus, um da zu sein für dich. Net jetzt!
Wo mer im Streit sin, du mer bees bist.

Dritter Akt – Fünfzehnte Szene
Die Vorigen. Klaus.

KLAUS. Warum weinen Sie?

ANGELIKA. *Japst.*   Tohot! Tohot!

KLAUS. Tot? Ich dacht, der Mann wär kerngesund.

ANGELIKA. Dacht ich haamlich auch. Des is mei Straf! *Japst.*

KLAUS. Grad wollt ich saache, dass ich mei Mussik uffgebb.

NANNCHE. No Gottseidank, des hätter nie geschafft.

KLAUS. Wenn ich Sie krieh, studier ich aach uff Doktor!

Alle weinen in wechselnder Lautstärke.

NANNCHE. *Heulend.* Mer hälts net aus!
Heimlich zu Argan.   Los, auferstanden!

ARGAN. *Heimlich.* Noch net, noch net, es is so schee! *Weint.*

ANGELIKA. Wir müssen uns entsagen! *Japst, weint.*

KLAUS.   Ja entsagen!
Weint und niest.

ANGELIKA. Für dich entsag ich, Vater, un zum Abschied ...

ARGAN. *Umarmt sie. Abgekürzt die Folge der Schreie.*
Mei Mädche, Klaus, *Schließt ihre Hände.* ich bezahl ders Studium!

BERND.
Loss den doch Mussik mache. *Zu Argan.* Werd du doch Arzt!
Du host den Tod schon hinner dir, weißt alles.
Du host dich selbst geheilt, jetzt heil die Annern!
Ich kann der nur empfehle, machs mit Sprüch!
Herzanfall.

Dritter Akt – Sechzehnte Szene
Finale. Alle.

Verwandlung. Lichtwechsel. Argan als Wunderheiler, Nannche mit Putztuch über dem Kopf als seine erste Jüngerin, die das Geld einsammelt.

ARGAN. *Neben dem liegenden Bernd.*
Hezzschä dico Hezzschäa,
Bluod ze Bluoda,
mach kaa Mätzschäa,
Blunz.

BERND. De Schmerz is weg! Hoste noch was gege Gicht?
Leg mer die Hand uff!

ARGAN. Gischtisch schtichtisch,
naut su wischtisch,
Blunz.

BERND. Was ist das?
Die Füß kann ich bewege. Des hot ja werklich
mer genützt! Ei jetz versteh ich gar nix mehr!
Leichtfüßig zur Seite.

Angelika auf, japst.

NANNCHE. Seit Jahren leidet sie am großen Japser.

ARGAN.   Japsä Japs,
Zwei Troppe Schnaps,
Blunz.

ANGELIKA. Ich atme wie von selbst! Gelobet seist du, Vadder!

Klaus auf, niest.

NANNCHE. Seit Jahren leidet er an Schnupfen, Nießen!

KLAUS. Das stört *Niest.* beim Musiziern!

ARGAN. Nouse Blouse Blunz.

Klaus springt glücklich als Schaf mähend zur Seite.
Die Diafoirus kratzend auf.

NANNCHE. Seit Jahren leiden die an Grind und Krätz. *Kratzen.*

ARGAN. Ribbel Stribbel Juck. Blunz.

THOMAS. Es juckt net mehr.

DIAFOIRUS.   Es brennt net mehr.

Hildburg Schmidt in ihrer Rolle als Nannche und Michael Quast als Argan, der eingebildete Kranke.

Blum verquält, noch gelber, auf.

NANNCHE. Seit Jahren leidet er an Magen, Galle.

Blum würgt.

ARGAN. Wurrkk Wurrkk Schurrkk. Blunz.

BLUM. *Missgelaunt.*
Grad wollt ich kotze. Jetz kann ich noch net mol des mehr.
Les jeux sont faits.

Belinda leidend auf.

NANNCHE. Sie leidet!

Belinda wimmert. Argan wendet sich ab. Belinda entfernt sich stolz, gekränkt.

NANNCHE. Un ich? Ich leid seit Jahrn an niks.

ARGAN. Weil ich so gut war.

NANNCHE. Filz!

ARGAN.   Milz!

NANNCHE.   Nier!

ARGAN.   Tier!

NANNCHE.   Schlunz!

ARGAN.   Blunz!

Nannche verstummt.

ARGAN. *An Rampe.*
On will mesch aaner haache
met deim Krawull eisch kraach
dunn haach isch em uofs Aache
on uofs onner Aache aach.

CHOR. Blunz!

DER GEIZIGE

KOMÖDIE VON RAINER DACHSELT NACH MOLIÈRE

Herr Krall, *ein Bürger* – **Martin**, *sein Sohn* – **Elise**, *seine Tochter* – **Walter**, *sein Hausverwalter, Elises Geliebter* – **Marianne**, *Martins Geliebte* – **Nickel**, *Diener im Hause Krall* – **Meister Jacques**, *Koch und Kutscher im Hause Krall* – **Madam Sofie,** *Kupplerin* – **Anselm Gutwirt**, *Privatier* – **Kommissar Stumpf**, *Kriminalbeamter*

Erster Akt – Erste Szene
Nickel.

Man sieht das Haus der Familie Krall,
Nickel lungert davor herum, sieht sich ab und zu um.

NICKEL. Gucke Se sisch das Haus aa! Da wohnt
en Haufe Geld un auch Familie Krall.
„Des bassd doch, gell? Da habbe sich doch zwaa gedroffe",
maane Sie? Ganz annersder.
Die Mudder lebt net mehr, die Kinner lewe uff
Pump, mir Diener unn die Gäul verhungern.
Uff den Dukade hockt der Batzedeiwel:
der alde Krall gibt Obacht dess niks fortkommt.
Ausdreiwe misst mer den! Wann ich nur wüsst,
wo ich ihn pack! Derweil helf ich dem Sohn
beim Schulde mache. Ebe kommt er,
naa des is die Tochter … *Er zieht sich zurück.*

Erster Akt – Zweite Szene
Elise. Walter.

Elise ist besorgt, den Tränen nah, Walter hinter ihr her.

WALTER. Liesche, was flennste dann?

ELISE. Ei, wege niks.

WALTER. Isch hab dich lieb!

ELISE. Isch weiß!

WALTER. Mir sinn verlobt!

ELISE. Isch weiß! Seit gestern … *Sie heult los.*

WALTER. Tustes schon bereue?

ELISE. Isch weiß net!

WALTER. Womit hab ich das verdient?
Es Lebe hab ich dir gerettet, hab dich
dem feuchten Tod entrissen, oder net?

ELISE. Wie könnt isch des vergesse. Erst das Wasser,
dann dei zärtlisch Hand, dann widder Wasser,
dann lange niks un dann: dei lieb Gesicht.

WALTER. Mei Liesche, seit dem Schicksalsaucheblick
gehör isch dir un du auch mir,
un was isch hab, das geb ich nemmer her.

ELISE. Du babbelst wie der Vadder! *Fängt wieder zu heulen an.*

WALTER. Der is schuld!
Nur wege dem misse mer heimlich tun,
Geizkraache!

ELISE. Groschepetzer!

WALTER. Sparbreedche!

ELISE. Wenn er dabei is, babbelst du ganz anners.
Äfft ihn nach. „Spare am Brot, dann haste in der Not".

WALTER.
„Wers heut für sich behält, hat morgen noch mehr Geld".
Isch weiß: Dein Vadder lobt mei Sprüch, kaa Wunner:
Es sinn sei eichene. Die Menschen sinn
so leicht zu leime: mache Sie e Dummheit
lob sie dafür, babbel ihr Schläächtgebabbel
nach wie en Babbegei. Schon haste se.
Liesche, ich tus doch alles wege dir!
Nur wege dir bin ich da hergekomme,
nur wege dir hab ich dem Erbsezähler
mich als sein Hausverwalter angedient,
nur wege dir red ich ihm nachem Maul.

Michael Quast spielt Herrn Krall.

HERR KRALL IST EIN EGOMANE, DER NUR EINEN GOTT ANERKENNT: DAS GELD. DIE KINDER HINTERGEHEN DEN VATER, WÄHREND SIE AUF DAS ERBE WARTEN. ALLE, MIT DENEN KRALL ZU TUN HAT, MACHT DAS GELD ZU SCHMEICHLERN UND INTRIGANTEN. WER KANN DEN ERBSENZÄHLER UND GROSCHENPETZER VON SEINEM GEIZ BEKEHREN UND DAMIT SEINE MACHT BRECHEN?

ELISE. Als Babbegei hat dich der Vadder gern.
Als Schwiegersohn? Schlags ihm nur vor,
sei Antwort kenn ich schon: „Der hat ja niks!"

WALTER. Isch hab doch was ... ich maan, ich werd was habbe,
wenn isch nur mei Familie wiederfind!
Isch muss sie suche ...

ELISE. *Heult wieder.* Lass mich net alleins!
Der Vadder is zu allem fähich!

WALTER. Liesche!
Dein Bruder is doch auch noch da. Verdrau
dem Martin an, dess mir verlobt sinn heimlich.
Da kommt er ja. Isch steh mich net so gut
mit ihm, isch butz die Blatt.

ELISE. Ich hab so Ängst!

WALTER. Mei Liesche, glaub an misch!
Geht ab.

ELISE. Ich geb mer Müh ...

> ## Da kommt er ja.
> ## Isch steh mich net
> ## so gut mit ihm,
> ## isch butz die Blatt.

Erster Akt – Dritte Szene
Elise. Martin.

MARTIN. Elise! Was ein Glück, dass isch disch treff.
Isch muss der was verzähle.

ELISE. Isch dir auch.

MARTIN. Ich zuerst! Ich hab e Bekanntschaft gemacht,
die mein Herz näher angeht ...

ELISE. Was meinste?

MARTIN. Ich bin verliebt! Verschosse!
Des Mädche wird mei Braut, es is beschlosse!
Sie freut sich, er übersieht das.
Saach niks!

ELISE. Warum?

MARTIN. Isch weiß doch, was da kommt.
„Seit wann sucht mer sei Braut sich selwer aus?
Dem Vadder überlass die Wahl, der weiß
am Beste, was für dich am Beste is.
E dormelich Kerzche is dei Leidenschaft,
nebe dem klare Licht von seim Verstand.
Wars des?

ELISE. Was traust du mir für Kappes zu?

MARTIN. Weil du vernünftig bist un net verliebt wie isch.

ELISE. Zweimal danebe.

MARTIN. Zweimal? Heißt des, du ...?

ELISE. Isch auch. Isch muss dirs gleich erzähle ...

MARTIN. Isch zuerst!
Mei Mädche wohnt ganz in der Näh, wenn de
die Töngesgass enaufgehst, rechts die Fahrgass,
kennste die Gegend?

ELISE. ... *Ungeduldig.* Ja. Wie heißt sie denn,
dei Mädche?

MARTIN. Marianne ist ihr Name.
Alle drei Grazien müsste mitenanner
vor Eifersucht verplatze, wenn se nur
vorbeispaziert. Barmherzich isse auch:
Wie die sich um ihr arm krank Müdderche
bekümmert, da denebe is de gude
Samariter en eigennützicher Kerl.

ELISE. Wie rührend schee un makellos!

MARTIN. Net ganz:
ein Fehler stört das Engelsbild: sie hot niks.

ELISE. *Erschrocken.* Du babbelst wie de Vadder!

MARTIN. Könnt isch nur,
wie ich gern wollt, ich tät meim Engel helfe:
e klaa Geschenkche hier, e paar Dukate da,
aber der Vadder rückt ja niks eraus.
Sparbreedche!

ELISE. Fennichfuchser!

MARTIN. Knauser!

ELISE. Knicker!

MARTIN. Weil ihm sei Herz verdorrt is, solle mir aach
verdorre – wie die Primeln in der Wüste.
Unn gibt er endlich mal de Löffel ab,
sinn mir verwelkt unn habbe niks mehr davon.

ELISE. Der gibt niks ab, noch net emal de Löffel.

MARTIN. Isch lass mir von dem Allmei niks mehr biete!

Isch stell misch vor ihn un saach: „Vadder!
Isch nemm die Mariann, du gibst de Seeche!
Wenn net, sinn mir geschiedene Leut auf ewich!"

ELISE. Un ich? Was wird aus mir?

MARTIN. Hast du net ebe
verzählt, du wärst verliebt?

ELISE. Ei ja, hör zu ...

MARTIN. Dann misse mir zwei jetz zusammehalte.
Dem Spartyrannen keck die Stirne bieten!
Bist du bereit, Elise?

ELISE. Ich hab Ängst!

MARTIN. Mir trete gleich dem Vadder gegeüber!

HERR KRALL. *Von hinten.* Verbrecher! Bankert! Lumbehund!

Martin und Elise schrecken zusammen.

ELISE. Herrje ...

MARTIN. ... mir gehe korz ins Haus, um Mut zu fasse.
Beide ab ins Haus.

**Erster Akt – Vierte Szene
Herr Krall. Nickel.**

Herr Krall treibt Nickel vor sich her.

KRALL. Dieb! Ebbelstrenzer! Siwwesortelump!

NICKEL. *Bei sich.* Der is dem Deiwel aus dem Schwanz geschnitte!

KRALL. Enaus damit, isch brech der alle Knoche!

NICKEL. Enaus womit?

KRALL. Was du gestohle hast!

NICKEL. Wie komme Se da druff?

KRALL. Dei Diebsgesicht,
dei diebisch Nas, dei Ohrn, dei Auge.
Allsfort am Schnüffeln, Horsche, Glubsche
wo was zu hole is. Du bist des Stehle
in Person!

NICKEL. Was soll mer Ihne stehle?
Sie saache selwer alls, Sie habbe niks.

KRALL. Hab ich aach net!

NICKEL. Un wenn Sie ebbes hädde –
tät mers net finde.

KRALL. Dod un Deibel!
Beiseite. Hat des durchdribbe Oos was spitz gekriejt,
wie ich des Kästche da versteckelt hab?

NICKEL. Sie habbe was versteckelt?

KRALL. Ferz! Verdrick dich!

NICKEL. Empfehle mich ...

KRALL. *Packt ihn.* En Augeblick! Ich will
mei Eigetum zerick. Zeich her dei Händ! *Nickel tut es.*
Unn jetzt die annere!

NICKEL. Ich hab kaa „annere".

KRALL. Lüüch net! En Kerl wie du hat zwanzich Händ
zum Stehle. *Fängt an, Nickels Hosen zu durchsuchen.*
Un e Hos mit dausend Taschen!
Dei Hos allein wär Grund, dich einzusperrn.

NICKEL. *Bei sich.*
Dem Geizhals misst mer wirklich ebbes stehle!

KRALL. Hättste die Pest! Was babbelst du vom Stehle?

NICKEL. Ei niks Besonneres. Isch hab gemaant:
die Geizhäls könne mer gestohle bleiwe.
Bei sich. Denn so en Geizhals werd net satt,
als bis ers Maul voll Erde hat.

KRALL. Auf wen is des gemünzt?

NICKEL. Ei uff die Geizhäls.
Mer wird als frommer Mensch noch ebbes widder
e Todsünd saache derfe, oder net?

KRALL. Solangs net widder mich geht.

NICKEL. Widder Sie?
Mit meiner Kapp hab ich gebabbelt, gell?

KRALL. Dir geb ich uff dei Kapp! Es Maul gehalde!

NICKEL. Ei gut, ich werd mit meinen Worten geizen.

KRALL. Noch aamal heer ich „Geiz", du Lumbehund ...

NICKEL. Wens juckt, der kratzt sich. Simmer ferdisch?

KRALL.   Wie?

NICKEL. Sie habbe da e Dasch vergesse ...

KRALL.   Her demit!

NICKEL. Heut hab isch niks. Beim nächste Mal: versproche.

KRALL. Mir aus den Augen! Fort mit dir! Zum Deiwel!

NICKEL. Ich richt en scheene Gruß von Ihne aus!
Langsam ab, wirft einen Blick zurück.

Erster Akt – Füfte Szene
Herr Krall.

Während er spricht, nähern sich Elise und Martin vorsichtig.

KRALL. Der Blick von derer Abeemick geht durch
un durch: den spürste bis ins Portemonnaie.
„Sie habbe was versteckelt", fragt der misch.
Ich hab aach was versteckelt. Zehe dausend
Dukate aus em Rapstermingeschäft.
Vergrabe hab ich se im Garte da.
Die Bank kann krache, gell, mer habbes doch
erlebt! Ich hab aach gern e bissje Gold
bei mir, sei Nähe wärmt mei Herz.
Wenn dich die Welt verrät, dei Kinner dich hasse,
uff dei Dukade kannste dich verlasse.
Ich hab nur Ängst, dass se mer aaner nimmt ...

Martin und Elise machen auf sich aufmerksam.

Erster Akt – Sechste Szene
Herr Krall. Elise. Martin.

KRALL. De Schlaach, mei Kinner komme. Wie se gugge.
Als wollde sich mich uff der Stell beerbe.
Habbe die zwei gelauscht? *Zu den beiden.* Seid ihr schon lang da?

ELISE. Ganz kurz nur, Vadder.

MARTIN.   Mir wollten Sie net störn ...

KRALL. Hat sich des angehört, als dät ich über Geld
schwätze?

ELISE.   Über Geld?

MARTIN.   Sie doch net, Vadder.
Über Geld schwätzt mer net, des hat mer, gell?
Un Sie habbe weißgott genug davon.

KRALL.   Genug?
Wer des behauptet, is mein Feind: verzähls doch
ganz Frankfurt, lass es anschlage am Römer
„Der Krall, der hat genug, kommt bei un stehlts em!"

MARTIN. Ich hab doch nur gemaant: genug zum Lebe.

KRALL. Wovon soll ich dann lebe, wenn mei Kinner
die Mäus mit volle Händ nauswerfe. Du!
Wie du erumläufst ...

MARTIN.   Wie lauf isch erum?

KRALL. Erausgebutzt wie einer von un zu!
Die Bännel, Schlippcher, Franse, die Perick.

MARTIN. Alles vom eichne Geld.

KRALL.   Vom eichne Geld?

MARTIN. Ich war in Homburg un hatt Glück beim Spiel.

KRALL.
Ich glaubs ja net, mein Sohn hat Schodder!
Wie lege mers dann an? Ich könnt dir Aktie
empfehle, Schuldbabiere beigemischt,
e Staatsanleih, nur net von Sachsen-Anhalt,
die sinn bankrott. Was meinste?

MARTIN. Ich habs schon angeleescht. In mei Klamotte.

KRALL. Des is net angeleescht, des is enausgeschmisse!
Dei Seidestrimpf, dei Kalbsfellstiefelcher,
versilwert brächte die en stolze Zins
im Jahr, loss mich mol rechne ... hunnertfünf ...

ELISE. Herr Vater, schwätze mir doch von was annerm.
Schenke Sie uns Ihr Ohr ...

KRALL.   Verschenkt wird niks.

MARTIN. Mir müsse Ihnen was sage ...

KRALL. *Da fällt es ihm ein.*   Ich euch aach!

114

Michael Quast (Herr Krall), Katerina Zemankova (Elise) und Philipp Hunscha (Martin).

MARTIN. Es geht ums Heirate.

KRALL.   Gehts bei mir aach.

ELISE. Ei wie?
Beide erschrecken.

KRALL.   Was guggt ihr dann alls so verdattert?

MARTIN. Verdattert? Wir doch net ...

ELISE.   Wir frage uns nur,
ob der Herr Vadder einverstande is
mit unsrer Wahl.

KRALL.   Ei sischer doch. Ich hab
sie ja für euch getroffe. Viel zu lang
liejt ihr mir auf dem Säckel. Fange mer
von vorn an. Martin ...

MARTIN.   Ebe kommts ...

KRALL.   Kennste
ganz aus der Näh des Frollein Marianne?

MARTIN. *Sehr erstaunt.*
Ob ich ... du maanst ... da Töngesgass ... unn links ...

KRALL. Unn Fahrgass rechts ... genau. Wie findste die?

MARTIN. E goldich Mädche, Anstand hat se aach ...

KRALL. Die möcht mer doch gleich nemme?

MARTIN.   Ja doch, Vadder.

KRALL. Bedenke macht mer nur: die hot rein gar niks.

MARTIN. Wen juckt des?

KRALL.   Mich! Wo komme mer sonst hie?
Ins Armehaus! Vorerst drück ich e Auge zu,
ich hoff, sie kratzt noch was zusamme.

MARTIN. Wie edelmütich Vadder, vielen Dank.

KRALL. Ich nemm se so.

MARTIN.   Sie nemme wen?

KRALL.   Die Marianne.

MARTIN. Die Marianne? Sie? Pardon, mir wird
grad ibbel. Ich muss mich hielege ...
Er geht schnell ins Haus ab.

KRALL. Jugend von heut. Verweichlichte Bagaasch.
Der Dappes dät kei abkriege ohne mich:
Ich hab e Witwe für ihn aufgedan,
die hat des Zeuch – in bar unn in Papiern –
en Mann glücklich zu mache. Weil mer grad
uff der Chaussee sinn: Du nimmst den Herrn Gutwirt.

ELISE. Herr Gutwirt? Is das der ...?

KRALL.   Gebildet, groß,
warmherzich, noch kaa sechzich un vor
   allem:
stinkreich! Mir sinn uns einich. Freuste
   dich, mein Kind?

ELISE. Ich hab wie immer schuldichen Respekt,
Herr Vadder, nur wenns recht is: heirate
werd ich den net.

KRALL.   Respekt gege Respekt,
Elise, nur wenns recht is: heirate
werste den doch!

ELISE.   Ich bin ihm sehr verbunde
dem Herrn Gutwirt, Sie gestatte trotzdem:
dass ich den net heirate!

KRALL.   Ich bin em aach verbunde
dem Herrn Gutwirt un gestatte deshalb:
heirate wirste ihn heut abend!

ELISE.   Heut?

KRALL. Es wird ja Zeit. Gugg dich nur aa, wenn dich
net hurtig einer nimmt, biste verblüht.

ELISE. Ich heirat net.

KRALL.   Du heiratst doch!

ELISE.   Ei, naa!

KRALL. Ei doch!

ELISE.   Naa!

KRALL.   Doch!

ELISE.   Naa!

KRALL.   Doch!

ELISE.   Naa!

KRALL.   Doch!

ELISE. Ich bring mich um!

KRALL.   Des unnersaach ich dir!
Gibts des? E Tochter, die ihrm Vadder droht?

ELISE. Gibts des? En Vadder, der sei Tochter
verscherbelt wie en alde Hut?

KRALL.   Verscherbelt?
Ferz unn Knepp! Es is e Mordsgeschäft!
Walter kommt aus dem Haus.
Da kommt Herr Walter. Der soll sage,
wer von uns zwei im Recht ist.

ELISE.   Aber gern!

FERZ UNN KNEPP! ES IS E MORDSGESCHÄFT!

Erster Akt – Siebte Szene
Herr Krall. Elise. Walter.

KRALL. Herr Walter, komme Se nur bei. Sie misse
entscheide, wer von uns zwei Recht hat.

WALTER. Ei, Sie, Herr Krall.

KRALL.   Wie könne Sie des wisse?

WALTER. Recht habbe is bei Ihne angeborn.

KRALL.
Schee ausgedrückt! *Zu Elise.* Du siehst, er is neutral.
Die Sach is die: Isch hab en Mann für sie
erwählt, die Krott is mer so undankbar
un will ihn net! Was sage mer dazu?

WALTER. Was sage mer dann da? Sie habbe Recht
un sie hat aach net Unrecht.

KRALL.   Wie dann des?
De Anselm Gutwirt is en Hauptgewinn:
en Mann mit Grundsätz un mit Grundbesitz,
sei Kinner sinn verscholle oder dod.

WALTER. So wünscht mer sichs. Nur, weil es um den Bund
fürs Lewe geht – was sagt Elisens Herz?

KRALL. Herz? Ferz! Hab isch das eigentlisch erwähnt:
Er nimmt sie ohne Mitgift!

WALTER.   Ohne Mitgift?
Des is e Argument! Mer sollt nur eins
vor so em Schritt bedenke ...

KRALL.   ... ohne Mitgift.

WALTER. Gewiss. Doch so e traute Zweisamkeit
gelingt nur mit Gefühl unn ...

KRALL.   ... ohne Mitgift!

WALTER. Des is e Glück, das erst vollkomme wird,
wenn zwei in Liebe, stillem Einverständnis
sich treffe un des alles ....

KRALL.   ... ohne Mitgift!

WALTER. Jetz fällt mer niks mehr ein.

Nickel schaut um die Ecke beim Garten, Herr Krall erschrickt.

KRALL.   Hättste die Kränk!
Mei Batze! Hats da ewe net gescheppert?
Ich seh kurz nach, mir spreche uns gleich weiter.

*Er läuft nach hinten, um nachzusehen, ob alles unverändert ist,
dabei beobachtet ihn Nickel.*

WALTER. Mei Liesche ...

ELISE.   Niks „mei Liesche". Widderlich.
Wie du der Krämerseel noch schmeichele tust.
Ich hab gemeint, du hältst zu mir ...

WALTER.   Isch hald
zu dir. Dein Vadder kriegt mer nur am Wickel,
wenn mer zu allem Ja un Amen sagt.

ELISE. Dann bin ich morje früh Frau Gutwirt. *Sie heult los.*

HERR KRALL. *Kommt von hinten unbemerkt.*
Keiner do. Dabei hätt ich geschworn ...

ELISE. Ich hab so Ängst.

WALTER.   Wenn alles annere
niks hilft, brenne mir durch! Em solche Vadder ... *Bemerkt Krall.*
muss mer pariern!

KRALL.   Was mache Sie mit ihr?

WALTER. De Kopp zurechtsetze! Sie is so störrisch.
Isch müsst ihr weider die Levite lese,
am beste annerswo, uff ihrem Zimmer.

KRALL. Nemmse nor düchtich ins Gebet! Ich muss
kurz fort, es geht um Geld.

WALTER. *Redet auf Elise ein, er geht mit ihr derweil ab.*
                    Da sehe Sies!
Im Lewe gehts um Geld. Mehr Poesie
als alle Liebesschwüre dieser Welt
besitze die vier Silbe: ohne Mitgift!

KRALL. *Sieht ihm nach.*
Wie wahr des is unn auch wie schee. Mich wunnert,
dess einer, der so denke kann, niks hat.
Wärn nur mein Kinner auch so, müsst ich se
net alsfort zwinge zu meim Glück.

Er geht ab. Nickel, der kurz verschwunden war, taucht wieder auf.

Zweiter Akt – Erste Szene
Nickel. Martin.

Nickel beäugt den Garten, Martin kommt aus dem Haus.

MARTIN. Nickel! Wo steckste dann die ganze Zeit?
Was wird aus dem Kredit? Die Laache is ernst:
Mei Vadder spuckt mir die Supp.

NICKEL.   Wie des?

MARTIN. Er will mei Mädche heirate.

NICKEL.   Die Sau!
Dass so aaner Gefühle hat, is widder
die Nadur.

MARTIN. Ich muss die Eh verhinnern
oder fortlaufe mit der Marianne.
Beides kost Geld: Was wird aus dem Kredit?

NICKEL. Es wird was. Kennese de Dressel?

MARTIN.   Naa.

NICKEL. En Makler für Kredit unn Sonsdiches,
der hot uns aan gefunne, wo drei dausend
Dukade leiht.

MARTIN.   Un wen?

NICKEL.   Des bleibt e Rätsel.
Der Herr verschweicht seinn Name, will sich treffe
mit Ihne innem leere Lagerhaus.
Er dräächt e Maske, Sie e Gänseblümche.
Da misse Sie die Hose runnerlasse …

MARTIN. Des aach noch?

NICKEL.   Wer Sie sinn unn was Sie notfalls
als Sicherheit ihm biete. Sage Sie
nur, wer Ihr Vadder is, des müsst ausreiche.

MARTIN. Wann is das Treffe?

NICKEL.   Heut.

MARTIN.   Un wo?

NICKEL.   Am Maa.
Des Lagerhaus steht an der Alten Brick …

MARTIN. Ich kenns. Des Bliemche noch …

NICKEL.   En Aucheblick.
Zieht ein Papier hervor. Hier de Verdraach: es gibt Bedingunge.

MARTIN. *Stöhnt.* Lies vor.

NICKEL. „Der Darlehensgeber, hinfort Darlehensgeber
genannt, gewährt dem Darlehensnehmer, hinfort Darlehensnehmer genannt, ein verzinsliches Darlehen in Höhe von
3.000 Dukaten."

MARTIN. Bis dadehin, maan ich, ich hätts verstanne.

NICKEL. „Um sein christliches Gewissen nicht zu belasten,
gewährt der oben so bezeichnete Darlehensgeber das
Darlehen zum effektiven Zinssatz von 5 Prozent."

MARTIN. Nur fünf Prozent? Des is jo nachgeschmisse.

NICKEL. „Da jedoch der weiterhin so bezeichnete Darlehensgeber nicht über die genannte Summe verfügt, muss er sie
zum marktüblichen Zins von 20 Prozent aufnehmen, welche
Zinslast der Darlehensnehmer zusätzlich zu übernehmen hat".

MARTIN. Des macht ja 25! Halsabschneider!
Bluudsauger! Lump!

NICKEL.   Des hab ich aach gesaacht.

MARTIN. Wär nur mei Lage net: Isch unnerschreibs!

NICKEL. Des hab ich aach gesaacht.

MARTIN.   Komm, gehe mer.

NICKEL. Da is noch ebbes Klaagedruggtes. *Liest wieder.*
„Derweil der immer noch so bezeichnete Darlehensgeber
nicht in der Lage ist, die gesamte Summe in bar aufzubringen,
erklärt sich der Darlehensnehmer willens, die folgenden
Sachwerte an Geldes statt zu übernehmen."

MARTIN. Was soll des?

NICKEL. „Ein fünffüßiges Kanapée, Eiche rustikal, eine
spitzengeklöppelte Paradedecke sowie ein ziseliertes
Bettgestell mit handgepunzten Ornamenten aus der
Sossenheimer Werkstätte, alles in einwandfreiem Zustand."

MARTIN. Will der misch uze?

NICKEL. „Des weiteren eine Stofftapete, auf welche die
Geschichte von Brotzlinde und Holzmichl gestickt ist, sowie
weitere Motive aus der oberhessischen Sagenwelt, ein original
Gelnhäuser Bauernschrank mit aufgemalten Fachwerkintarsien".

MARTIN. Was fang ich an mit dem Gelerch?

NICKEL. „Des weiteren fünf Schwälmer Wandbretter mit
heiteren Lebensweisheiten, ein originell geformter Asche-
becher aus Lauterbach."

MARTIN. Den kann er sich sonstwohin stegge!

NICKEL. „… ein Dudelsack mit allen Pfeifen bis auf eine, eine
ausgestopfte Bisamratte, sowie ein Satz Bembel in diversen
Größen. Die Gegenstände besitzen einen Marktwert von
tausend Dukaten, der Darlehensgeber überlässt sie aus
Großzügigkeit für 500."

MARTIN. Kaa Hunnert krieg ich für den ganze Kerschel!
Der Wucherer steeßt sich an mir gesund!
Gibts uff der Welt noch so e arme Sau
wie mich?

NICKEL.   Aa? Hunnerte. De Schneider Erwin
aus der Klaa Fischergass, der hots gemacht
wie Sie: Schulde gemacht, um Schulde zu bezahle.

Deuer uff Pump gekaaft und billich verkaaft.
Der hot sei Korn vom Halm gefresse, eh es
noch reif war. Jetz isser bankrott.

MARTIN. Was soll ich mache, wenn der Vadder niks erausrückt?

NICKEL. En Schuldemacher un e Sparbrödche:
Mit der Famillje nimmts kaa gutes End.

MARTIN. Verfluchter Geiz, du frisst mei Lewe uff!

NICKEL. *Fröhlich.*
Den Geizhals und das fette Schwein
sieht man im Tod erst nützlich sein.

MARTIN. Des hab ich net gesagt!

NICKEL.   Abber gedacht.
Ich kanns verstehn, es reicht ihrm Vadder net,
selber en schlechte Kerl zu sein, er muss
die Schlechtichkeit in annern aach wachkisse.
Nemme Se mich: e ehrlich Haut bin ich.
Kaa werklich krumme Dinger, Bagatelle,
abber den Fennichfuchser dät ich gern
bestrenze, ausnemme wie e Weihnachtsgans!

MARTIN. Des übberlebt der net.

NICKEL.   Dann wärs ja aach
in Ihrem Sinne.

MARTIN.   Hör mir uff devon.
Mir müsse fort. E Gänsebliemche her ...
*Er steckt sich eine Blume ins Knopfloch, Herr Krall kommt
aus dem Haus, mit ener Maske, er sieht sich um.*
Was is dann des?

NICKEL.   Ich glaab, ich glaabs net ... *Er verdrückt sich.*

Zweiter Akt – Zweite Szene
Nickel. Martin. Herr Krall.

MARTIN. Vadder! Du mit der Maske?

KRALL. Martin! Du mit dem Gänsebliemche?

MARTIN. Du bist der Bludhund mit dem Wucherzins?

KRALL. Du bist der Worschtfettkopp, der sich druff eilässt?

MARTIN. Schamlos an fremder Not schmarotze, pfui!

KRALL. Kopplos em Fremde Geld nachschmeiße, pfui!

MARTIN. Dei Gier geheert bestraft.

KRALL.   Dei Dummheit erst!

MARTIN. Mit solche Schlich Dukate raffe! Schäm dich!

KRALL. Was meinste wo dei Erbdeil
        herkommt, das du
   Geier erwartest? Nur von dene Schlich.
   Schäm dich, die Batze, die dein armer
        Vadder
   redlich erworbe hat, so zu vergeude!
   Un mach dich fort! Sonst wirste gleich
        enterbt!

MARTIN. Ich geh un komm vielleicht nemmer zerick!
Er geht ab.

KRALL. Was e Blamaasch! Von mir hat er das net!
Schad, das Geschäft is mer entgange, dafür
weiß isch, wie mich mei Kinner hintergehe.
Die Einsicht is auch Geld wert! Gottseidank
wisse die niks vom Kästche da im Garte. *Er blickt zum Garten.*
Wenn mer sich da nur sischer sein könnt ...
Er läuft wieder hin. Madam Sofie tritt auf.

SOFIE. Herr Krall!

KRALL.   En Aucheblick.

*Er verschwindet nach hinten und geht in den Garten,
Nickel von der anderen Seite auf.*

Zweiter Akt – Dritte Szene
Madam Sofie. Nickel.

SOFIE. *Sieht und erkennt ihn.*
Nickel! Ei wie denn immer, alter Stromer?

NICKEL. Madam Sofie! Was machste dann als so?

SOFIE. Was ich am beste kann. Die Leut verkuppele.
Was lose hängt, wird von mir zugebennelt.
Die Gabe hat der Herrgott mir gegebe,
ich dank defür, es reicht zum Lebe.
Un du?

Du bist der Worschtfettkopp, der sich druff eilässt?

Nickel, der Diener im Hause Krall, gespielt von Matthias Scheuring.

NICKEL. Ich bin hier Diener bei den Kralls.

SOFIE. Mit dem Herrn Krall bin isch gud im Geschäft.

NICKEL. Mit dem Herrn Krall?

SOFIE. Ei, warum net?

NICKEL. Wart nur.

SOFIE. Wenn ich e Bäumche schüttel, werfts was ab.

NICKEL. Hier wird niks abgeworfe, nix gegebbe.

SOFIE. Is de Herr Krall e bissche geizich?

NICKEL. Geizich?
Wenn dem e Haar ausfällt, bewahrt ers uff.
Der rennt dir aus der Kirch vor der Kollekte,

dass er niks gebbe muss. Das Wörtche „gebbe"
hasst der so sehr: der gibt dir net die Hand,
der leiht se dir für Zins.

SOFIE. En harter Brocke.

NICKEL. Granit is Knetmass gege den Herrn Krall.

SOFIE. In eim Punkt wern se alle weich: die Liebe.

NICKEL.
Des stimmt. Der dät dir in e brennend Haus neirenne, wenn
en aanzicher Grosche nur
zu rette wär. So sehr liebt er sei Geld.

SOFIE. Du machst mich neugierig, des wird en Spass.

NICKEL. Ich lass euch zwaa allaa. Viel Glück, du brauchst es.
Er geht ab.

Zweiter Akt – Vierte Szene
Madam Sofie. Herr Krall.

KRALL. Noch alles da – was mich des Nerve kost!

SOFIE. Herr Krall, de Frühling kimmt.

KRALL. Ei wo?

SOFIE. Ei da. *Sie zeigt auf ihn.*
Sie sehe blendend aus, so frisch unn grün.

KRALL. Grie seh ich aus?

SOFIE. ... ich maan so „jung".

KRALL. Wie des?
Ich hab mei 60 Jahrn schon uffem Buckel.

SOFIE. Da habbe sie die besten ja noch vor sisch.
Sie nimmt seine Hand. Zeisches se nur mal her. Gibts des?
Sie zeichnet die Lebenslinie von der Hand weiter.
Die Lebenslinie reicht glatt bis zum Bobbes.
Sie wern mer hunnertzwanzisch oder mehr!
Dodschlaache muss mer Sie am End. Sie bringe
noch ihre Kinneskinner unner die Erd!

KRALL. Da däte se dumm gugge aus der Wäsch,
Erbschleicherblas! Mei Geld unn ich, mir zwei,
mir überlebe alle! Läuft die Sach,
mit meiner Braut?

SOFIE. Herr Krall, isch bin vom Fach!
Wenns nödich wär, verkuppel ich den Kaiser
von China mit der Christel von der Post.
Der Mudder hab ichs kurz verzählt, wie Sie
die Klaa gesehe unn beschlosse habbe:
Die is mir.

KRALL. *Zupackende Geste.* Hähä! Un sie?

SOFIE. „Wenn so en brave Herr mei Marianne
begehrt" maant sie, „soll er sie habbe". Ich
sag ihr, Sie habbes eilig, sie sagt: „Nemme
Se sie nur mit, ich hab Verdraue in Sie".
Am Nachmiddaach bring ich sie her zu Ihne.

KRALL. Des basst, da kommt auch der Herr Gutwirt,
der kriejt mei Liese. Ein Verlobungsmahl
statt zwei, schon widder was gespart!
Da könne sisch mei Dochter un mei Braut
gewöhne anenanner. Uff die Dippemess s
chick ich die zwei, sie krieje auch de Wage.

SOFIE. Herr Krall, wie großzüüchich von Ihne.

KRALL. Nur kaa Beleidichunge! Komme mer
zum Finanzielle. Kaa Heirat ohne Mitgift.
Die Mudder derf sich da net lumbe lasse!

SOFIE. Fünfdausend Dhaler bringt die Klaa im Jahr
mit in die Eh.

KRALL. Ich hab gemeint, sie hot niks.

SOFIE. Isch maan, sie braucht niks. En Salad mit Quark,
e halb Kardoffel, mehr kriejt die net nunner.
Kaa Bethmännche, kaa Bralinée, kaan Kuche,
Sie spare dademit eindausend Dhaler.

KRALL. Lieber wärs mer, ich hätt se in der Dasch.

SOFIE. Ihr Uffzuuch, so bescheiden: Kittelschürzche,
e Häubche, e paar Arbeitsschuh. Kaa Franse,
kaa Bännelcher, kaa Seidestrimpf, kaa Perle.
Sie spare dademit zweidausend Dhaler.

KRALL. Die hätt ich sowieso net ausgegebbe.

SOFIE. Sie trinkt net, raucht net, spielt aach nur Maumau
um Knepp. E anner hat im letzte Jahr
zwaadausend Dhaler verspielt. Der Mann musst bleche.
Sie spare die zwaa Dausend, die für Kleider,
eindausend noch fürs Esse, macht zusamme fünf.
Ei, is des e Partie?

KRALL. Es is mehr Theorie.
Habbe die niks, was mer aapacke kann?

SOFIE. Die Mudder sächt, es gäb noch annerswo
Vermööche.

KRALL. Annerswo is zu weit fort.

SOFIE. Kommt Zeit kommt Geld. Sie habbe ja noch Zeit.

KRALL. *Wieder geschmeichelt.*
Ich unn mei Geld, mir überlebe alle!
Aans noch, es is ja net so wichdich, abber
hat mich die Klaa aach gern? Die junge Leut
gugge ja oft nach annere junge Leut ...

SOFIE. Die Marianne? Hat die junge Hipper
gefresse, die verachtet alles,
was kaa graue Haar, kaa Falde hat.
Drei Monad isses her, da wollt se einer
heirade, uffm Standesamt stellt sich

eraus: er is erst 56 Jahr,
kann de Verdraach noch lese ohne Brill!
Die Marianne is empeert: „Ich wollt
en Mann, kaa Kind" brillt se und schickt ihn haam.

KRALL. Des is jo ungewehnlich.

SOFIE.   Was maane Se,
was die für Bilder an der Wand hat?

KRALL.   Gäule?
Des habbe se oft.

SOFIE.   Kaa Gäule, Greise! Nestor,
Methusalem un Goethe, de Alde nadürlich.

KRALL. Ich dät als Mädche aach kein Junge nemme.
Grieschnäbbel, ...

SOFIE.   Milchgesicher ...

KRALL.   Biebche ...

SOFIE.   ... Griebche!

KRALL. Och Gott, die Stimmche ...

SOFIE.   Näs-che!

KRALL.   Wängelche!
Die Ramschwar der Natur! Kaa Kraft! Kaan Saft!

SOFIE. Wemmer dageeche Sie aaguggt – die Haldung ...
Die Würde, wie Sie schreiten. Do fehlt niks.

KRALL. Ich hab nur allsemal en trockene Husten. *Er hustet.*

SOFIE. Sie huste ungemein charaktervoll.

KRALL. Hat mich die Marianne schon gesehe?

SOFIE. Ei ja! Im Geist. Ich hab der Klaa Ihr Vorzüüch
lebhaft beschribbe, Ihren Wuchs, Ihr Bildung ...

KRALL. Sie habbe Ihr Sach gut gemacht, Sofie!

SOFIE. Ergebensten Dank, Herr Krall! Ich hätt nur noch
e Bitt. *Er versteinert.* Ich hab da en Prozess am Laafe,
wenn ich verliere, bin ich bankrott, bedenke Se ...
Sie schwenkt wieder um. Bedenke Se doch nur, die Klaa,
wenn die sie sieht, die hippt vor Freud im Dreieck!

KRALL. *Taut wieder auf.* Des is ja schee ...

SOFIE.   ... und schee wärs aach,
wenn Sie mer helfe däte. *Er versteinert.* Wenn Sie wüsste ...
Ei, wenn Sie wüsste, wie die Marianne
sie gern hat und sich uff die Hochzeit freut!

KRALL. Un des is Ihr Verdienst. Wie soll mer des
belohne?

SOFIE.   Hunnert Dhaler bräucht ich nur.

KRALL. *Geschäftsmäßig.* Adieu, ich muss noch ebbes nachgugge.

SOFIE. Herr Krall, es wär mer so e Hilf ...

KRALL.   De Kutscher
muss instruiert wern, wege der Dippemess.

SOFIE. Ich däts ja net verlange, wenn ...

KRALL.   Das Esse
is aach noch net geplant.

SOFIE.   Sie glaabe net ...

KRALL. Ich glaab, ich muss jetzt fort. Bis späder.
Vergesse Se mei Braut net, Madam Sofie. *Ab.*

SOFIE. De Schlaach soll dich erschlaache, Geizhals! Knicker!
Der Kerl is ganz aus Staa unn dicht vermauert.
Ich babbel mer do Franse, für die Katz!
Warts ab! Du gibst mer niks? Dann hol ichs mer
woanners. Flenne wirste, wenn mei Kunst
sich geeche dich verschwört! Des glaabste mer!
Wütend ab, Nickel sieht ihr grinsend nach.

Dritter Akt – Erste Szene
Herr Krall. Nickel. Martin. Elise. Walter. Meister Jacques.

*Alle sind versammelt, um die Befehle für das Fest entgegen-
zunehmen, Herr Krall hat Lappen, Schwefelholz und Livrée zur
Hand, Jacques seine Berufstrachten.*

KRALL. Seid er all da? Mir krieje leider Gäste.
Ihr wisst, wodruff es bei em Gastmahl ankommt?

JACQUES. Uffs Esse?

KRALL.   Falsch!

WALTER.   Uffs Spare!

KRALL. Guder Mann!
E unsinnich Diktat der Höflichkeit
nötigt mer Koste uff, um fremde Leut
zu füttern. Helfe müsster mir, de Schade
gering zu halte. Wo sinn mei Diener?

JACQUES. Entlasse biss uff aan.

KRALL. Des Stubemädche?

JACQUES. Hat aach de Laufpass kriejt.

WALTER. Mir musste sparn.

KRALL. Sehr wahr! Der Nickel übbernimmt des Butze.
Gibt ihm einen Lappen.
Nur net so stark geriebe, dess die Diele
sich abnutze, sonst zieh isch ders vom
   Lohn ab!

NICKEL. *Freundlich, leise.*
Hättste die Kränk am Hals.

KRALL. *Gibt ihm ein Schwefelholz.*
Damit steckste die Kerze an, aans reicht.

NICKEL. Unn wenn ich zwaa brauch?

KRALL. Zieh isch ders vom Lohn ab!
Reicht im die Livree.
Des trägste beim Serviern.

NICKEL. *Betrachtet die Livree. Am Arsch ... Zeigt es.* isses zerrisse.

WALTER. Dann drehe Sie sich so, dass mers net sieht.

Nickel entfernt sich.

JACQUES. *Richtung Walter.*
Der könnt sich auch so drehe, dass mer ihn werklisch net sieht?

KRALL. Die Ruh! Was ihr mich Nerve kost!
Des zieh ich euch vom Lohn ab! Elise!

ELISE. Vadder?

KRALL. Du hilfst mer in der Küch, de Ebbelwoi verdinne.

JACQUES. *Ironisch.*
Gespritzt is auch gesünder. Pur säuft nur die Volleul.

KRALL. *Zu Elise.* Was abgedraache wird, packste gud ein.
Die Reste gehe zurück.

GESPRITZT IS
AUCH GESÜNDER.
PUR SÄUFT
NUR DIE VOLLEUL.

ELISE. Verstanne, Vadder.

KRALL. Am Nachmiddaach fährste mit meiner Braut
zur Dibbemess. Sei mer ja geistreich, net
so e Drahnfunsel wie sonst!

ELISE. Ich geb mer Müh!
Sie geht wütend ab.

KRALL. *Zu Martin.*
Mein, Sohn, dei Dummheit un dei Frechheit sinn
verziehe, wenn du dei Aufgab heut erfüllst.
Kaa Fress zu ziehe, wenn mei Braut erscheint.
Heiß Sie willkommen im Familiekreis,
sei nett zu ihr ...

MARTIN. Des will ich gern verspreche. *Ab.*

KRALL. So isses Recht. Mei Kinner hörn
   uffs Wort.
Meister Jacques!

JACQUES. Wen maane Se, de Koch
oder de Kutscher?

KRALL. Wo is dann de Kutscher?

WALTER. Entlasse wege Kostetreiberei.
Die Aufgab hat der Jacques mit übbernomme.
Jacques holt die Kutschermütze hervor.

KRALL. Zuerst de Koch!

JACQUES. *Setzt die Kochmütze auf.* Herr Krall!

KRALL. Was gibts dann Feines
zum Atzele, zum Schnabuliern?

JACQUES. Was gibts dann Feines
zum Einkaufe?

KRALL. Was meinste?

JACQUES. Geld.

KRALL. Geld Geld Geld Geld! Hier denke alle nur
ans Geld!

JACQUES. Für gudes Geld gibts gude Supp.

WALTER. Für Geld zu koche is kaa Kunst. Der Meister
zaubert ein Göttermahl mit knappen Mitteln,
denn in der Kürzung liegt die Würzung.

KRALL. Guder Mann.

JACQUES. *Reicht Walter seine Kochmütze.*
Der kann für kaa Geld koche, bidde sehr.
Was gibts dann, Flöh in Mückefett geschmolze?

KRALL. *Nimmt die Mütze und gibt sie Jacques zurück.*
Uffhörn, Sie sinn der Koch, was esse mir?

JACQUES. Ei, Worzelbrieh, Grie Soß un Bretzelcher ...

KRALL. Grie Soß un Bretzelcher? Soll dann ganz Frankfort
mitfresse?

JACQUES. ... Hammelbrate mit Gemies ...

KRALL. Der kocht mich an de Bettelstab!

WALTER. Der schämt sich net, sei Gäst zu mäste wie die Säu!
Mer wisse doch, wie ungesund des is.
„Aa aanzcher Muffel iwwer Noth,
bracht manchem Mensche schon de Dod."

KRALL. Vom Goethe?

WALTER. Naa, vom Stoltze!

KRALL. Auch en gude Mann!

WALTER. Ich übernemm die Einkäuf,
   Meister Jacques,
mir kaufe nur was billich is un stoppt.
Dickworz, Mehlbabsch, Worschtsopp,
Kardoffel ...

KRALL. So wirds gemacht.

JACQUES. Derf ich als Koch ...

KRALL. Herr Kutscher!
Jacques wechselt hastig die Kopfbedeckung.
Mei Dochter fährt mit meiner Braut enaus
zur Dippemess. Drum spanne Se die Gäul an ...

JACQUES. Herr Krall, pardon, die Gäul lieje im Stall.

KRALL. Was gibt dann da erumzulieje uff mei Koste?
Uffstehe solle se.

JACQUES. Sie könne net,
net mal zur Zeit ziehn die de Waache noch.
Die brauche Futter.

SPARBREEDCHE, FENNICHFUCHSER, FURZKLEMMER, GROSCHEPETZER ...

KRALL. De Stecke brauche se!

JACQUES. Dagege sträubt sich mei Gewisse!

WALTER. Wenns ans Verschwende geht, sträubt sei Gewisse
sich wenicher.

JACQUES. Was blase Sie sich uff?

WALTER. Was blase Sie sich uff?

KRALL. Ebe is Ruh!

JACQUES. Herr Krall, ich drüggs net länger fort. Der da,
die Schmaaßmick, wie die als um sie erumschwirrt,
uns schikaniert er, Ihne dhut er schee,
der Schmuslabbe. Wisse Sie dann net,
was mer in Frankfurt übber Sie so schwätzt?

KRALL. Was schwätzt mer dann?

JACQUES. Sie wern mer doch nur bees.

KRALL. Ei, Ferz! Mer muss doch wisse, was die Leut
so schwätze, aach wenns eim egal is, gell?

JACQUES. Sie kreische net? Sie haache mich aach net?

KRALL. Woher dann, babbel los!

JACQUES. Mer nennt Sie geizig.

KRALL. Weider niks?

JACQUES. Sparbreedche, Fennichfuchser,
Furzklemmer, Groschepetzer ...

KRALL. Weider niks?

JACQUES. Jedwede Schlechtichkeit uff derer Welt
wird Ihne zugedraut: in de Kalender
däte Sie Fastendaach mit Hand eindraache,
um es Gesinde korz zu halde, däte
es ganze Jahr de gleiche Rock aaziehe,
unn wenn er miffelt, werd er umgedreht!

KRALL. Nur weider so.

JACQUES. Sie hädde aach e Kätzche
verhafte lasse, weils vom Middachsdische
Baa vom Hinkelche gestohle hätt.

KRALL. Sie hats gestanne vor Gericht. Nur weider ...

JACQUES. Ihr Kutscher hädde Sie erwischt, wie Sie des Stroh den Gäulen fortgefresse hädde. Ganz Frankfurt lacht sich schepp über den alde Filz, Knauser, Knicker, Allmei, Geizhals!

KRALL. *Geht mit einem Stock auf Meister Jacques los.* Stinkstibbel, Lüücheoos, Dreckschipp, Läuszippel!

JACQUES. Hilfe! Ich habs gewusst, Sie wern mer bees. Die Wahrheit wolle Sie net heern, Herr Krall.

KRALL. Die Wahrheit kannst du uff deim Buckel lese. *Er schlägt Jacques im Takt.* Die Wahrheit is, wenn einer sei Vermöge, un wärs auch noch so klaa, zusammehält, hängt ihm die neidisch Blas en „Geizhals" an. Un glaubt, er schwimmt im Gold. *Er erschrickt.* De Schlaach! Mein Gold! Ich muss korz nachm Rechte gugge ... *Er wirft den Stecken weg, geht zum Garten.*

Dritter Akt – Zweite Szene
Jacques. Walter.

Meister Jacques reibt sich den Rücken.

WALTER. Wie saacht mer? „Ehrlich dut am längste weh."

JACQUES. Lach net, Eneigeblackter. Was gehts dich an, wenn ich mei Schmiss krieg vom Herrn Krall.

WALTER. Was geht mich denn was an?

JACQUES. Wenn du von mir dei Schmiss kriejst. *Nimmt den Stock.*

WALTER. Nur kaa Uffregung!

JACQUES. *Geht auf Walter los.* Ich reech mich gar net uff, ich haach der ganz gemiedlich uff die Huck.

WALTER. Mein lieber Jacques ...

JACQUES. Der liebe Jacques wohnt um die Ecke, hier wohnt der beese Jacques mit seinem Stecke!

WALTER. Den Stecke lass doch stecke.

JACQUES. So en Stecke is net zum Steckelasse. *Geht zum Angriff über.* Wagst du es, den Jacques zu necken? Sieh dich vor, du Hannebambel, schon erheb isch meinen Stecken, un beim nächsten Hieb gibts uff die Ambel! *Walter nimmt ihm den Stecken weg.* Mein Stegge! Her demit!

WALTER. Du nennst mich „Eigeblackter", Küchenschabe? Isch black ders ei! *Schlägt Jacques.*

JACQUES. Aua! Es war nur Spass!

WALTER. Isch mach doch auch nur Spass! Was haste dann, du lachst ja gar net ...

JACQUES. Hilfe! Aua! Mörder!

WALTER. Des war die ei Hälft von dem Spass, die anner gibste der selber. Ich hab zu dun. *Er lässt den Stock fallen.*

JACQUES. *Verzweifelt.* Im Lebe will ich nemmer ehrlich sein, isch schwörs. Bedrüge will ich, heimlich dun, ferchderlich Rache nemme an dem Wullewatz! *Er nimmt den Stock. Sofie kommt mit der ängstlichen Marianne.*

Dritter Akt – Dritte Szene
Jacques. Madam Sofie. Marianne.

SOFIE. *Redet auf Marianne ein.* Nur Mud; mein Kind, mer wird Sie net gleich fresse ...

JACQUES. *Geht wütend mit dem Stock auf die beiden zu.* Mach deine Rechnung mit dem Himmel, Schwammbacke!

Marianne schreit auf, aber Jacques torkelt an ihr vorbei.

SOFIE. *Ungerührt.* Sag dem Herrn Krall, sei Braut wär da ...

Dritter Akt – Vierte Szene
Madam Sofie. Marianne.

SOFIE. Was gugge Sie so blass, is Ihne net wohl?

MARIANNE. Isch hab so Ängst, als ging es zum Schafott. Schon streckt der Dod sei Knochefinger aus.

SOFIE. Sie kenne den Herrn Krall schon?

MARIANNE. Nein, woher?

SOFIE.
Ei, die Beschreibung basst. Der junge Herr
von neulich war da appetitlicher,
net wahr?

MARIANNE. Wie der misch angesehe hat.
Wies da gekribbelt hat ...

SOFIE. Wie heißt er denn?

MARIANNE. Des weiß isch net.

SOFIE. Was wisse Se von ihm?

MARIANNE. Isch weiß: Er is ein liebenswerter Mensch.
Isch weiß: Ich dät ihn nemme, wenn ich dürft.
Isch weiß: Er macht mers doppelt, dreifach schwer,
die Vogelscheuch zu heirate.

SOFIE. Marianne!
Die junge Herrn sinn alle liebenswert,
charmant, adrett – nur arm wie Kirchemäus!
Die Liebe is kaa Glicksspiel, es gewinnt,
wer waaß, was Trump is: Greise mit Vermööche.
Der dätschelt sie e Jahr noch uff die Wang,
mehr geht ja net, un dut sein letzte Muckser.
Sie flenne korz, beerbe ihn, un suche
als batzenschwere Witwe sich en Junge,
der Sie Ihr erste Eh vergesse lässt.
Is des e Wort?

MARIANNE. Dass einer sterbe muss,
damit ich glücklich bin, nenn ich e Schand.

SOFIE. Ich nenn es e Geschäft.

MARIANNE. Was, wenn mein Mann
aus Trotz alls weiterlebt?

SOFIE. Des derf er net.
Mer schreibes in de Ehverdraach: er hod
im Laufe eines Jahres abzudrede.

MARIANNE. Ach, lieber soll der Dod mich selber hole.
Ich glaub, da kommt er.

SOFIE. Des is nur Herr Krall.

Herr Krall tritt auf, mit einer Brille.

MARIANNE. Die Brill, auwei, der ganze Kerl, herrje.

Dritter Akt – Fünfte Szene
Madam Sofie. Marianne.

KRALL. *Zeremoniell.* Mademoiselle Marianne:
Zwar säh mein Auge, wäre dies mein Wille,
auch unbebrillt die Schönheit Ihrer Hülle,
doch wie man erst durchs Glas der Sterne Fülle
erblickt, betracht ich meinen Stern: Durch diese Brille.

MARIANNE. *Bei sich.* Wie grauenvoll.

SOFIE. *Klatscht Beifall.* Ei sowas, de Herr Krall.
Gibts noch e Zugab?

KRALL. Na, mir gebbe niks.
Er lächelt die versteinerte Marianne an, zu Madam Sofie.
Mei Braut is net euphorisch. Habbe Sie net
gemeint, sie dät vor Lieb zu mir verplatzen?

SOFIE. Sie is e bissje schüchtern. Innerlich
verblatzt sie schon, sie kanns nur net so zeiche.

KRALL. *Nimmt Marianne in den Arm.*
Ach, werklich? Biste mer e Zimberlinche?
Sie müsse doch kaa Angst net habbe vorm Krall,
mei Grasäffche. *Elise tritt auf*
Ei gugge Se, da kommt
mei Dochter, sagt euch „guden Dach" ...

Dritter Akt – Sechste Szene
Die Vorigen. Elise.

MARIANNE. *Die beiden sind erstmal sehr steif.*
Fräulein Elise, sehr erfreut.

ELISE. Die Freude,
Fräulein Marianne, is ganz meinerseits.

KRALL. *Übermütig.* Mei Dochter is e bissje dormelich,
sie geht zu selde ausm Haus, mer siehts
am Ranze, gell?

MARIANNE. *Bei sich.* Der widerliche Kerl!

KRALL. Was maane Se, Herzbobbelche?

MARIANNE. Das Vieh!

MADAM SOFIE. Sie maant, sie is verrickt nach Ihne.

Martin tritt auf.

Marianne, Martins Geliebte, gespielt von Judith Niederkofler und Madam Sofie, eine Kupplerin, gespielt von Hildburg Schmidt.

KRALL. Ei, gugge Se, was e Geriss da is um Sie:
Mei Sohn kommt auch, um Ihne aufzuwarde.
Die ganze Prostemahlzeit is beisamme.

Dritter Akt – Siebte Szene
Die Vorigen. Martin. Später Nickel.

Marianne starrt Martin an.

MARIANNE. *Beiseite.* Madam Sofie, des isser ...

SOFIE.   Wer?

MARIANNE.   Ei der ...

KRALL. Mein Sohn, der Martin, auch nemmer ganz frisch.
Die Mensche sinn wie Äbbel in der Obstschal:
Was zu lang lieje bleibt, werd babbisch.

MARTIN. *Verbeugt sich.*
Fräulein Marianne, was für eine Überraschung.

MARIANNE. Die Überraschung is ganz meinerseits.

MARTIN. Mein Vadder hat als Braut Sie auserwählt.
Da dud er Recht dran, denn als Braut sinn Sie
die erste Wahl. Als Stiefmudder hingege,
bekenn ich ehrlich, sinn Sie ned mein Typ.

KRALL. De Schlag! Der Olwel hat mei Braut beleidigt.

MARIANNE. Isch bin net bös und möschte Ehrlichkeit
mit Ehrlichkeit bedanken: Denn auch ich
hab gege Sie kei Einwänd. Nur als Stiefsohn
sinn Sie mir net sympathisch, jeden annern
dät ich da eher nemme. Sie verzeihn.

KRALL. Chapeau, dem habbe Sies famos gegebbe!
Des haste der verdient, du Borschtekopp.

So dabbich gehste um mit Weibsleut wie mit
meim Geld. Gehts auch charmanter?

MARTIN. Gern.
Es wär als Bräutigam zwar Ihr Metier,
aber isch übernemms für Sie. Marianne:
Im Namen meines Vadders, hören Sie:
„Gibt es ein größeres Vergnüüchen,
gibt es mehr Seelichkeit auf Erden,
als in den Armen Sie zu wiechen,
als ‚Ihr Gemahl' genannt zu werden?
Wer dies von sich behaupten kann,
tauscht nicht mal mit dem reichsten Mann."

KRALL. Net überdreibe!

MARIANNE. Mir gefällts.

MARTIN. „Wer Sie begehrt, der is imstand,
die wildesten Entschlüss zu fasse:
Ich hab im Kopp so allerhand,
Sie könne sich dadruff verlasse."

KRALL. Ebe is gud.

MARTIN. Ich babbel doch für dich.

KRALL. Ich babbel für mich selber. Uffgebasst!
Der Wage is bereit, zur Dippemess
werd ausgefahrn, ich bidde um Pardon,
zu Trinke kann ich leider niks anbiete ...

MARTIN. Des hab isch auch an deiner Stell gedan.
E klaa Erfrischung hab ich komme lasse
*Er gibt ein Zeichen, Nickel bringt einen Wagen mit Obst,
Konfekt und Getränken.*
Orange, Birne, Bambelmus, Konfekt,
Bethmännche ...

KRALL. Was des widder kost!

MARTIN. Champagner!

KRALL. Des nenne die Erfrischung, ich krepier dran.

MARIANNE. Ich danke schön, s war doch ned nödich.

KRALL. Naa!

MARTIN. Mir lasse uns net lumpe, heut is Hochzeit.
Er nimmt die Hand seines Vaters und führt ihn zu Marianne.
Kommese, Vadder, nehme Sie ihr Hand!
Er erblickt den Ring an Kralls Hand.

Verhaach die Kist! Gugge Se nur, Marianne –
habbe Sie so en scheene Diamant
im Lewe schon gesehe?

KRALL. Haldemal ...

MARTIN. So nehme Sie den Ring doch in die Hand!
Er zieht ihn ab und gibt ihn Marianne.

KRALL. Was? Du Oos?

MARTIN. Betrachde Sie ihn grindlich!

MARIANNE.
Er leuchtet wie die Sonne, strahlend, feurig ...
Ganz wunnerbar ... *Sie will ihn zurückgeben,
Martin geht dazwischen.*

MARTIN. Behalde Sie ihn nur.
Er fühlt sich wohl in Ihren schönen Händen.
Der Diamant is sein Geschenk ...

KRALL. Verräder!

MARTIN. Der Stein sei eurer Liebe Unterpfand.

KRALL. Knäulkopp!!

MARTIN. *Zu Marianne.* Er meint, sie solle ihn behalde.

MARIANNE. Ich will ihn net ...

MARTIN. Des könne Se net mache.
Fuchsteufelswild wird er ...

KRALL. Dass dich die Krott petz!

MARTIN. Da sehe Ses, wie er vor Zorn verblatzt!

KRALL. Du Raweoos, ich black dich an die Wand!

MARTIN. Ach Gottche naa, er lässt sei Wut an mir aus.
Helfe Se mir, Marianne ...

MARIANNE. Also gut,
isch nehm de Stein zu mir, bewahr ihn uff,
Sie krieche ihn zurück ...

MARTIN. Unn ich krieg Hunger.
Wolle mir net im Garten schnabuliern?

KRALL. Im Garte? Naa, nur ned im Garte ...
Er will dorthin und wird von Walter umgerannt.

ICH UN MEI GOLD
– MIR ÜBERLEBE
EUCH NOCH ALLE!

Dritter Akt – Achte Szene
Die Vorigen. Walter.

KRALL. *Aufgeregt.* Wer hat sie bezahlt, mich umzubringe?
Mei Schuldner? Gebbe Ses nur zu!

WALTER. Ei naa, bei Ihrem Wage is die Achs gebroche,
en Wagemeister hat sichs angesehen,
ich frag, wies steht, sei Antwort: Des werd deuer.

KRALL. Mir zahle net! Den Kerl knöpp ich mir vor.

MARTIN. Mir gehe derweil in de Garte.

KRALL. Naa!

NICKEL. Was is dann da im Garte?

KRALL. Niks is da!

MARIANNE. Dann will ich in de Garte!

MARTIN. Gehe mer!
Sie brechen auf, Krall bleibt mit Walter alleine zurück.

KRALL. Geht nur! Isch kenne euch! Isch weiß Bescheid!
Unner der Erd will die Bagaasch mich sehe.
Mit euern Bethmännche unn Wagerädern
wollt ihr mich ruiniere. Do werd niks draus.
Ich un mei Gold – mir überlebe euch noch alle!

Vierter Akt – Erste Szene
Martin. Marianne. Elise. Madam Sofie. Später Nickel.

*Die kleine Gesellschaft kommt aus dem Garten zurück, Marianne
und Elise liegen sich weinend in den Armen.*

MARTIN. *Vorneweg.* Die Luft is rein, mir könne offe spreche.

MARIANNE. Isch hab so Ängst, was soll nur aus uns werde?

ELISE. Isch fühle mit, isch weiß von Ihrer Liebe.
Mein Bruder hats verzählt.

MARIANNE. Wie süß und tröstlich,
im Unglück zartes Mitgefühl zu spüre. *Sie heulen los.*

SOFIE. Ihr seid mer scheene Tränemadeleine.
Vom Flenne werd niks besser, glaabe Ses.

ELISE. Was bleibt der Frau, wenn bitt'res Los sie trifft …

MARIANNE. … als Hoffe, Bete, Flenne, Wünsche?

MARTIN. Nur Wünsche habbe Sie in Ihrem Herz?
Kein Fünkchen Mut, für unser Glück zu kämpfen?

MARIANNE. Ich bin bereit, das Äußerste zu wagen.
Nur niks was widder Sitt und Ehr verstößt.

MARTIN. Da fällt mer grad niks ein.

MARIANNE. Mei Mutter hat
mich tugendhaft und anständich erzoge,
wie könnte ich die gude Seel enttäusche?

MARTIN. Da fällt mer manches ein.

ELISE. Madam Sofie,
Sie kenne alle Schlich, basst da net einer?

MARIANNE. Sie habbe mir die Laus auch in de Pelz gesetzt!

SOFIE. Hätt ich gewusst wie hier die Dinge stehn,
hätt ich der Laus gesaacht: Vergiss de Pelz,
de Buckel kannste mer enunnerrutsche!

MARTIN. Es is bassiert. Verzähle Sie dem Vadder,
dass Marianne mich liebt. Er muss nachgebbe.

SOFIE. „Nachgebbe" kann der net, weil „Gebbe" drinsteckt,
und „Gebbe" kimmt dem wie dem Bock die Milch:
Garnet.

MARIANNE. Sie müsse ihm die Eh verleide.

SOFIE. Des werd net leicht, er dät Sie gern besitze.

MARTIN. „Besitze" is sein größter Spass, ich kenn ihn.

SOFIE. E Frau misst ihm begegne, stinkend reiche
Gräfin, die mit Dhalern lockt, mit Batze
ihn zuschmeißt, bis er im Dukaterausch
uff Knien japst: Die will ich unn kei anner.

ELISE. Wo nemme mer die her?

SOFIE. Isch hab Theader
gespielt, in meiner Jugend, reiche Gräfinne
sinn mei Paraderoll.

MARIANNE. Un wenn ers merkt?

SOFIE. Dann sinn Sie hoffentlich schon Mann und Frau.
Ich geb mer Müh!

NICKEL. *Taucht auf mit Schaufel und Hacke.*
                    Die kannste dir aach sparn.
Den zu kuriern, helfe kei Schlich, da muss
geschnitte wern, wos weh dud. Mei Besteck
hab ich debei, ich operier sofort.
Wenn der Patient das überlebt, misst er
geheilt sein. Un wenn net ... aja ...

MARTIN. Könne mer helfe?

NICKEL.   Lenkt ihn ab vom Garde,
Hauptsach, er is beschäfticht.

MARIANNE.   Mardin ...

MARTIN. Marianne!

*Herr Krall kommt zurück, sieht Martin und Marianne eng
beieinander.*

Vierter Akt – Zweite Szene
Die Vorigen. Herr Krall.

KRALL. *An der Seite.*
Der Schlaach! Mei Braut un mei missratner Sohn
komme sich näher? Will der mich bestehle?
Des habb ich bald eraus. *Laut.* Un wie dann immer?
Die anderen erschrecken und drehen sich nach ihm um.
Simmer auch schee erfrischt? Wie geht das Sprichwort?
Ja wenns niks kost, ja wenns niks kost, dann sag
ich um so lieber „Prost". Ei niks für ungud.
Der Waage steht bereit, wollt ihr net los
zur Dippemess?

ELISE.   Mir sinn schon unnerwegs.

MARIANNE. Mir danke herzlich für den Imbiss.

KRALL.   Ab!
Die Frauen ab, Martin will mit, Krall hält ihn fest.
Du bleibst! Mir habbe noch zu schwätze!

Elise, Marianne und Madam Sofie ab.

Vierter Akt – Dritte Szene
Herr Krall. Martin. Später im Hintergrund Nickel.

KRALL. *Ganz kumpelhaft.* Mein Filius, die Stiefmuddergeschicht
emal beseite. So ganz unner uns
die Marianne – wie gefällt sie dir?

MARTIN. Ganz unner uns?

KRALL.   Macht sie was her, des Mädche?
Wie findste ihr Gesicht, die Nas?

MARTIN.   Die Nas?
Aja ... s Gesicht ... ei warum net ... de Hals,
ei jo ... un die Figur ... un obberum ...
Sie guggt e bissche blass, im Ganze: Dorchschnitt.

KRALL. Vorhin hat sich des anners aageheert.

MARTIN. Do hab ich aach für dich gesproche.

KRALL. Schad. Ebe kam mer der Gedanke:
„Biste net doch zu alt fürs Heirate?
So e jung Ding, basst die net besser zu
meim Martin?"

MARTIN.   Basse? Die? Zu mir?

KRALL. Ei ja! Ich war soweit, die Hochzeit abzublase,
un ebe hör ich: Sie gefällt dir net.

MARTIN. Ich hab mei Einwänd, Vadder, abber wenn
ich Ihne en Gefalle damit tu,
nemm ich se hald, der Deibel frisst zur Not
Flieche, wie mer so sächt.

KRALL.   Uffzwinge will ich
dir niks, du kennst mich, des is net mei Art.

MARTIN. Für meinen Vadder is mir niks zu viel.
Der Appedid kommt auch beim Esse.

KRALL.   Naa.
So wird des niks, isch muss sie selber nemme.

MARTIN. Dann horche Sie, ich wills gestehn, ich liebe
Marianne, seit ich uff der Gass
zum ersten Mal sie sah.

KRALL.   So? Uff der Gass?

MARTIN. Wie ich se dann besucht hab, wars um mich
geschehe.

KRALL.   So? Besucht? Wie wurde der
Besuch denn uffgenomme?

MARTIN.   Freundlich.

KRALL.   So?

130

MARTIN. Geschwiege hab ich, um Sie ned zu kränke,
wo Sie doch auch Intresse hatten.

KRALL. Danke. Sehr rücksichtsvoll, wie sieht die Marianne
die Sach?

MARTIN. Sie liebt mich innig.

KRALL.   Danke sehr!

MARTIN. Wofür dann, Vadder?

KRALL.   Für die Offenbarung.
Gestande haste dei Gemeinheit: Ruchlos
hast du misch angeloge, hinnergange.
Die Braut willst du mir stehle? Hör gud zu:
Da wird niks draus, du nimmst die reiche Witwe,
ich nemm die Marianne, Ende, aus!

MARTIN. Wer hat dann wen hier angeloge? Sie
doch mich. Fahr hin, kindliche Ehrfurcht, fort
mit Demut, Dankbarkeit, Gehorsamspflicht:
Die Braut is mir! Ich nemm die Marianne!

KRALL. Babbsack! Du spuckst mer in die Supp?

MARTIN. Es is mei Supp! Ich war zuerst am Disch!

KRALL. Dein Vadder bin ich! Du hast zu gehorche!

MARTIN. Der Liebe habbe Sie niks zu befehle!

KRALL. Du lässt die Finger von der Frau!

MARTIN.   Des loss ich net!

KRALL. Du gibst sie uff!

MARTIN.   Mir gebbe niks!

KRALL. En Stock! En Stock! Mein Goldschatz für en Stock!

*Nickel ist zwischendurch zu sehen, wie er mit Schaufel und Hacke
Richtung Garten schlendert, Jacques tritt mit dem Stock auf.*

**Vierter Akt – Vierte Szene
Die Vorigen. Jacques.**

JACQUES. Herr Krall, de Stock! Wen wolle Sie verkloppe?

KRALL. Den hundsgemeinen Brautdieb da von Sohn!

JACQUES. Mich derfe Sie haache, aber den doch net.
*Er nimmt jetzt die Mittelposition ein, die beiden stehen
auseinander.*

KRALL. Er hats verdient: Du bist mein Zeuge.

JACQUES. Gern, Herr Krall, wofür dann alls?

KRALL.   Der Galgenstrick
besitzt die Frechheit eine Frau zu lieben,
wo mir gehört.

JACQUES.   Des is glaab ich, verbode.

KRALL. Ganz ekelhaft is des.

JACQUES.   Ich saachs em gleich.
Er geht zu Martin hinüber.

MARTIN. Egal, was der verzappt, ich bin im Recht.
Du bist mein Zeuge.

JACQUES.   Gern. Wofür dann alls?

MARTIN. Der alde Säftel will e Frau heirate,
wo mir geheert.

JACQUES.   Des is glaab ich, verbode.

MARTIN.
Uff Pirsch, obwohl die Flinte nemmer dhud:
Ganz ekelhaft is des!

JACQUES.   Ich saachs em gleich.
Er läuft wieder zurück zu Krall.

KRALL.
Was meint er? Wagt er etwa Widderworte?

JACQUES.
Was er saacht, unn was Sie saache, des liejt
so weit net ausenanner.

KRALL. Hot er sich entschuldigt?

JACQUES.   Net direkt.

KRALL. Sag ihm, wenn er sei unmöglich Benemme
bereut unn mir die Marianne lässt,
kann er sei Fraa sich selwer aussuche.

JACQUES.   Sofort.
Er läuft wieder zu Martin hinüber.

> BABBSACK!
> DU SPUCKST
> MER IN
> DIE SUPP?

MARTIN. Unn? Hat er ausgekrische?

JACQUES.   Könnt mer so
verstehe, wenn mers so verstehe will.
Sie solle nur vernünftich sein, meint er.

MARTIN. Ich bin vernünftich.

JACQUES.   Des is gud, Sie solle
sich auch entschuldige für Ihren Ton.
Dann dürfe Sie die nemme, die Sie wolle.

MARTIN. Des is ja wunnerbar, du kannst ihm sage,
ich käm gleich zur Versöhnung riwwer.

JACQUES.   Gern!
Er läuft wieder zu Krall.
Der Martin will Sie um Verzeihung bidde.

KRALL. Dann is ja gud.

JACQUES. *Läuft wieder hinüber zu Martin.*
                    Er meint, dann wär ja gud.
De Rest kläre Sie besser unnernanner. *Will sich zurückziehen.*

MARTIN. Wir sind zu Dank verpflichtet, Meister Jacques.

KRALL. Ich bin gerührt, wie kann ich des belohne.
*Er steckt eine Hand in die Tasche, Jacques kommt hoffnungsvoll
näher, Krall zieht ein Taschentuch hervor und schneuzt sich.*

JACQUES. Ich küss die Hand und geh dann mal. *Schnell ab.*

Vierter Akt – Fünfte Szene
Herr Krall. Martin.

MARTIN. Vadder, pardon: Mein Ton war ungehörich.

KRALL. Schwamm dribber, schee, dass du vernünftich werst.
Such dir e Fraa, werd glücklich.

MARTIN.   Tausend Dank!

KRALL. Ned übberdreibe!

MARTIN.   Doch, es war gewiss
net leicht, auf Marianne zu verzichten.

KRALL. Da haste Recht, drum denk ich auch net dran.

MARTIN. Sie habbe doch gesagt, ich derf mer ei

aussuche – gud, ich nemm die Marianne.

KRALL. Du willst mich immer noch bestehle, Schuft?

MARTIN. Sie rücke Sie noch immer net eraus?

KRALL. Ich hab noch nie ebbes erausgerückt!

MARTIN. Eimol fängt jeder an, ich hol se mir.

KRALL. Dann hab ich keinen Sohn mehr.

MARTIN.   Ich kaan Vadder.

KRALL. Sieh, ich verstoße dich.

MARTIN.   Un ich mich auch.

KRALL. Du bist enterbt.

MARTIN.   Du sollst am Gold
erstick. Adieu! *Er rennt ab.*

KRALL. Am Gold? Was waaß der dann vom Gold? Ich muss
nachgugge, dass mers keiner nimmt.

*Er will in den Garten gehen, Madam Sofie tritt ihm in den Weg,
als Wetterauer Gräfin aufgedonnert. Zu ihrer Tracht gehören
Geldscheine, auch in den Taschen sind welche drin.*

Vierter Akt – Sechste Szene
Herr Krall. Madam Sofie. Später Nickel.

*Sofie maskiert als Gräfin, spricht mit gerolltem R und
breiter Mundart.*

SOFIE. Kreizdunnerwerre noch emol, Herr Krall!

KRALL. Wer sinn dann Sie?

SOFIE.   Eich sein die Gräfin Lisbeth
von Wetterau. Gonz Friedberch, Nauem, Butzbach
dhout mir geheern, Eich sein nur esu allaans
uff meiner Borch mit meinen Dhalern.

KRALL.   Dhaler?

SOFIE. *Sie holt Scheine aus der Tasche, winkt damit.*
Zwaahunnertdausend Dhaler sehne sisch
so nach Gesellschaft.

KRALL. Des is ungewehnlich.
Meim Geld is mei Gesellschaft gud genug.

SOFIE. Ei, desdeweeche sein eich do! Herr Krall,
Ihne ihrn Rouf is bis zur Wetterau
gedrunge: Wäj Dukate sich bei Ihne
wohl fiehle, weil se goud behannelt wern.
Do hunn eich mer gesoht: Bei dem, dou kimmt
mei Geld in goude Händ, onn aich dezou.
Sie winkt wieder mit einem Schein.

KRALL. Es is mer ungeheuer schmeichelhaft …

SOFIE. Greife Se zou, mir zwaa wern Sie beglicke:
ich unn mei Dhaler. Mir sein esu allaans.

KRALL. Mir misse babbeln, Gräfin Lisbeth, gleich,
en Aucheblick …

*Er läuft Richtung Garten, im Hintergrund ist Nickel gerade
rechtzeitig fertig geworden, er versteckt sich mit der Kiste, lässt
Krall durchlaufen und kommt dann nach vorne zu Madam Sofie.*

NICKEL. Schnell fort!

SOFIE. Wieso? Ich hab en bald so weit.

NICKEL. Ich hab en noch weider. Horche Se.

Krall stößt einen markerschütternden Schrei aus.

SOFIE. Herrje, schnell fort!

Beide ab.

Vierter Akt – Siebte Szene
Herr Krall.

*Klagend wie in der griechischen Tragödie, aber mit
hessischen Stoßseufzern.*

KRALL. Au weh! Au weia! Eieieiei!
Haltet den Dieb! Haltet den Räuber!
Haltet den Mörder!
Ich bin verlore: hingemeuchelt,
erwürgt, erdrosselt, abgeschlachtet,
mit einem Wort: bestohle.
Er bewegt sich im Kreis.
Wer war des? Was für aaner? Wohin isser?
Wo find ich ihn, wo net? Wo laaf ich hin,
wo laaf ich net hin?

Dort! Do hinne! Stehe bleiwe!
Gib mer mei Geld zerick, du Sau!
Er packt sich selber am Ärmel.
Des bin ja ich. Hab ich mei Gold genomme?
Naa, ich wars net. Ich bin verwirrt.
Ich kenn mich selber nemmer!

Au weh! Eieieiei! Mei Gold!
Mei Stecke, Stab und Drost im finstern Dhal!
Geraubt! Hier steh ich, ein entlaubter Stamm.
Entgoldet muss ich nun zum Grabe wanken!
Ich sterb! Ich bin schon dhod! Ich bin begrabe!
Horcht.
Ruft keiner mich zerick ins Lebe?
Gibt Keiner mer mei Geld zerick?
Kaa aanzicher.

Au weh, die Hinnerlist! Mein Sohn, der steckt
dehinner, auch mei Dochter steckt dehinner,
der Koch, der Diener und des Weib von ebe:
Verhafte! Fortsperrn! Streng verhöre! Foltern!
Es ganze Haus, mich auch *Er sieht ins Publikum.* Un die zuerst!
Ihr wart mer schon von Anfang an verdächtig:
Fünfhunnert Jahr Gefängnis uff eim Flecke!
Was wird dann da gelacht, ich habs geheert.
Gehts um mei Gold? Habt ihrs da vorn versoffe?
Uffstehe, allesamt! Die Händ vorzeiche!
Wer hocke bleibt, der wars. Gebt zu, ihr wissts,
ihr deckt den Kerl, do unne steckt er.
Ei, saacht mer doch, wers war, Barmherzichkeit!
Gleich kimmt die Bolizei! Des Militär!
Elitetruppen! Alle wern erschosse!
Un uffgehängt. Wenn ich mei Gold net krieg,
dann häng ich mich denewe. *Klagend ab.*

Fünfter Akt – Erste Szene
Herr Krall. Kommissar Stumpf.

*Der Kommissar sieht sich wichtigtuerisch überall um,
Krall läuft ihm aufgeregt hinterher.*

KRALL. Komme Sie auch voran, Herr Kommissar?

KOMMISSAR. Diebstahl is mei Spezialgebiet, Herr Krall.
Spitzbubekniff un Gaunerschlich, ich kenn
sie alle. Mei geschärfter Blick durchdringt
die schwarze Räuberseel. Hätt ich für jeden,
den wo ich überführt hab, nur aa Goldstück –
ich wär de Krösus!

KRALL. Net vom Gold gebabbelt!

Es dut mer wehl Mein Dieb lääft frei erum,
die Bolizei dappt noch im Dunkele.

KOMMISSAR. Die Bolizei dappt nie im Dunkele.
Mir gehe nur methodisch vor.

KRALL. Was heißt des?

KOMMISSAR. Wie bei der Ebbelfraa: aans nachem annern.
Wieviel war in dem Kästche, sage Sie?

KRALL. Zehntausend Golddukade.

KOMMISSAR. Allerhand.
Habbe Sie Feinde?

KRALL. Ja, unzähliche!

KOMMISSAR. Habbe Sie en Verdacht?

KRALL. Ja, gege alle!
Verhafte Se ganz Frankfurt un des Umland
gleich mit!

KOMMISSAR. Da müsste mer Zuständichkeite
erst kläre. Außerdem däts Wirbel mache,
des wär net klug. Mir wiege die Verbrecher
in Sicherheit un schlage zu.

KRALL. Wie dann?

Fünfter Akt – Zweite Szene
Die Vorigen. Jacques.

JACQUES. *Nach hinten in die Küche.*
Abmurkse! Uffspieße! Die Baa abhacke!
Kochend Wasser driwwer! Uffhänge!

KRALL. So mache mers! Des wird dem Dieb net schmecke!

JACQUES. *Jetzt zu Herrn Krall.*
Ich babbel von der Spansau fürs Diner.

KRALL. Was hat des mit meim Gold zu dun?

JACQUES. Net viel.

KOMMISSAR. *Geht auf den ängstlichen Jacques zu.*
Ach naa? Das kläre mer sofort, Herr …

JACQUES. Jacques!

KOMMISSAR. Herr Jacques, Sie müsse sich net fürchte.

JACQUES. Naa?

KOMMISSAR. Ich stelle die Frage hier. Sie antworte.

KRALL. Dann gibste mer mei Geld zerick un wirst
gehängt. Ganz eifach.

KOMMISAR. Jacques, was wisse Sie?

JACQUES. Net viel, Herr Kommissar, ich war nur auf
der Volksschul.

KOMMISSAR. Indressant. Wo waren Sie
vor einer Stunde?

JACQUES. Geele Roiwe schnippeln,
da in der Kich.

KRALL. Schon widder babbelt der
vom Esse! Um mei Gold gehts, gibs zurück!

JACQUES. Ich hab niks, untersuche Sie misch doch.

Krall will das gleich tun, Kommissar Stumpf hält ihn zurück.

KOMMISSAR. So komme mir ned weider. Die Vernehmung
erbringt für mich den Aufschluss: der wars net,
aber der weiß was. *Zu Jacques.* Gebbe Sie en Hinweis,
wer hat des Gold genomme?

JACQUES. *Denkt scharf nach.* En Aucheblick!
Beiseite. Jetzt nemm ich Rache für die Schmiss von ebe.

KRALL. Enaus, wer wars?

KOMMISSAR. Der Zeuge muss sich erst besinne.

JACQUES. Wann ich so dribber nachdenk, wars: De Walter.

KRALL. De Walter?

KOMMISSAR. Habbe Sie dafür Beweise?

JACQUES. Gesehe hab ich ihn doch, den Herrn Walter.

KRALL. Wie er mei Gold gestohle hat?

JACQUES. *Zeigt irgendwohin.* Do dribbe …
Da wo des Gold … wo war es dann, des Gold?

KRALL. Im Garte wars.

JACQUES. Da hab ich ihn gesehn,
wie er des Ding ... wo war das Gold dann drin?

KRALL. Im Kästche.

JACQUES. Wie ers Kästche stripse dud ...

KOMMISSAR. Hochindressant. Beschreibe Sie das Kästche.

JACQUES. Es war e kästcheförmig Kästche.

KRALL. Meins!

JACQUES. E großes Kästche ...

KRALL. Meins ... war eher klaa!

JACQUES. De ei hätt groß gesagt, de anner klaa.

KOMMISSAR. Die Farb?

JACQUES. Die Farb war ... auße dran.

KOMMISSAR. Was für e Farb?

JACQUES. Ei, ich dät sage „grau".

KRALL. Mei Kästche war doch rot.

JACQUES. „Rotgrau" mein isch.

KRALL. Mir habbe ihn. Net wahr, Herr Kommissar?

KOMMISSAR. Ich hätt da noch e Frage ...

KRALL. Der Herr Walter!
Mer kann sich uff kein Mensche mehr verlasse.

Walter nähert sich.

JACQUES. Do kimmt er grad gelaufe.
Er will gehen, der Kommissar hält in zurück.
Verrate Sie ihm net, dass ich ...

DAS SCHWÄRZESTE VERBRECHEN DER GESCHICHTE ...

Fünfter Akt – Dritte Szene
Die Vorigen. Walter.

Herr Krall stürzt sich sofort auf den auftretenden Walter.

KRALL. Halunke! Pestbeul! Schamloser Verräter!
Das schwärzeste Verbreche der Geschichte,
Sie habbe es eiskalt an mir verübt!

WALTER. Was soll ich habbe?

KOMMISSAR. Ich stell hier die Frage ...

KRALL.
Haamdückisch sinn Sie mir eneigeschlippt.
Sie habbe sich mei Lieb erschliche, um mir
mei Liebstes fortzunemme, widderlich!

WALTER. Herr Krall, wenn Sies schon wisse: Ich gesteh.

JACQUES. Hör uff, war der des werklich?

KOMMISSAR. *Schreibt dauernd mit.* Indressant.
Sie könne die Aussag auch verweigern ...

JACQUES. *Schiebt ihn weg.* Naa.
Ich wollts ja dem Herrn Krall schon früher sage.
Sein Sie net bös un höre Sie mei Gründ!

KRALL. Dei Gründ kann ich mir denke, Galgevogel!

WALTER. Is denn mei Übeltat ganz unverzeihlich?

KRALL. Sie habbe mir des Herz enausgerisse!

WALTER. Es is ja net in schlechte Händ gefalle.

KRALL. Was hat Sie zu der Gräueltat getribbe?

WALTER. Was schon? Die Liebe!

KRALL. Liebe? Zu meim Schatz?

WALTER.
Ein Schatz aus purem Gold, Sie habbe Recht!
Ich bitte Sie uff Knien, ihn mir zu lasse.

KRALL. Hat mer dann sowas schon erlebt?

JACQUES. Ich net!

KOMMISSAR. Ich auch net. Eine Frage hätt ich ...

Michael Quast (Herr Krall)
und Judith Niederkofler (Marianne).

WALTER. Ihr Schatz un ich, mir habbe uns geschworn,
dass nur der Tod uns trennt!

KRALL. Das lässt sich mache.
Herr Kommissar! Mitnemme! Uffhänge!

WALTER. Sie könne mit mir mache, was Sie wolle,
nur glaube Sies: Ihr Tochter trifft kei Schuld.

KRALL. Das glaub ich gern. Jetz nur net abgelenkt:
Wo is mein Schatz? Wo habbe Sie ihn versteckelt?

WALTER. Nirgends. Sie war die ganze Zeit im Haus.

KRALL. Mei Kist?

WALTER. Ihr Schatz.

KRALL. Du hast der niks enausgenomme?

WALTER. Respekt verbietet mir, sie anzufasse.

KRALL. Respekt vor meiner Kist, jetz schnappt er übber!

WALTER. Ich liebe sie, doch keusch und reinen Herzens.

KRALL. Gibts des? Der hat mei Gold mehr lieb wie ich.

WALTER. Wenn Sies net glaube, frage Sie sie selber.

KRALL. Mei Kist?

WALTER. Ihr Tochter. Lang hat sie gezögert,
seit gestern abend sinn mir zwei verlobt.

KRALL. Unn ebe hats gedonnert. Mei Elise
steckt mit dem Spitzbub unner einer Decke.
Herr Kommissar ...

KOMMISSAR. Ich hätt da noch e Frage ...

KRALL. Da is gepiffe druff. Verhafte Sie
den Walter wege Hochverrat und Diebstahl,
Tochterverführung, Schleimerei unn Frechheit.

WALTER. Dann solle Sie erfahren, wer ich bin ...

Elise, Marianne und Madam Sofie erscheinen.

Fünfter Akt – Vierte Szene
Die Vorigen. Elise. Marianne. Madam Sofie.

KRALL. *Stürzt sich auf seine Tochter.*
Untreue Tochter! Vatermörderin!
Ich war so gud zu dir, was is der Dank?
Du schenkst dem erste beste Schwerverbrecher
dei Hand un mei Dukate. Ab ins Kloster!

WALTER. Herr Krall, des habbe Sie net zu bestimme.
Erfahre Sie nun, wer ich bin ...

KRALL.   En Räuber.
Sie wern dafür gehängt, erschosse un geköpft.
Wer was dawidder hat, der schweige!

ELISE. *Nimmt ihren Mut zusammen.*
Vadder! Ich war e gud gehorsam Dochter Ihne.
Sie hab mich gelehrt Vernunft zu brauche.
So hören Sie, was meine Wahl begründet:
Ohne de Walter hätte Sie mich net mehr.
Wie ich im Wasser lag, kurz vorm Versaufe,
hat er das Lebe mir gerettet. Stell Sie
sich vor, er hätt mich unnergehe lasse.

KRALL. Des wär net halb so schlimm, wie mei Dukate
zu stehle.

WALTER.   Ihr Dukate? Hab ich net.

KRALL. Habbe Sie wohl!

ELISE.   So nehme Sie Vernunft an!

KRALL. Erst will ich Rache un mei Gold zurück!

JACQUES. Mei Schmiss sinn aach noch ungeroche!

KOMMISSAR. *Wendet ein Blatt.*
Ich glaub, mir müsse ganz von vorn ...

Anselm Gutwirt erscheint, feierlich herausgeputzt.

Fünfter Akt – Fünfte Szene
Die Vorigen. Anselm Gutwirt.

GUTWIRT. Ich wünsch en gude Dag, all minanner.
Was is dann des für e Verlobungsfeier,
wo so gekrische werd? Herr Krall, Sie wirke
mer aach net überglicklich.

KRALL.   Sie sehe
vor sich, Herr Gutwirt: en gebrochne Mann. *Zeigt auf Walter.*
Der Spitzbub hat sich bei mer eingeschliche,
hot mer mei Töchterlein genomme, unn was
noch schlimmer is, mei Gold!

WALTER.   Des hab ich net!

KRALL. Der saubre Herr hat Ihre Braut verführt,
Helfe Se mir, dann könne mir den Schurke
zweimal uffhänge.

GUTWIRT.   Nur die Ruh! Ich hab
net vor, mich uffzudränge in meim Alder.
Wenn sich da zwei gefunne habbe, tret ich
zerick und wünsch viel Glück. Im Übrige
steh ich bereit, Ihr Ehr un Ihr Intresse
zu wahre wie mei eigene, Herr Krall.

KRALL. Dann helfe Se dem Kommissar, den Kerl
verhafte.

KOMMISSAR. Gleich, ich hätt da noch e Frag ...

WALTER. Erfahre Sie nun endlich, wer ich bin.

KRALL. Ebe kommts: Des is de Kaiser von China
oder am End der Zar von Sosseheim?

WALTER. Frankfurt is ei Stadt, die mei Herkunft kennt,
die anner is Neapel.

GUTWIRT.   Obacht, Freundche,
die zwei Städt kenn isch auch ganz gud.

WALTER. Neapel? Kenne Se Cavaliere Buongustaio?

GUTWIRT. Ei, sogar aus der Näh.

WALTER.   Der is mein Vadder.

GUTWIRT. *Opernhafte Erzählung.*
Der? Versuche Sie was Anneres.
Aus Frankfurt stammt der Cavaliere Buongustaio!
Mit Frau un Kinner zieht er später nach Neapel,
wo sei Familie herkommt. Dort ist Bürgerkrieg.
Die Buongustaios wollen heim, doch ein Gewidder
vor Genua versenkt das Schiff mit der Familie.

WALTER. Nicht ganz. Der Sohn, der kleine Bub, kann schwimme.
Ein Seemann zieht ihn auf, dann zieht es ihn nach Frankfurt,
die Stadt von der sei Mütterlein so viel erzählte.
Er steht am Maa und sieht ein allerliebstes Mädchen

ins Wasser falle, er springt nach und rettet sie.
Die beiden lieben sich, doch ach ihr böser Vater,
ein schäbiger Geizkragen steht dem Glück im Weg.
Um seiner Liebsten nah zu sein, dient sich der Junge
als Hausverwalter an, ihr habt es längst erraten:
Das bin ich.

GUTWIRT. Ich bin erschüttert. Habe Sie Beweise?

WALTER. *Zieht gleich mehrere aus der Tasche.*
En Brief vom Ziehvadder, e Halsband von
der Mudder, hier des Amulett vom Vadder.
Wann ich nur wisst, ob mei Familje lebt!

MARIANNE. Sie lebt, isch darf es sage. Ihr Bericht
beweist mir sonneklar: Sie sinn mein Bruder.

WALTER. Dann wärn Sie ja mei Schwester. Welches Wunder
hat Sie gerettet?

MARIANNE.   Keins. Isch kann auch schwimme.
Ebenfalls opernhaft.
Die Mutter auch, so überlebten wir den Schiffbruch.
Piraten fingen uns, verkauften uns als Sklaven,
aus Händlerhand befreiten uns Briganten ...

WALTER. Des müsse Sie e annermal genau
erzähle ...

MARIANNE.
... ebe mach ichs kurz: Mir zwei
sinn uff der Flucht nach Frankfort
    durchgekomme.
Mir lebe ärmlich, doch mir lebe!

WALTER.   Schwesterche!

Die beiden fallen sich in die Arme.

GUTWIRT. Schicksal, wie zeigste deine Macht! Mei Kinner!
Fallt euerm Vadder in die Arme.

MARIANNE.   Vadder?
Sie auch gerettet?

GUTWIRT.   Wer hat euch des Schwimme
gelehrt? Ich bin Anselmo Buongustaio!

KRALL. *Geht dazwischen.*
Ich hab gemeint, Sie heiße Anselm Gutwirt.

GUTWIRT. Ich glaubte mich verwitwet, ging nach Frankfurt.
Weil mich mein Name schmerzlich an mei Unglück

gemahnte, nannte ich mich Anselm Gutwirt.
Mit Messegästen hab ich ordentlich verdient.
Mei neu Vermöge wollt ich net allein
genieße, drum dacht ich ans Heirate.
*Die drei fallen sich in die Arme und wechseln ins Italienische,
zuerst Küsschen, Küsschen, dann mokieren sie sich über Krall.*

Alle durcheinander.

MARIANNE. Papa! Come sono felice di rivederti sano e salvo!
La mamma non ha mai cessato di sperare ... come sará felice.

WALTER. Marianne! La mia sorellina! Come sei bella!
Eh, quanti anni sono, que non ci abbiamo visto? Dieci?
Dammi un bacio ...
Questo Krall, lui é un stronzo. É un po come Pantalone,
ma peggio, molto peggio.

GUTWIRT. I miei bambini! Abbracciatemi!
Sempre credevo, que voi sareste morti!
Datemi un bacio ...

KRALL. Uffhörn mit dem fremdländische Gebabbel!
Der Papagallo is ihr Sohn?

GUTWIRT.   So ist es.
Proprio cosí.

KRALL. Dann gebe Sie mir
des Gold zurück, was er gestohle had?

GUTWIRT. Gualtiero, stimmt des?

WALTER.   Naa, wer sagt dann sowas?

STRONZO!
TI MASSACRO DI BOTTE!

KRALL. *Zeigt auf Jacques.*
Der Meister Jacques: Er hätts gesehe.

WALTER. *Drohend zu Jacques.*   Stronzo!
Ti massacro di botte!

JACQUES. *Zieht sich zurück.*
               Des klingt nach Schmiss!

KRALL. Zum Deiwel noch emal, Herr Kommissar ...

KOMMISSAR. Ich hätt e Frage ...

Auf dem Balkon ist Martin aufgetaucht.

Fünfter Akt – Sechste Szene
Die Vorigen. Martin. Nickel.

MARTIN. Die Frage stelle mir!

KRALL. Martin, du hältst dei Maul, ich will mei Gold.

MARTIN. Du sollst es habbe. Wenn ich Marianne kriej.

KRALL. Du hast es mer gestohle!

MARTIN. Naa, ich wars net.
Der Nickel kanns bezeuge.
Nickel taucht auch auf, freundlich herunterwinkend.

KRALL. Dann wars der.

NICKEL. Ich wars aach net. De Martin kanns bezeuge.

MARTIN. Der Dieb hat Ängst gekriejt, wie mir ihm nach sinn,
hats Kästche falle losse – guck, da isses.
Nickel präsentiert die Goldkiste.

KRALL. Mei Gold! Gibs her!

MARTIN. Ich kriej die Marianne!
Sonst siehstes nie mehr widder.

KRALL. Dieb! Erpresser!

NICKEL. Gebe Sie Obacht, was Sie sage, sonst ...
Er nimmt das Kästche wieder fort.

KRALL. Macht, was ihr wollt, heiratet, wen ihr wollt,
ich will nur eins: mei Gold.

GUTWIRT. So gebe Se
Ihrm Herz en Stoß, Herr Krall: Wenn unsre Kinder
sich möge, könne mer zufridde sein.
Ihrn Sege noch dezu ...

KRALL. *Gibt auf.* Schon gut. Mei Gold!

NICKEL. Is unnerwegs ...
Er lässt es langsam an einem Seil herunter.

KRALL. Herr Gutwirt, dass des klar is:
Mitgebbe kann ich meinen Kinnern niks.

GUTWIRT. Ich hab was übber. Des müsst reiche.

KRALL. Auch für
die Hochzeit?

GUTWIRT. Auch für die.

KRALL. En neue Frack
könnt ich gebrauche.

GUTWIRT. S reicht auch für den.

SOFIE. Ich hatt ja ganz gehörich Auslaache.

GUTWIRT. Die übernemm ich. *Er gibt ihr etwas.*

JACQUES. Ich hab schuldlos Schmiss gekriejt.

GUTWIRT. *Gibt ihm was.*
Das Schmerzensgeld. Noch einer ohne?
Zum Kommissar. Sie?
Hadde Sie net e Frage?

KOMMISSAR. Was? ... Un ob: Kann mir mal jemand erklären,
wieso ich hier seit einer halben Stunde mir unnütz die
Finger wund schreibe, nur damit sich mein Fall in Nichts
auflöst, während ein Haufen von der Leine gelassene
Schmierenkomödianten ein völlig unglaubwürdiges Happy-
End aus dem kranken Gehirn eines wahrscheinlich von
Kultursubventionen sein jämmerliches Dasein fristenden
Schreibknechts durchzieht? Gehts noch?

GUTWIRT. *Gibt ihm was.* Deckt des die Kosten?

KOMMISSAR. *Ganz ruhig.* Ja, herzlichen Dank.
Martin ist inzwischen unten, die Paare fallen sich in den Arm.

GUTWIRT. Des gibt e Doppelhochzeit. Tummelt euch!

MARTIN. *Zu Marianne.*
Mei Schatz, ich gebb dich niemals widder her.

MARIANNE. *Löst sich, nimmt ihn mit.*
Erst gehe mer zur Mudder.

WALTER. *Nimmt Elise.* Was e Freud die Gude habbe wird!

GUTWIRT. La mia moglie! Ich komm zu dir!

Alle ab außer Krall, der sein Kistchen umarmt.

KRALL.
Mei Gold, mei goldich Gold!
Mei Zuckerdhalerche, mei lieb Dukätche!
Lass die nur gehe, du bleiwst hier.
Dich will ich un kaa anner.
Du hast es gud bei mir,
mir bleiwe beienanner.

DON JUAN
ODER DER STEINERN GAST

KOMÖDIE VON RAINER DACHSELT NACH MOLIÈRE

Don Juan – Schambes, sein Diener – **Elsbeth von Cronberg,** *Don Juans Gattin –*
Karl und Alfons von Cronberg, *ihre Brüder –* **Gottlieb,** *ihr Diener –*
Ludwig Watz von Waldacker, *Don Juans Vater –* **Henriette,** *ein Frankfurter Bürgermädchen –*
Peterche, *ein junger Bauer –* **Bärbel,** *seine Verlobte –* **Fränzi,** *ein Bauernmädchen –* **Ein Hutzelweib –**
Ein Bettler – **Herr Dauth,** *ein Händler –* **Zwei Gespenster –**
Der Kommandant von Rumpenheim, *Statue und Henriettes toter Onkel*

Erster Akt – Erste Szene
Frankfurt, das Haus von Henriette.
Schambes.

*Schambes steht offenbar Wache, das Reisebündel neben ihm,
er öffnet seine Schnupftabakdose, man hört von hinten einen
weiblichen Schrei.*

SCHAMBES. Sie is dehaam, mer hörts. Alsfort des gleische:
der Herr lääft Dame hinnerher, unn isch?
Laaf hinner ihm her. Er hat Spass. Unn isch?
Hab Ängst. Dass aaner kimmt, de Vadder, Bruder,
de Verlobte … *Er nimmt etwas Schnupftabak.*

Gottlieb erscheint aufgeregt.

Erster Akt – Zweite Szene
Schambes. Gottlieb.

GOTTLIEB. Schambes! Ei, bist du des?

SCHAMBES. *Erschrickt.*
Isch bins net! Des is e Verwechslung …

GOTTLIEB. Schambes?

SCHAMBES.
Gottlieb! Du hier? Saach niks. Dei Herrin schickt disch …

GOTTLIEB. Die Gnädische is außer sisch!

SCHAMBES. Du hast aach
ganz schee de Rappel. Nemm der doch e Bris.
Er bietet Gottlieb Schnupftabak an.

GOTTLIEB. Isch schnupp net!

SCHAMBES. Schnupft. Des is feiner Bolongaro!
Kaan Sibbebatze-Stinker. Waaßte was?
Der Dabak is des höchste aller Güder.
Er butzt die Nas, er butzt de Kopp, er butzt die Seel.

GOTTLIEB. Schon guud. Mei Herrin …

SCHAMBES. Nemm der ebbes!
Dabak macht ruuhisch unn aach duuchendhaft:
wer schnuppt, der sündischt net, im Geechedeil!
Dabak is braktizierte Nächstenliebe.
Wer Dabak hot, der teilten aach mit annern.
Er bietet wieder an, Gottlieb wehrt ab.
Saach nur, des überzeuscht disch net …

GOTTLIEB. Ei doch.
Es intressiert misch grad nur net! Mei Herrin …

SCHAMBES. Saach niks. Sie macht sisch Sorje, weil mein Herr
uff aamal fort war, ohne aanen Bips zu saache.

GOTTLIEB. Ach Gottche, ja! Sie is von Sinnen …

SCHAMBES. Saach niks.
Sie issem nachgemacht aus Kronberg.
Besser wärs, sie wär dehaam gebliebe.

GOTTLIEB. Um dausend Gotteswille, Schambes, hat er
der ebbes verzählt?

SCHAMBES. Der muss mer niks verzähle.

GOTTLIEB. Sinn sei Gefühle dann net mehr die gleischen?

Don Juan
(Figurinen von Ilse Träbing)

DON JUAN IST EIN
WEIBERHELD, EIN
BÖSARTIGES
SCHLAPPMAUL UND
EIN ZYNISCHER
FREIGEIST.
EINER, DER ALLE VOR
DEN KOPF STÖSST
UND AN DER NASE
HERUMFÜHRT,
WIE ES IHM PASST.
WARUM AUCH NICHT,
WENN MAN
CHARMANTER UND
GERISSENER IST ALS
DER REST DER WELT?
ABER DAS WIRD,
WIE DIE LEGENDÄRE
GESCHICHTE LEHRT,
BÖSE ENDEN. ODER IST
EIN DON JUAN DOCH
UNSTERBLICH?

SCHAMBES. Dem sei Gefühle sinn alsfort die gleischen:
Er hat se nur alsfort für annere.

GOTTLIEB. Herrje! Er wird ihr doch net untreu sein.
Der Fraa, wo en so liebt ...

SCHAMBES.   Des stört en net.

GOTTLIEB. So e Gemeinheit vonnem edle Herrn ...

SCHAMBES. Edel? Noja, de Vadder von seim Vadder,
hat aafach „Watz" gehieße, bis de Kaiser
em dann de Ridderschlaach verbasst hat:
seither haaßt die Familie „Watz von Waldacker".

GOTTLIEB. Unn isch hab als gemaant, er wär von Spanien!

SCHAMBES.
Sei Mudder is von Spanien, desdeweeche
nennt er sisch „Don Juan".

GOTTLIEB.
                    Es is es Schand!
Wenn isch dran denk, wie der sisch aagewanzt hat,
der Schmachtlabbe, was der für schläächtes Zeuch
geschwätzt hat, wie er bei der Herrin war:
sie wär sein Schicksal, nemmer lebe wollt er,
wenn sie en net erheert!

SCHAMBES.   Des kann er, gell?

GOTTLIEB. Unn noch dezu im Damenstift zu Soden!
Da wollt mei Herrin doch in Keuschheit leben!

SCHAMBES. Mein Herr glaabt net dadran.

GOTTLIEB.   Wodran? An Keuschheit?

SCHAMBES. Schon gar net. Unn aach net ans Damestift.
Er glaabt net an den guuden Herrn im Himmel.
Er glaabt net an de Deibel unnedrunner.
Unn aach net an den schwarze Mann.

GOTTLIEB. Noch net emal an den, isses dann möglisch?
Warum dhud so aaner bloß heirade?

SCHAMBES.
Es macht em Spass. Der dhät aach disch unn misch
unn Katz unn Maus unn Babbegei heirade,
wenns em Vergnüüche mache dhät ...

GOTTLIEB.
Saach nur! Mei Herrin wär die erste net?

SCHAMBES. *Holt die Liste hervor.*
Mir hädde alphabetisch hier die Ada
von Wambolt-Umbach, dann die Adelheid
von Assenheim, die Betz Angelika ...

GOTTLIEB. Heer uff, mir werd ganz dormelich davon.

SCHAMBES. Hier wär de Übberblick nach Landschafte:
in Frankfurt 20, in de Wedderau
37, rund um Darmstadt vierzehn,
aa in Ditzebach ...

GOTTLIEB.   In Ditzebach!

SCHAMBES.
Es mächt zusamme 115 Adelsfräulein,
        an Bauernmädchern 133 ...
        Wieder ein Schrei und Gepolter aus dem Haus,
        er sieht nach hinten.
        Die da is e berjerliche ... Aacheblick!

GOTTLIEB.
Uffheern! Wie kannste so em Unhold diene?

SCHAMBES. Es is net ungefährlisch, glaab
        mers. Wann
de Blitz den Kerl erschläächt, was komme muss,
erschläächt er mich gleich mit. Unn ganz zu Rescht!
Isch helf em ja, dem garschtische Verbrescher!
Was soll isch dhun? Als Diener is mer dreu,
odder verhungert. Odder kriejt aufs Maul.
Bei dem Zorngiggel reischt aa Widderwort:
schon haacht er der die Huck voll, biste nemmer muckst.

Man hört Tumult und Kampfgeräusche von hinten.

GOTTLIEB. *Ängstlich.*
Do kimmt er ...

SCHAMBES.   ... Obacht! Isch hab niks geschwätzt.

Don Juan kommt mit gezogenem Schwert,
Gottlieb flieht entsetzt.

Erster Akt – Dritte Szene
Schambes. Don Juan.

DON JUAN. *Nach hinten.* Wir sehn uns wieder, süße Henriette!
Zu Schambes. Wer war der Kerl? Der kam mer so bekannt vor?

SCHAMBES. Wie denn aach net? Der Diener Ihrer Fraa ...

ER HAT GEFÜHLE NUR ALSFORT FÜR ANNERE.

DON JUAN. Ach ja, „mei Fraa" ... wie hieß die noch ... Marianne?

SCHAMBES. Das war devor, die jetzige haaßt: Elsbeth.

DON JUAN. Elsbeth! Der Name war wie fortgeblasen
von einem andern Namen: Henriette!
Er wendet sich zum Haus.

SCHAMBES. *Nimmt die Liste.*
En Aacheblick. Es werd sogleich nodiert ...

DON JUAN. Später. Sie ziert sich noch ein bisschen. Herrlich!

SCHAMBES. Die hot sisch abber laut geziert.

DON JUAN. *Lacht.* Sie war nur überrascht. Ich hab am Fenster
getan, als wär ich ihr Verlobter, zärtlich
ins Ohr gepischpelt, „Bitte lass mich rein!"
Sie macht mir auf, sie sieht mich ...

SCHAMBES. ... kreischt wie bleed.

DON JUAN. Ich hätt sie schon besänftigt. Dummerweis
kam der Verlobte angerannt, der Labbeduddel.
Bläst sich da auf, zieht gleich sein Säbelchen.
Ich geb ihm eine mit.

SCHAMBES. *Erschrocken.* Unn isser dhod?

DON JUAN. Ach was, ein kleiner Riss im Chemisettche.

SCHAMBES. Haaßt des, mir misse widder fortlaafe?

DON JUAN. Ein Don Juan flieht nicht, ein Don Juan
erobert. Süße Henriette!

Henriette kommt wütend aus dem Haus.

Erster Akt – Vierte Szene
Don Juan. Schambes. Henriette.

HENRIETTE. Mörder!

DON JUAN. Sie schönes Kind! Was haben Sie getan?

HENRIETTE. Isch Ihne? Niks. Sie habbe meinen Hermann
verwundet.

DON JUAN. Pah! Der Kratzer heilt doch schnell,
Die Wunde, die Sie in mein Herz geschlagen haben,
kann niemand heilen – außer Ihnen, Henriette!

HENRIETTE. Die Schmeichelei verbitt isch mer von Ihne!

DON JUAN. Ich kann nicht anders. Wenn Sie wütend sind,
wird Ihre Schönheit beinah unerträglich.

HENRIETTE. Wenn Sie mich net erdraache, packese sisch!

DON JUAN. Ach, lieber will ich hier zugrunde gehn.

HENRIETTE. Von mir aus gern. Dollbohrer, Daachdieb, Drallaff!

DON JUAN. Schimpfen Sie weiter, Henriette, bitte!

HENRIETTE. Verlobtenmeuchler, Mädcheschänner, Babbsagg!

DON JUAN. Hörn Sie nicht auf!

HENRIETTE. Was wolle Sie von mir?

DON JUAN. Ei, Sie! Sie sind mein Schicksal, und ich Ihrs.
Sie werden das noch einsehn, Henriette.

HENRIETTE. So en Filou hab ich noch nie erlebt ...

DON JUAN. Dann werden Sie ihn jetzt erleben. Morgen
um diese Zeit besuche ich Sie wieder.

HENRIETTE. Da bin isch leider fort ...

DON JUAN. Wie fort? Wohin?

HENRIETTE.
Ei fort! De Maa enuff, mei Dant in Rumpenheim besuche!

DON JUAN. Ich warte hier auf Sie ...

HENRIETTE. Sie mache sisch vom Agger!
Sonst hole mer die Bollizei! *Sie geht wütend ins Haus.*

Erster Akt – Fünfte Szene
Don Juan. Schambes.

DON JUAN. *Ruft hinterher.*
Für Sie lass ich mich gern zur Hauptwach schleppen.
Zu Schambes. Ist sie net wunderbar? Sie liebt mich schon.

SCHAMBES. Des hat für misch e bissi anners ausgesehe.

DON JUAN.
Die Frau, die mich verschmäht, muss erst erfunden wern.
Ich hab noch jede rumgekriegt, stimmts net?

SCHAMBES. *Mit Blick auf die Liste, kleinlaut.*
En Aacheblick … im Ganze, leider ja.
Ihr Charme is grenzelos …

DON JUAN. Wie meinste das?

SCHAMBES. Isch maan, Ihr Herz lääft schnell, es lääft unn lääft,
von aaner lääfts zur annern …

DON JUAN. Passts dir net?
Du weißt, ich disputiere gern mit dir.

SCHAMBES.
Monsieur, wie Sie sisch dorsch die Landschaft liebe,
kennese net aamal bei aaner bleibe?

DON JUAN. „Bei aaner bleibe"? Ei, verhaach die Kist!
Ich finde, jede Schönheit hat ein Recht,
von mir verführt zu wern. „Bei aaner bleibe" –
heißt: alle anderen beleidigen.
Die Treue is für trübe Trauerklöß,
die froh sein können, wenn sie eine will.
Ich will sie alle, alle wollen mich.
Hätt ich zweitausend Herzen zu verschenken,
wärs einfacher, ich hab nunmal nur eins.
Drum schenk ichs „aaner nach der annern" …

SCHAMBES. Wie könne Sie sisch alsfort neu verliebe?

DON JUAN. Wenn Liebe alt wird, isses keine mehr.
Die Leidenschaft kann ich nur frisch genießen.
Die Tränen, Seufzer, Blicke, Wimpernschläge.
Den Widerstand der zarten, scheuen Unschuld.
Doch der Eroberer zerbricht entschlossen
den Festungsring und feiert Siegeshochzeit!

SCHAMBES. Dann könnt mer sichs aach mal gemiedlich mache.

DON JUAN. „Gemiedlich" machen sichs nur Hannebambel.
Ein Don Juan muss weiter, immer weiter.
Von Sieg zu Sieg, und auf zu neuen Siegen!
Ich bin der Alexander der Große der Liebe!
Wenn ich die ganze Welt erobert hab,
wünsch ich mir tausend neue Welten zum Erobern.

SCHAMBES. Sie könne schwätze. Wie e Buch. Mer maant,
Sie hättes auswendisch gelernt, Monsieur.

DON JUAN. Schon gut. Und wo ist deine Widerrede?

SCHAMBES. Die war bis ewe in meim Kopp, jetzt isse
fortgeschwemmt von Ihrer Redeflut.
Es nächste Mal schreib isch mers uff.

DON JUAN. Tu das.

SCHAMBES. Isch schreib: „Monsieur, Ihr Rumgeheirade,
des sieht der Himmel aber gar net gern."

DON JUAN. *Unwillig.* Das mach ich mit dem Himmel selber aus.

SCHAMBES. Mit Lästermäulern nimmts kaa guudes End.

DON JUAN. Obacht, Schambes, du weißt, ich streite gern.
Nur keine Vorwürfe und keine Predigt.
sonst haach ich der de Buggel grie unn blau!

SCHAMBES. Isch hab net Sie gemaant, Monsieur, isch hab
so annere gemaant, wos Maul uffreiße
unn brille „guggt emol, was ich fürn Freigeist bin!
Woran ihr glaabt, des zieh isch in de Dregg!
Unn lach mich dhod debei."

DON JUAN. So Mensche gibts?

SCHAMBES. E Glick, dass Sie da net dazugeheern.

DON JUAN. Sonst könnt ich mir von dir was anhörn, gell?

SCHAMBES. Unn ob. „Sie uffgeblasener Patron!"
Isch maan den annere. „Sie glaabe wohl,
Sie sinn was Besseres!" Net Sie, Monsieur.
„Dann lassese sisch von em Diener saache:
Wer heut auf hohen Rossen galoppiert,
liejt morje schon im Dregg!"

DON JUAN. Im Dreck?

SCHAMBES. Der annere.

DON JUAN. *Schaut Schambes streng an.*
Da bin ich ja nochmal davongekommen.
Genau wie du. Und jetzt pack unsre Sachen.
Wir mieten uns ein Boot.

SCHAMBES. Wieso dann des?

DON JUAN. Wir folgen meiner nächsten Frau „de Maa enuff"
Zu „ihrer Dant", wie sie so reizend sagt.
Wir hinterher – wie tollkühne Piraten.
Wir entern, gehn an Bord, sie sinkt benommen
in meinen Arm …

SCHAMBES. … und Hermann, de Verlobte?

DON JUAN. … läuft in das Schwert von Käptn Don Juan.

SCHAMBES. Nur des net! Wisseses net mehr? Sie habbe am Maa schon aamal aan erstoche.

DON JUAN. Wirklich?

SCHAMBES. Den Kommandant von Rumpenheim.

DON JUAN. Ach ja!
Der alte Säftel mit der hübschen Tochter.
„Nur übber meine Leische kriejste se!",
brüllt der, ich brüll zurück: „Ganz wie Sie wünschen!"

SCHAMBES. Darüber lacht mer net – der Mann is dhod.

DON JUAN. Ich hab ihn im Duell standesgemäß
erlegt – er kann sich also net beschwern.
Schluss jetzt, ein Don Juan schaut nicht zurück,
er schaut nach vorne, süße Henriette!
Du bist die Einzige ...
Elsbeth tritt auf, verschleiert.
... ja, wer ist das denn?

UND SIE ERKLÄREN MIR JETZT DIE ERKLÄRUNG.

Erster Akt – Sechste Szene
Don Juan. Schambes. Elsbeth.

SCHAMBES. Monsieur, ei guggese doch hie ...

DON JUAN. Ich gugg ja!
Diese Figur, die zarte, stolze Haltung.
Madame, sind wir uns schon begegnet?

ELSBETH. *Nimmt den Schleier ab.*
Das kann man sagen, lieber Herr Gemahl!

DON JUAN. Elsbeth? Na, das ist eine Überraschung ...

ELSBETH. Ich hoff, ich stör Sie net beim Ausschauhalten nach zarten, stolzen Damen, Don Juan.

DON JUAN. Elsbeth, es is net, wie Sie denken.

ELSBETH. Ach nein? Ich dachte, als Sie Cronberg plötzlich verließen: Sicher muss er schnell nach Frankfurt, der Vater wird erkrankt sein.

DON JUAN. Ja, mein Vater.
Der wohnt hier, Nähe Zeil, es geht ihm gut.

ELSBETH. Das dachte ich mir schon – und fragte mich:
„Kann dieser Mann die Niedrigkeit besitzen,
dich kalt und grußlos zu verlassen?" Meine

Vernunft sprach: „Ei, das siehst du doch".
Ich lauschte lieber dem Gefühl, es spielte
mir süße Melodien vor und sang:
„Er liebt dich so, er kehrt bald wieder heim ..."

DON JUAN. Elsbeth ...

ELSBETH. ... mein Herz sang tausend Strophen.
Singen Sie mir die Tausenderste, bitte.

DON JUAN. Schambes, erklär du ihr, warum wir fort sind.

SCHAMBES. *Überrumpelt.*
Madame, der Grund is aafach: Alexander
der Große unn die neue Welt ...

ELSBETH. Ach so.
Zu Don Juan.
Und Sie erklären mir jetzt die Erklärung.

DON JUAN.
Madame, ich möchte bei der Wahrheit bleiben ...

ELSBETH.
Und das fällt Ihnen schwer, ich helfe gern:
Beginnen Sie mit „Teuerste, ich schwöre,
nichts als der Tod kann Ihnen mich entreißen.
Ein wichtiges Geschäft trieb mich hierher.
Sie fehlen mir unendlich, grau und trübe
sind meine Tage, kaum kann ichs erwarten,
Sie wieder zu umarmen". So geht das.
Sie konnten es schon besser, Don Juan.

DON JUAN. Es war kein wichtiges Geschäft. Ich folgte meinem Gewissen.

ELSBETH. Sie? Und ein Gewissen?

DON JUAN. Ja! Mein Gewissen sprach zu mir: „Du Lump.
Du hast sie aus dem Damenstift entführt.
Dort war sie mit dem Himmel schon vermählt.
Und dann mit dir? Das ist doch Bigamie!"
Wie ich das hörte, packte mich die Reue.
Ich wollte nur noch fort ...

ELSBETH. Das Neunmalaas!
Jetzt kenne ich Sie ganz, Monsieur. Der Himmel,
den Sie verhöhnen, wird Sie dafür strafen.

DON JUAN.
Wieso? Zur Eifersucht hat er doch keinen Grund mehr.

ELSBETH. Sie spotten noch ...

SCHAMBES. ... das mächt er bei mir aach.
Dem dürfe Sie net mit dem Himmel komme.

ELSBETH. Ich habe schon zu lange zugehört.
Monsieur, Sie werden mich nicht flennen sehen,
ich fall nicht auf die Knie vor Ihnen ...

DON JUAN. Gut so.
Die Frau, die ich verlasse, darf mich hassen,
nur keine Tränen bitte. Eines Tages
werden Sie einsehn, dass die Zeit mit mir
den Abschiedsschmerz bei weitem aufwiegt.

ELSBETH.
Der Himmel wird Sie strafen, Don Juan.
Und vorher werden meine beiden Brüder
die Ehre der Familie Cronberg rächen.
Ich wär so gern dabei, wenn Sie zur Hölle fahrn.
Adieu! *Sie geht ab.*

SCHAMBES.
An Ihrer Stelle hätt mich des erschüttert.
Wolle Sie net e bissi in sisch gehn?

DON JUAN. In misch? Da is niks los. Lieber „de Maa enuff".
Nach Rumpenheim!

SCHAMBES. Mir krieje Sturm!

DON JUAN. Ein Abenteuer!
Ich komme, Henriette! Schnell, ein Boot!
Er zieht los, Schambes hinterher.

SCHAMBES.
Warum muss ich von allen Herrn der Welt
an so en Deibelskerl gerate?

Zweiter Akt – Erste Szene
Mainufer.
Peterche. Bärbel.

BÄRBEL. Eisch hunns noch immer net verstanne, Peterche!

PETERCHE. Verdeppelt noch emol! Eich saach ders doch:
Die Kerle wärn versoffe wie die Ratze ohne uns!

BÄRBEL. Konnstes mer net von vorn verzähle?

PETERCHE. Eich warn am Maa gewese med dem Digge,
dem Betze Stoffel, unn mer hadde Spass,
mer hadde suu viel Spass ...

DIE FRAU, DIE ICH VERLASSE, DARF MICH HASSEN.

BÄRBEL. Isch glaab ders ja.

PETERCHE. Unn wie mer da so Spass hadde, gugg eich
so uff de Maa enaus, was sehn eich do?

BÄRBEL. Ei was?

PETERCHE. Verdeppelt noch emol! E Bootche!
Des dhut so schaukele, uff aamal isses fort.
Stoffel, hun eich gebrillt, im Maa versaufe
zwaa Kerle, do, eich hunns gesehe. „Hoste
gesoffe", brillt der Kerl zerick, „eich seh niks!"
Unn eich so „wedde mer", unn der „mer wedde"
Eich so „zwaa Grosche", der so „topp!"

BÄRBEL. *Ungeduldig.*
Unn die zwaa Kerle im Wasser?

PETERCHE. Hunn gebrillt
wie Dachmarder! Do hats sogar de Stoffel
geheert. Unn eich so, „wolle mer se net
e bissi redde", der so „naa, eich will net,
zwaa Grosche hunn eich weeche dene verlorn."
Aber er is jo net esuu! Mir zwaa
ins Boot, unn pitsche patsche pitsche patsche,
Mir pagge die zwaa Kerle am Schlafittche,
Mer rudern se an Land, mer mache Feuer,
die zwaa mache sisch nackisch!

BÄRBEL. Werklisch wahr?

PETERCHE. Ei's war doch alles drebbelnass. Wie zwaa
verroppte Goggel hunn die ausgesehe!
Unn dann is aach es Kalbfleische Fränzi komme,
unn hat dem aane schee gedhan.

BÄRBEL. Es Kalbfleische Fränzi?
Die dabbich Kou! Isser en scheene Mann?

PETERCHE. En grouße Herr isser. Nur ohne uns
do dhäte den Herrn Graf die Fisch verbutze.

BÄRBEL. Heer uff! Isser dann immer noch ganz naggisch?

PETERCHE. Ei naa! Die hunn sich widder angezooche.
Verroppt, was suu en Herr am Leibe drääscht:
nur Seidebännel, Girtel, Litze, Knepp.
Unn Haarzepp hadde die, wo net am Kopp
gewachse warn, zum Uffsetze als wej e Kapp.
Unn Ärmel lang, do wärst dou ganz eneigeschlippt.
Unn Hose breit von hei bis Offebach.

BÄRBEL. Des dhät eisch als gern selber sehe, Peter.

PETERCHE. Eich muss der abber vorher ebbes saache.

BÄRBEL. Nur hurtisch!

PETERCHE.   Bärbel – eich hunn dich gern.

BÄRBEL. Ei jo.

PETERCHE.   Mir wolle heirade.

BÄRBEL.   Eich waaßes.

PETERCHE.
Isch glaab nur als, du hast misch net so gern.

BÄRBEL.
Ach des schon widder. Als die gleiche Leier.
Was willste dann?

PETERCHE.   Dou sollst misch aach gern habbe.

BÄRBEL. Isch hab dich gern.

PETERCHE.   Verdeppelt noch emol:
dann zeisch mers aach. Eich kaaf der Bennelcher,
eich hol der Daubeeier ausm Nest,
von dir hörn eich kaa Wort. Mer muss doch mol
die Leut, die wo aan gern habbe, aach gern habbe.

BÄRBEL. Wie mächt mers dann, wemmer aans gern had?

PETERCHE. Ei wie es Altvaters Sofie mit ihrm Robert.
Sei dhoud en alsfort negge, gibt em Koppstick,
letzt hat se em's Schawellche unnerm Hinnern
esuu fortgestumpt, dess der der Länge nach
uff sei Fressleist gefalle war, hahahaha!

BÄRBEL. Ei wannde maanst, stump eich disch ewe um!
Sie gibt ihm einen Stupser.

PETERCHE. Wann de misch gern hättst, dhätste fester stumpe.

BÄRBEL. Isch stump disch, wie eich kann. Wann des net reicht,
souch der e anner, wo disch stumpe dhout!

PETERCHE. Hättste misch gern, sou dhätste des net saache.

BÄRBEL. Dou Knolleknopp ...

PETERCHE.   ... du sollst misch gern habbe.

Don Juan und Schambes treten auf.

BÄRBEL. Eich geb mer Müh!
Sie sieht Don Juan. Is des de grouße Herr.

PETERCHE. Ei jo.

BÄRBEL.   En Fetzekerl! Des wär ja schad,
wann der versoffe wär. *Zuckersüß.* Mei Peterche.
Du siehst so mied aus, geh doch uffn Schobbe.
Erfrisch disch, eich komm späder nach ...

PETERCHE.   ... mei Bärbel.
Des dhun eich gern, bis späder!

Sie schiebt ihn hinaus.

**Zweiter Akt – Zweite Szene
Don Juan. Schambes. Bärbel.**

*Don Juan und Schambes treten leicht zerrupft auf,
Schambes trägt ein nasses Bündel.*

SCHAMBES. Monsieur, de Himmel hat uns nochemal
dorchschlippe lasse. Nemme mer's als Zeische,
unn lasses vorerst gud sein mit dem schändliche ...

DON JUAN. *Streng.* Schambes!

SCHAMBES.   Was babbel eich dann da,
der Herr waaß doch am beste, was er dhud.

DON JUAN. Der Sturm hat meinen Liebesplan durchkreuzt.
Da hilft kein Breckeln und kein Pienzen.
Die Henriette ging mir durch die Lappen.
Dafür hab ich die Kalbfleische Fränzi.
Ein Don Juan schaut net zurück, er schaut
nach vorn. *Er erblickt Charlotte.*
                Da ist ja irgendwo ein Nest.
Schon wieder eine rustikale Schönheit!
Hast du schon jemals so ein Weib gesehen?

SCHAMBES. *Holt die Liste hervor.*
Ei ja ... wennses genauer wisse wolle.

DON JUAN. *Zu Bärbel.*
Sie Allerschönste, wie soll ich Sie nennen?
Sie holde Schäferin ...

BÄRBEL. *Bemüht sich hochdeutsch zu reden.*
                    ... mir habbe kei Schafe.
Trotzdem recht scheenen Dank, mein hoher Herr.
Eich sein ... isch bin die Bärbel.

DON JUAN. Bärbel. Bärbel.
Ihr Name ist Musik. Hier zwischen Feldern,
Vogelscheuchen, Füchsen, Fliegen, Fladen
ein solches Wunder?

BÄRBEL. Ei, Sie sehes ja …

DON JUAN. Sind Sie von hier?

BÄRBEL. Eich sein vun do, wanns rescht ist.

DON JUAN. Ja, Bärbel, mir ist alles recht, wenn Sie
mich ansehn. Ach, wie strahlen Ihre Augen.

BÄRBEL. Sie mache misch verleeche, hoher Herr.

DON JUAN. Die Wahrheit muss Sie net verleeche mache.
Er geht um Bärbel herum, sie macht im Folgenden,
was er von ihr verlangt.
Drehn Sie sich doch mal um! Wie wunderbar.
Die Taille, herrlich. Nehmen Sie den Kopf
e bissi hoch, großartich, reizend, süß!
Die Augen auf, so ist es recht, den Mund
ganz auf, ich will die Zähne sehn, prächtig.
Wie Perlen stehn sie da, und Ihre Lippen
so schwellend, rot und feucht, da kann die Venus
einpacke.

BÄRBEL. Hoher Herr, Sie wolle mich uze?

DON JUAN. Uze? Der Himmel solls verhüten, nein!
Schambes, sieh dir nur ihre Hände an.

BÄRBEL. *Versteckt sie.*
Die sein ganz schwarz vom Schaffe … von der Arbeit.

DON JUAN. Geschafft hat Ihre Hand: dass ich sie küssen will.
Er nimmt ihre Hand.

BÄRBEL. Wann ichs gewusst hätt, hätt ich se gewasche.

DON JUAN. Sie sind doch net etwa vergeben, Bärbel?

BÄRBEL. Vergebe net, abber verlobt, mi'm Peterche,
des is de Jüngst vom Lappe Wenzel.

DON JUAN. Lappe?
Wenzel? Peterche? Das klingt nach Kuhstall.
Da hat mich wohl der Himmel hergeschickt,
Sie aus der groben Bauernfaust zu retten.
Ich liebe Sie von ganzem Herzen, Bärbel.

BÄRBEL. Sie gehn ja hurtich ran …

DON JUAN. Das macht Ihr Zauber.
In zehn Minuten liebt man Sie, wie andere
in sieben Jahren net.

BÄRBEL. Sie mache mich
ganz dormelich, wie Sie da schwätze. Isch dhäts
gern glaube. Nur mei Mudder hat gesaacht:
„em gruuße Herrn derf mer kaa Wort net glaube.
Die Mistfinke, die wolle uns entehre."

DON JUAN. So einer bin ich net.

SCHAMBES. Des sieht mer doch.

BÄRBEL. Ich find Entehrtwern gar net angenehm.

DON JUAN. Bärbel, ich liebe Sie und zum Beweis
bitte ich Sie um Ihre Hand! Ich mein
es ehrlich, dieser Mann kann das bezeugen.

SCHAMBES. Der heirat Sie, so oft Sie wolle, ehrlich.

BÄRBEL. Sie habbe so e Art, dess mer des alles
glaabe will. Ei guud, isch glaabs.

DON JUAN. Werden Sie meine Frau?

BÄRBEL. Von Herzen gern,
wenn mei lieb Mudder niks degeesche hot.
Sie wolle mich aach wirklich net entehrn?

DON JUAN. Beim Himmel will ich es beschwören!

BÄRBEL. Ach, lieber net.

SCHAMBES. Des wollt isch aach grad saache.

DON JUAN. Dann geben Sie mir einen Kuss zum Pfand.

BÄRBEL. Wemmer verheirat sinn.

DON JUAN. Dann geben Sie
mir wenigstens die schöne Hand …

Er küsst ihr wild die Hand, Schambes zückt wieder die Liste,
da kommt Peterche zurück.

Zweiter Akt – Dritte Szene
Bärbel. Don Juan. Schambes. Peterche.

PETERCHE. *Schubst Don Juan.*
Obacht, Monsieur, dess Sie sisch net erhitze!
Sunst holt Sie noch de Schlaach!

DON JUAN. *Stößt ihn weg.* Was willste? Stumpe?
Des kannste haben, Bauernolwel!

PETERCHE. Dei Bärbel is mei Braut, die Finger fort!

DON JUAN. Mei Finger hast du gleich in deim Gesicht.
Er stößt ihn hart.

PETERCHE. Verdeppelt noch emol, mer stumpt die Leut
net suu erum!

BÄRBEL. Ei, Peterche, lossn in Rouh!

PETERCHE. Eich den? In Rouh? Den? Eich? Im Lebe net!
Was hot der Herr dann unsre Fraue aazedatsche?
Soll er sei eischene aadatsche!

DON JUAN. Borschtekopp!
Er haut ihm eine runter, und dann eine nach der anderen.

PETERCHE. *Quittiert mit jedem Schimpfwort eine Ohrfeige.*
Aua! Monsieur! Verdeppelt noch emal!
Verroppt! Verknerzt! De Dunnerschlaach! Verbambelt!
Mer haacht aans doch net so, wenn aam von dem
es Lebe gerettet worn is.

BÄRBEL. Reesch disch net uff!

PETERCHE. Eich reech mich uff. Der hat dich aagedatscht.

BÄRBEL. Es is net, wie du denkst. Der will misch heirate.

PETERCHE. Des aach noch? Dann haach eichn dhoud.

BÄRBEL.
Wennde misch gern hast, freuste disch, wann eich Madam werd.

PETERCHE. De schwarze Bips sollste dir vorher hole!

BÄRBEL. Mer kaafe bei dir Käs unn Worscht, versproche.
Nadierlisch nur, wanns net zu deier is.

PETERCHE. Verhungern loss ich euch, des glaabste mer.
Ei, wann eisch des gewisst het: Den hätt eisch
versaufe losse, middem Ruder hätt ich
em noch aa mitgebbe, dem Kielschawer!

Schambes, Don Juans Diener

DON JUAN. Obacht!

PETERCHE. *Versteckt sich hinter Bärbel.*
                    Eisch hun kaa Angst vor Ihne.
Wollese Flabbes? Mackes? Batsche? Fäng?

DON JUAN. *Um sie herum ihm hinterher.*
Wart nur!

PETERCHE. *Läuft davon.* Wollese uff die Kutt? Uffs Maul?

DON JUAN. Ich krieg dich.

PETERCHE.   Eisch sein do!

SCHAMBES.   Monsieur, isch bitt Sie,
den klaane Derrappel da haache is e Sünd.
Bub, halt die Fress und butz die Blatt, es is besser.

PETERCHE. Eisch halt se net, ihr Dreggsägg!

Don Juan will ihn hauen, er duckt sich, Schambes wird getroffen.

SCHAMBES.   Dod und Deiwel!

DON JUAN. So gehts, wenn mer zu menschenfreundlich is.

PETERCHE. *Zu Bärbel.* Des dhun eisch deiner Mudde petze,
blatze werdse vor Zorn! *Er rennt ab.*

DON JUAN. Bärbel! Endlich allein! Ich bin der glücklichste
von allen Männern ...

Er nimmt wieder Bärbels Hand, Fränzi taucht auf.

Zweiter Akt – Vierte Szene
Bärbel. Don Juan. Schambes. Fränzi.

FRÄNZI. *Empört.* Die dabbisch Kouh!

SCHAMBES.   Oh, die hat noch gefehlt.

FRÄNZI. *Um hochdeutsch bemüht.*
Monsieur? Was machese dann mit der Bärbel?
Wollese die aach heirate?

DON JUAN. *Zu ihr beiseite.* Ach was!
Sie hat sich mir an den Hals geschmissen.

BÄRBEL. Monsieur, was schwätze Sie dann mit der Fränzi?

DON JUAN. *Zu ihr beiseite.*
Sie is verrickt vor Eifersucht, sie will
dass ich sie heirate. Doch ich will dich!

FRÄNZI. Horschemaa, Bärbel ...

DON JUAN.   Es hat keinen Zweck.
Gleich sagt sie, ich hab ihr die Eh versprochen.

BÄRBEL. Horschemaa, Fränzi ...

DON JUAN. *Zu Bärbel.*   Gleich wird se behaupte,
ich hätte sie um ihre Hand gebeten.

FRÄNZI. Du narrisch Els! Du kommst mer iwwerzwerch?

BÄRBEL. Du scheele Krott! Du strenzt mer do mei Äppel?

FRÄNZI. Monsieur hot misch zuerst gesehe, gell?

BÄRBEL. Bei mir hat er sischs anners iwwerleescht

FRÄNZI. Mich hat er um mei Hand gebete.

DON JUAN. *Zu Bärbel.*   Sag ichs net?

BÄRBEL. Mir hat er se versproche.

DON JUAN. *Zu Fränzi.*   Wusst ichs doch.

BÄRBEL. Eich werd sei Fraa, eich eich ...

FRÄNZI.   Naa, eich!

BÄRBEL.   Naa, eich!

FRÄNZI. Ei, fraachen doch.

BÄRBEL.   Ei fraachen du doch selwer!

BEIDE. *Zugleich.*
Monsieur? Sie habbe um die Bärbel/Fränzi angehalde?

DON JUAN. Die Frage lässt sich leicht beantworten ...

BÄRBEL. Monsieur werd dir die Nas schon butze, Schlumpel!

FRÄNZI. Monsieur werd der schon haamgeije, schepp Quetsch!

DON JUAN. Was soll ich sagen, meine Damen? Beide
behaupten Sie, ich hätte Ihnen hier
die Ehe versprochen? Das is ganz unmöglich.
Der ichs versprochen hab, die weiß es gut,

die annere weiß, dass sie lügt. Wozu
viel schwätzen? Kommts in solchen Dingen denn
auf Worte an oder auf Taten? Meine Braut
wird später sehn, wer Recht gehabt hat.
Die andere auch. *Zu Fränzi.* Sie wissen nun Bescheid.
Zu Bärbel. Sie haben nun Gewissheit. *Zu Fränzi.* Grasäffche!
Wer Sie sieht, schaut keine andre an.
Zu Bärbel. Herzbobbelche!
Adieu, Geliebte, leider muss ich fort.
Ich kehre bald zurück zu uns'rer Hochzeit.
Er geht langsam ab, hat aber ein Auge auf Schambes,
der ihm nicht folgt.

BÄRBEL. Ei, ebe wisse mers: Eich werd sei Fraa!

FRÄNZI.
En Dregg waaßt dou: weil eich saa Fraa werd!

SCHAMBES. *Sieht sich erst vorsichtig um.*
Ihr arme Mädcher dhud mer leid. Isch kanns
net sehe, wie der euch ins Unglick stumpt.
Ich saachs im Gude: Glaabt dem Stromer niks.

BÄRBEL. Was? Der Monsieur?

FRÄNZI. Der wär en schlechte Kerl?

Don Juan kommt derweil langsam zurück.

SCHAMBES. Der heirat alle verzeh Daach e anner,
nemmt euch in Acht vor dem.
Er bemerkt seinen Herrn hinter sich.
Isch maan, nemmt euch
in Acht vor dem ... wo Beeses von ihm schwätzt.
Der heirat aach net öfter wie en annere ...

Peterche tritt auf, triumphierend.

Zweiter Akt – Fünfte Szene
Don Juan. Schambes. Bärbel. Fränzi. Peterche.

PETERCHE. En Fraueaadatscher isser!
Abber des werd ihm grindlich ausgetribbe.

DON JUAN. Was schwätzst du da?

PETERCHE. Verdeppelt noch emol.
Eich hunn zwaa Herrn gedroffe mit Gefolge.
Die hunn gesaacht: Mir suche suu en Kerl,
esuu en Kerl, wie der do driwwe is.

Unn weil en fromme Mensch net lüüche dhut,
hunn eich verrade, wo se steggt, die Sau.
Die warn zehe Leut, unn alle hadde Waffe.
Sie habbes letzte Mal aa aagedatscht.

SCHAMBES. Schon widder fliehe.

DON JUAN. Ein Don Juan flieht nicht.
Er wählt nur selbst den Zeitpunkt für die Schlacht.
O du Geliebte! Gleich nach unserm Sieg
werde ich heimkehrn und zur Frau dich nehmen.
Und damit mein ich die, die es schon weiß.

Die Mädchen und Peterche ziehen sich zurück.

SCHAMBES.
Monsieur, mer misse fort. Ich hab so Ängst.
Könne mer uns net verkleide.

DON JUAN. Aber gern.

SCHAMBES. Mer habbe aber niks.

DON JUAN. Dann tauschen wir.
Ich nehme deine Kleider, du nimmst meine.
Er streift seine Perücke und Jacke ab.

SCHAMBES. Wieso?

DON JUAN. Um die Verfolger zu verwirren.
Er setzt die Perücke Schambes auf, nimmt dessen Perücke.

SCHAMBES. En Aachebligg, wenn die uns finne, haache
die misch dhod, weil se glaabe, isch bin Sie.

DON JUAN. Ein ehrenvoller Tod für deinen Herrn.

SCHAMBES. En ehrenvolles Leben is mer lieber.
Warum muss ich von allen Herrn der Welt
des Neunmaloos erwische?

Beide halb umgezogen ab.

Dritter Akt – Erste Szene
Bei Rumpenheim, Friedhofsmauer mit einem Grabmal.
Don Juan. Schambes.

Don Juan und Schambes haben die Kleider getauscht,
Schambes trägt den Degen, aber auch das Bündel, er hält an,
und nimmt eine Prise Schnupftabak.

**EN FRAUE-
AADATSCHER
ISSER!**

DON JUAN. Schäm dich, Schambes! Ein Don Juan schnuppt net.

SCHAMBES. *Erstaunt.*
Ach ja, isch bin ja Sie, Monsieur. Unn Sie
sinn isch. Dann misste Sie abber die Dasch draache.
Er reicht sie ihm.

DON JUAN. Nicht übertreiben! Sonst gewöhnste dich
am End noch dran.

SCHAMBES. Wie maanese, Monsieur?
Könnt isch en Herr wern, nur vom Dran-Geweehne?
Isch hab gemaant, mer misst als Herr gebore sein?

DON JUAN. Davon wirste nur adlig. Was er tut,
zeichnet den Herren aus!

SCHAMBES. Was dhut en Herr?

DON JUAN. Ei, was er will. Unn nimmt sich, was er braucht.
Unn lacht der Welt verwegen ins Gesicht. Haha!

SCHAMBES. Sie könne des, Monsieur, isch wenischer.
Da helfe mer aach Ihre Kleider niks.
*Eine ältere Frau kommt ihnen entgegen,
Schambes erschrickt.*
Herrje, da kommese, mer sinn verlore!

DON JUAN.
Ängstschisser! Das is nur ein Hutzelweib.
Der zeigst du jetzt, was für ein Herr du bist.

Schambes bemüht sich, herrisch auszusehen.

Dritter Akt – Zweite Szene
Schambes. Don Juan. Hutzelweib.

HUTZELWEIB. *Knickst.* Gnädigster Herr ...

SCHAMBES. *Macht Don Juan nach.*
Was willst du von mir, Weib? Haha!

HUTZELWEIB.
En Herr mid Dasch? Sie sinn bestimmt en Arzt!
Herr Dokter, was e Glick, dass ich Sie treff!
Sie entblößt ihre Schulter, dann zieht sie den Ärmel hoch.
Do guggese, do driggts unn do dhuts zwigge,
do juggts wie bleed unn hinnerum dhuts reiße.

SCHAMBES. *Irritiert, Don Juan macht aufmunternde Gesten.*
Ei ja ... des könnt die Urschlächt sein ... odder

**ÄNGSTSCHISSER!
DAS IS NUR EIN
HUTZELWEIB.**

de Bips ... vielleicht aach e Karbunkel ... odder
aach niks von alledem.

HUTZELWEIB. Isch habs beferschtet.
Kammer da ebbes mache?

SCHAMBES. Nemmese
e Pülverche von Brechnuss morjens, middaachs
zwaa Leffel Eel unn abends e Klistierche.

HUTZELWEIB. Herr Doktor, dausend Dank unn Goddes Seeche!
Sie geht weiter.

Dritter Akt – Dritte Szene
Don Juan. Schambes.

DON JUAN. *Lacht.* Als Herr warste net wirklich überzeugend.
Aber du hast die Medizin begriffen.
Die Leut vertrauen keim studierte Arzt.
Sie glauben lieber einem, der so babbelt.

SCHAMBES.
Des Brechnusspulver wirkt abber, Monsieur.
Isch habs doch neulich erst geseh, da laach
en arme Kerl seit vierzeh Daach im Sterwe.
En Löffel Brechnuss ...

DON JUAN. ... und er war geheilt?

SCHAMBES. Naa, sofort dhod.

DON JUAN. Die Medizin hat ihn erlöst,
als ihn der Himmel nicht erlösen wollte.

SCHAMBES. Monsieur, derf ich dadrübber disputiern?

DON JUAN. Solang du mich mit Vorwürfen verschonst.

SCHAMBES. Glaabe Sie übberhaupt net an den Himmel?

DON JUAN. Wie mers nimmt.

SCHAMBES. Haaßt „naa". Unn an die Höll?

DON JUAN. Wie mers nimmt.

SCHAMBES. Haaßt aach „naa". An de Deibel?

DON JUAN. An den schon eher ...

SCHAMBES. „Naa". Es Lebe nachem Dhod?

DON JUAN. Ich war noch nie dhod. Was weiß ich?

SCHAMBES. *Seufzt.* Glaabe Sie an den Schwarzen Mann?

DON JUAN.   Knäulkopp!

SCHAMBES.
Monsieur, ich schwörs: den Schwarze Mann gibts werklich
wer soll dann sonst die beese Kinner hole?
An irschendwas muss der Mensch doch glaabe!

DON JUAN. Tu ich ja auch.

SCHAMBES.   An was dann?

DON JUAN.   Zwei und zwei ist vier.
Ach ja: unn vier unn vier is acht.

SCHAMBES. Des sinn mer scheene zwaa Gebode. Monsieur,
da merkt mers widder, wer viel wisse dhut,
dhut aach viel irre!

DON JUAN.   Das passiert dir net ...

SCHAMBES. Isch war uff kaaner Schul, hab net studiert.
Niks hab isch als mei Herz unn mein Verstand,
Dank dene beide waaß isch aans gewiss:
Die Welt is net an aam Daach aus der Wies
geschosse wie en Champignon. Monsieur,
so guggese sisch um: die Staa, die Bäum,
de Dregg, die Fliesche! Habbe die sisch all
selwer gemacht? Ei naa! Unn mir uns aach net.
Der Kopp, die Nas, der Mund, de Hals, die Ohre.
Die Nerve, Adern, Lunge, Herz unn Lebber,
des ganz Gelerch do drinne is doch de Beweis!
Monsieur, was gugge Sie misch an? Des is
doch ein Disput, Sie misse aach was schwätze.

DON JUAN. Ich lausche deinen Worten atemlos.

SCHAMBES. Hab isch net Recht?

DON JUAN.   Jaja. Nur, wie gehts weiter?

SCHAMBES. Was haaßt da weider? Ei, mir sinn e Wunner.
Das Folgende führt er vor.
Es is e Wunner, dass isch stehe dhu
unn net gleich umfall. Dass isch schwätze kann
unn dadebei zugleisch die Ärm uffhebe,
nach obe gugge, in die Hände klatsche,
mi'm linke Baa nach rechts ... *Er stolpert und fällt hin.*

DON JUAN. Dein Denkgebäude stand auf schwachen Füßen ...

SCHAMBES. *Rappelt sich wieder auf.*
Monsieur, isch will Sie net bekehrn, isch mach
mer Sorje um Ihr Seelenheil.

DON JUAN.   Jaja.
Ich mach mir dafür Sorje um den Weg.
Ich mein, wir wären schon mal hier gewesen.

SCHAMBES. Isch aach. Sie habbe aa geküsst ...

DON JUAN. Das könnt ja überall gewese sein. Da kommt einer!
Du bist der Herr, du fragst ihn nachem Weg.

Ein Bettler kommt um die Ecke.

Dritter Akt – Vierte Szene
Don Juan. Schambes. Ein Bettler.

SCHAMBES. Ei, Sie da. Kommese nur korz mal bei. Haha ...

BETTLER. Gestrenger Herr, der Seechen Gottes möge
allzeit auf Ihnen ruhn.

SCHAMBES.   Uff Ihne aach.
Wo geht dann hier de Weech zerick nach Frankfurt?

BETTLER. Da hinne reschts, die nächste links, gradaus.
Dass Gottes Seechen Sie begleide, hoher Herr.

SCHAMBES. Sie aach, mir danke.

BETTLER.   Hoher Herr?
Sie habbe net vielleischt für misch was ibbrig?

DON JUAN. Aha! Umsonst gibts „Goddes Seeche" net.

BETTLER. *Zu Schambes.*
Isch bin en arme Mann, gestrenger Herr.
Nur eine milde Gabe, dadefür
will isch zum Himmel bede, dess er Sie
mit Glick unn Seeche überhäufe dhud.

DON JUAN. Erhört der Himmel Deine Bitten denn?

BETTLER. Ei, isch glaab schon.

DON JUAN.   Dann bitte ihn, dass er
dich selber überhäuft: mit Brot, mit Kleidern.
Du brauchst es nötiger ...

BETTLER. Wie maanese?

SCHAMBES. Der Herr glaabt net, was mir zwaa glaabe.
Der glaabt an: zwei und zwei gleisch vier, sonst niks.

BETTLER. Der is der Herr? *Zu Don Juan.* Erbarmese ...

DON JUAN.
Schon gut, was treibst du hier den ganzen Tag im Wald?

BETTLER. Zum Himmel bede.

DON JUAN. Und was ist dein Lohn?
Du hast nix anzuziehn und nix zu beißen.

BETTLER. Ei manchmal wochelang, gestrenger Herr.

DON JUAN. Mir halte fest: Das Beten bringt niks ein.
Versuchs doch mal mit Fluchen. Diesen Taler
kriegste von mir, wenn du gehörig fluchst.

BETTLER. Monsieur, sie wolle misch zur Sünd verführn?
Sinn Sie der Deiwel?

SCHAMBES. Naa, net ganz, er is ...

DON JUAN. Willst du den Taler nicht? Du musst nur fluchen ...

SCHAMBES. Ei, fluch e bissche, es kost ja net die Welt.

DON JUAN. Ein Fluch, und er ist dir.

BETTLER. Gestrenger Herr, lieber verhunger ich.

DON JUAN. *Kopfschüttelnd.* Um Gottes Willen!
Hier haste deinen Taler, nicht fürs Beten,
und nicht fürs Fluchen, nur aus Menschenliebe.

SCHAMBES. Ei, mach disch fort, sonst übberleecht er sischs.

Der Bettler mit dem Taler erstaunt ab, man hört Kampflärm.

Dritter Akt – Fünfte Szene
Schambes. Don Juan.

DON JUAN. Da wird gekämpft. Du musst dazwischen gehen.

SCHAMBES. Wieso dann isch?

DON JUAN. Du bist doch jetzt der Herr.
Ein Ehrenmann scheut keinen Kampf.

SCHAMBES. *Panisch.* Ei naa!

DON JUAN. *Schnappt sich den Degen.*
So wird das nie was. Gib mir meinen Degen.
Haha! *Er stürzt in Richtung des Kampfes.*

SCHAMBES. *Schaut dorthin und berichtet.*
Zwaa geeche zwaa, mein Herr unn noch en Herr,
die annern sehe aus wie Räuber, greife aa,
e Däuschung über links. Der anner Herr bemerkts,
pariert unn attackiert zerick ... Riposte!
Obacht, der zweite Räuber ... naa! Zu korz!
Unn jetz mei Herr, ei, der kann fechte, zack ...
Unn gib em noch aa mit! Unn haachen blatt,
bis em die Lebber aussem Haarzopp krabbelt!
Unn ewe ... ja ... Die Räuber fliehn. Mir habbe gewonne!

Dritter Akt – Sechste Szene
Don Juan. Karl von Cronberg. Schambes.

*Schambes applaudiert Don Juan, der mit Karl von Cronberg
zurückkommt.*

KARL. Monsieur, Sie sind ein fulminanter Fechter.
Ich stehe tief in Ihrer Schuld, parbleu.

DON JUAN. Ach, net der Rede wert, Sie hätten doch
an meiner Stelle sich genauso ...

KARL. Sicherlich.
Wie es die Ehre fordert unter Edlen.
Mit Blick auf Don Juans Kleidung.
Sie sind doch ...

SCHAMBES. ... ja, er is der Herr, isch hab
die Sache nur getauscht middem weil mir ...

DON JUAN. *Gibt ihm einen Wink zu schweigen.*
Wir Leut von Stand müssen zusammenstehn.
Gegen das Pack, nicht wahr, Monsieur von ähm ...

KARL. Gestatten, Karl von Cronberg.

SCHAMBES. *Leise.* Donnerschlaach ...

DON JUAN. *Verneigt sich, lässt sich nichts anmerken.*
Gestatten Prümbert Prutz zu Preungesheim.

KARL. *Verneigt sich sehr dezent.*
Die Linie ist mir grade nicht bekannt.
Ich war mit meinem Bruder unterwegs,

Alfons von Cronberg, in Familiendingen.
Es geht um unsere Ehre.

DON JUAN.   Das versteht sich.

KARL. Die Ehre ist ja so verletzlich.
Wie schnell hat uns ein Lump sie abgeschnitten.
Doch bis sie wiederhergestellt ist, dauerts.

SCHAMBES. Ja, so ein Edelmann hats aach net leischt.

DON JUAN. Was hat man Ihrer Ehre denn getan?

Schambes macht Zeichen, in dieser Richtung nicht weiterzufragen.

KARL. Ists ehrenvoll, das zu verraten? Oder
beschädigt es die Ehre nur noch mehr?

DON JUAN. Es ehrt Sie sehr, so ehrbewusst zu sein.
Erweisen Sie mir doch die Ehre: Sprechen Sie.

KARL. Es geht um unsere Schwester ... sie wurde ... entehrt.

SCHAMBES. *Bei sich.*
Was anneres hätt mich aach gewunnert.

KARL. Der Schuldige ist Johann Watz von Waldacker.
Er nennt sich „Don Juan" – ein Weiberheld.
Wir hätten ihn beinah erwischt, im Ort,
wo dieser Wüstling eine Bauerndirne
verführen wollte, pfui, wie ehrvergessen!

DON JUAN. Abartig. Kennen Sie den Don Juan?

KARL. Ich kenn ihn nicht, ich habe aber viel
Verächtliches von ihm gehört.

DON JUAN.   Nur Obacht.
Ich kenne Don Juan, wir sind befreundet.

KARL.
Sie kennen ihn? Dann will ich lieber schweigen.
Ich hoffe nur, dass Sie als Ehrenmann
verstehn, dass wir uns an ihm rächen müssen.

DON JUAN. Und ob, Monsieur, ich biete sogar an,
den Don Juan zu bitten, Ihnen beiden
Genugtuung zu geben ...

SCHAMBES.   Kerle naa ...

DON JUAN. Wählen Sie Zeit und Ort. Dort werden
Sie Don Juan antreffen, Ehrenwort.

KARL. Und Sie, mein Retter, wärn sein Sekundant?

DON JUAN. Wir stehn uns nah. Wenn er sich schlagen muss,
dann ist es mir, als schlüge ich mich mit.

KARL. Wie ehrenhaft und ärgerlich zugleich.
Muss ich dem Freund des Don Juan mein Leben schulden?

Alfons tritt mit gezogenem Degen auf.

**Dritter Akt – Siebte Szene
Don Juan. Schambes. Karl von Cronberg.
Alfons von Cronberg.**

ALFONS. Mein Bruder, bist du in Gefahr?

KARL.   Oh nein.
Mein lieber Alfons, dieser Herr hat mich gerettet.

ALFONS. *Steckt den Degen ein.*
Du braver Edelmann, an meine Brust!

KARL. Leider ist er ein Freund von Don Juan.

ALFONS. *Zieht wieder den Degen.*
Zu Boden mit dir, Schurke!

KARL.   Augenblick!
Er hat versprochen, Don Juan dazu
                     zu bringen, sich uns zum Kampf zu stellen.

ALFONS.
Steckt den Degen ein, zieht ihn aber gleich wieder.
An meine ... ähm ... zu Boden ... Augenblick!
Groß, keck, verschlagener Blick, verwegne
     Haltung.
Genauso hat die Schwester ihn beschrieben.
Dazu ein Diener – klein, verfressen, ängstlich.
Er fixiert Schambes, der rennt weg.
Das ist er selber, Don Juan!

DON JUAN.   Ich bin es!

Alfons und Don Juan ziehen Säbel.

ALFONS. Los, Bruder, auf ihn!

KARL. *Geht dazwischen.*   Halt! Das darf ich nicht.
Wer seinen Retter tötet, handelt ehrlos.

ALFONS. Wir schulden unsrem Lebensretter nichts.
Die Ehre wiegt mehr als das Leben.

DU MEINST DIE EHRE WIEGT MEHR ALS DIE EHRE?

KARL.   Weiß ich.
Mir geht es um die Ehre, nicht ums Leben.

ALFONS. Du meinst die Ehre wiegt mehr als die Ehre?

KARL. Genau. Die Ehre will, dass ich ihn schone.

ALFONS. Und meine will, dass ich ihn gleich durchbohre.
Vielleicht kann ich alleine mit ihm fechten?

KARL. Kommt nicht infrage, da wär ich entehrt.

DON JUAN. Wärs ehrlos nachzufragen, wann es losgeht?

ALFONS.
Zu Ihnen kommen wir noch!

KARL.   Halt, ich habs.
Ich muss ihm etwas schenken, aber nicht
die Ehre. Warum nicht das Leben, Bruder?
Er wirft sich zwischen Alfons und Don Juan.
Durchbohre mich, bevor du ihn durchbohrst.

ALFONS.
Du stellst dich auf die Seite unsres Todfeinds?

KARL. Ich hab es doch erklärt, wegen der Ehre.
Das solltest du als Ehrenmann begreifen?

ALFONS. Du meinst, ich bin kein Ehrenmann? Obacht!

DON JUAN. *Geht vorsichtig dazwischen.*
Vielleicht kann ich da helfen. Meine Lösung:
Zu Karl. Sie lassen mich heut gehen – ehrenhalber.
Zu Alfons. Und Ihnen gebe ich mein Ehrenwort:
Ich stehe Ihnen morgen zur Verfügung.
Beim Hause meines Vaters, Frankfurt, Nähe Zeil.
Da können Sie sich an mir blutig rächen.
Wenn Sie es schaffen …

ALFONS.   Karl, mir schwirrt der Kopf.

KARL. Mir auch, Alfons, aber der Mann hat Recht.

ALFONS. *Zu Don Juan.*
Mein Herr! In Ehrendingen sind wir streng,
Sie haben es gesehen. Fürchten Sie morgen
unsre Rache!

Die beiden ziehen martialisch ab.

ISCH HAB MER ALSEMAL DIE BAA VERTRETE.

Dritter Akt – Achte Szene
Don Juan. Schambes.

Schambes kommt vorsichtig wieder zurück.

SCHAMBES. Hier bin ich.

DON JUAN.   So? Wo haste denn gesteckt?

SCHAMBES. Isch hab mer alsemal die Baa vertrete.

DON JUAN. Memme! Steht seinem Herren nicht zur Seite.

SCHAMBES. En Diener an der Seite eines Herrn
im Kampf? Is des net ehrlos?

DON JUAN. *Verdreht die Augen.* Lasse mers.

SCHAMBES.
Des warn die Brüder von Elsbeth von Cronberg,
gell?
Warum behalde Sie die Fraa net aafach?
Sie hädde Ruh vor dene, isch hädd Ruh …

DON JUAN. Mein Herz will alles haben … nur kaa Ruh!
Es sind noch viele Frauen von mir ungeliebt.
Ins Publikum. Die da zum Beispiel, die und die und die.
Lass uns schnell weiterziehn, ich bin mir sicher:
Hier warn wir schon.

SCHAMBES.   Des glaab isch aach, mer schwant
Forschtbares. Sehese des Grabmal da?

DON JUAN. Dadran kann ich mich aber nicht erinnern.

SCHAMBES. Ewe. Des is en Zeischen. Es verkündet Unheil.

Dritter Akt – Neunte Szene
Don Juan. Schambes. Henriette.

Henriette tritt auf.

DON JUAN. Nein! Es verkündet Glück und Sieg. Henriette …

SCHAMBES. Des is doch die, wo so gekrische hat.

HENRIETTE. *Schreit.* Ah! Die zwaa Mörder!

SCHAMBES.   Isch doch net, nur der.

HENRIETTE. Was wolle Sie von mir? Misch umbringe?

DON JUAN.
Wie könnt ich das? Ich schwamm durchs kalte Wasser,
ließ mich von Bauern, Bettlern, Brüdern schikanieren,
um Sie zu finden, schönste Henriette.

HENRIETTE. Isch glaab, Sie sinn verrickt.

DON JUAN.   Ich bin es.
Nach Ihnen Henriette. Meine Frau,
Elsbeth, hab ich verlassen, nur für Sie!

HENRIETTE. Des häddese sich sparn könne, Stromer!
Isch bin verlobt, unn außerdem komm isch
aus einem Grab, mir is net nach Gegaler.

DON JUAN. Hören Sie auf, so schön zu sein, dann will
ich aufhören, zu galern.

HENRIETTE.   Wassen Kerl!

SCHAMBES. Des saach isch aach immer.

DON JUAN.   Wer ruht denn da?

HENRIETTE. Mein Onkel, den die Mörderhand erschlug.

Schambes erschrickt.

DON JUAN. Ich will der Rächer Ihres Onkels sein.
Ich schwöre, in zwei Tagen klopft der Kerl,
der diese Tat beging, ans Höllentor.

SCHAMBES. Isch bitt Sie, saache Sie des net nochmal.

HENRIETTE. Mer wisse net emal, wers war, Monsieur.
Sie mache mer Angst, drum mach isch mich fort

DON JUAN. Wann werden wir uns wiedersehn?

HENRIETTE.   Nie mehr.
Sie rennt fort.

DON JUAN. *Ruft ihr hinterher.*
Ei, was dann, Sie sind herzlich eingeladen!
Im Hause meines Vaters, Frankfurt, Nähe Zeil.
Bei Ihnen um die Ecke ... Schad. Noch fünf
Minuten, und wir wärn ein Paar gewesen.

Dritter Akt – Zehnte Szene
Don Juan. Schambes. Die Statue des Kommandanten.

SCHAMBES. Monsieur, hier isses net geheuer. Gehe mer ...

DON JUAN. Erst gucken wir den toten Onkel an.
Er öffnet das Grabmal, Schambes legt die Hände über die Augen.
Die Statue ist gar nicht schlecht gemacht.
Mir kommt der Kerl von irgendwo bekannt vor.

SCHAMBES. Des muss en Irrtum sein, mer gehe fort.

DON JUAN. Da steht was: „Hier liegt Ernst von Rumpenheim,
Stadtkommandant daselbst, von Mörderhand
dahingestreckt, wird er nicht eher ruhn
als bis die feige Tat gerächt ...“

SCHAMBES. *Entsetzt.*   Isch wussts.

DON JUAN. War das nicht der mit dieser schönen Tochter?

SCHAMBES. Ei ja ...

DON JUAN.   ... er wollt sie mir nicht geben ...

SCHAMBES.   ... naaa ...

DON JUAN. *Klopft der Statue auf die Schultern.*
Mein alter Feind, wie gehts denn immer so?

SCHAMBES. Mer kloppt aam, wo mer umgebracht hat,
net uff die Schulter, des geheert sich net.

DON JUAN. *Redet weiter mit der Statue.*
Was heißt hier „feige Tat“, es war ein Zweikampf, gell?

SCHAMBES. Mer könnt fast maane er dhät uns aagugge.
Der freut sisch net, uns hier zu sehe.

DON JUAN. Du meinst, er ist mir bös? Dann wollen wir
ihn doch versöhnen, Schambes, lad den
Herrn Kommandanten auch zu mir zum Essen.

SCHAMBES. Monsieur, Sie lästern ...

DON JUAN.   ... aber keine Spur.
Wenn ich die Nichte heirate, sind wir
ja bald Verwandte. Frag ihn, ich befehle es!

SCHAMBES. *Ängstlich.*
Herr Kommandant, Sie sinn zwar mausedood,
seinse mer trotzdem net verärjert, Don Juan,
mein Herr dhät fraache, ob Sie uns die Ehr

erweise, unser Gast zu sein zum Esse.
Die Statue nickt, Schambes schreit.

DON JUAN. Was ist dann? Will er net?

SCHAMBES.   Er hat … genickt …

DON JUAN. Er kommt? Dann is ja gut.

SCHAMBES.   Genickt … hat er …

DON JUAN. Ängstschisser, Simbel, Knäulkopp! So ein Kappes!

SCHAMBES. Ich schwörs, Monsieur, ei fraachese ihn selwer.

DON JUAN. Herr Kommandant, darf ich Sie zum Diner
bei mir erwarten?

Die Statue nickt wieder.

SCHAMBES.   Da! … Schon widder … ah …

DON JUAN. Du machst mich ganz verrückt. Wir gehen heim.
Er zieht Schambes hinterher.

SCHAMBES. Isch hab gemaant, en Freigeist glaabt nur des,
was er aach sehe kann, jetzt glaabt der des net mal!
Was für en Kerl! Was für en Kerl!

Beide ab.

Vierter Akt – Erste Szene
Frankfurt. Don Juans Vaterhaus, Nähe Zeil.
Don Juan. Schambes.

SCHAMBES. Er hat genickt, ich habs gesehn.

DON JUAN.   Aufhörn!

SCHAMBES. Ei, wenn er doch genickt hat.

DON JUAN.   Schluss demit!
Nebel hat dich verwirrt, ein Schattenwurf …

SCHAMBES. Des sinn all Sachen, wo net nicke!

DON JUAN. Es gibt dafür eine natürliche Erklärung!

SCHAMBES. Die gibts, Monsieur: Der Himmel hat die Nas
gestrische voll, des war sei letzte Warnung.

DON JUAN. Ich hab se auch „gestrische voll", hier kommt
mei allerletzte Warnung: halt die Gosch!
Noch einen Himmelsmuckser und ich haach dich,
bis dir die Milz beim Elleboge rauskommt.
Hab ich mich deutlich ausgedrückt?

SCHAMBES. Monsieur, Sie habbe so e Art, die Dinge uff de Punkt
zu bringe, isch bewunner des.

DON JUAN.   Guck nach,
wie weit die drinnen mit dem Essen sind.
Und Henriette müsste auch bald kommen.
Ich hab sie schriftlich zu mir eingeladen.

SCHAMBES. *Macht sich auf den Weg.*
Mit oder ohne dhoden Onkel?

DON JUAN.   Schambes!

Vierter Akt – Zweite Szene
Schambes. Don Juan. Herr Dauth.

Schambes läuft in Herrn Dauth, erkennt ihn erst nicht, erschrickt.

SCHAMBES. Herrje, da isser!

DON JUAN.   Wer?

SCHAMBES.   Der do … der da … der Dauth!

DON JUAN. Mein Schneider? Und was will er? Doch kein Geld?

SCHAMBES. *Leise.* Vier Rechnunge sinn offe. Soll isch saache,
Sie sinn net da?

DON JUAN.   Ach was! Ein Don Juan
ist immer da. Lass mir den Mann herein.
Er wendet sich zum Gast, der noch respektvoll wartet.
Herr Dauth, willkommen …

DAUTH.   Herr von Waldacker …

DON JUAN. Für Sie doch Don Juan. Welche ein Freude
Sie hier zu sehn, ein Meister seines Fachs.

DAUTH. Herr Don Juan …

DON JUAN.   Hat man Sie warten lassen?
Das Dienerpack ist nachlässig und faul.
Die müssen sich warm anziehen, Meister Dauth.
Für Sie steht meine Tür doch immer offen.

DAUTH. Ergebensten Dank, Herr Don Juan, ich wollt ...

DON JUAN.
Mein bester Freund, der Dauth, steht vor der Tür ...

DAUTH. Isch bin net bees ...

DON JUAN. ... aber isch bin bees!

DAUTH. Es is ja guud, ich dhät mich gern ...

DON JUAN. ... hinhocke?
Schambes! Einen Stuhl für de Herr Dauth!

Schambes läuft sofort los.

DAUTH. Ned needisch!

DON JUAN. Nur net so bescheiden, Meister.

Schambes bringt einen Stuhl, gemeinsam setzen sie ihn drauf.

DAUTH. Des is sehr freundlich ... danke sehr ... isch wollt ...

DON JUAN. Sie sehe blendend aus!

DAUTH. Wer, isch?

DON JUAN. Ja, Sie!
So viel zu schaffe und dabei so aussehn –
wie mache Sie das nur? Die frischen Lippen,
der satte Teint, Sie sind mer net am End
verliebt?

DAUTH. Monsieur! Isch bin verheiradet!

DON JUAN.
Ich mach doch Spass. Wie gehts der lieben Frau?

DAUTH. Ei guud, sie steht Monsieur wie isch zu Diensten.

DON JUAN. *Anzüglich.* Mer wolles ja net übertreiben, gell?
Unn Ihre süßen Kinder, wie gehts denen?

DAUTH. Sie wachse unn gedeihe ...

DON JUAN. Ach, des klaa Gezäppel!
Wie gehts denn Ihrem Hund?

DAUTH. Dem Hund?

DON JUAN. Beißt er noch immer alle Nachbarn in die Baa?

Elsbeth von Cronberg

DAUTH. Mer könnes ihm net abgewöhne, leider.

DON JUAN. Das is die Hauptsach. Nix für ungut,
dass ich Sie hier so ausfraach, Meister Dauth.
Ich nehm an Ihnen eben Anteil.

DAUTH.   Danke!
Wie hab ich des verdient?

DON JUAN.   Verdient, verdient,
man muss net immer ans Verdiene denke.
Ich hab Sie recht von Herzen gern, Herr Dauth.
Bleiben Sie doch zum Essen ...

DAUTH.   Vielen Dank.
Isch hab nur forschtbar viel zu dhun ...

DON JUAN.   Herr Dauth ...
Und ich halt Sie hier auf mit meim Gebabbel.
Begleit mir den Herrn Dauth hinaus, Schambes.
Ich hoffe doch, mir sehe uns bald widder.
Ich stehe tief in Ihrer Schuld, Herr Dauth.

DAUTH. Des stimmt ...

DON JUAN.   Ich würde alles für Sie tun.
Sie müsse nur was sagen. Wiedersehn!
*Er winkt Hern Dauth hinterher, der von Schambes hinausgeleitet
wird.*

SCHAMBES. *Beim Hinausbegleiten.*
An Ihnen hat der Herr ja einen Narrn gefressen.

DAUTH. So komm isch mer aach vor. Der schmaaßt misch zu
mit Komblimente – bis isch ganz vergess,
mei Geld vonnem zu fordern.

SCHAMBES.   Geld? Ach, Geld ...

DAUTH. Sie schulde mer aach ebbes, Schambes ...

SCHAMBES. Pfui! Heernse uff demit.

DAUTH.   Isch maan ja nur ...

SCHAMBES. Sie wern hier so verwöhnt. Was is der Dank?
„Sie schulde mer aach ebbes". Dreimal pfui!

DAUTH. Abber isch wollt ...

SCHAMBES.   Hinaus, ich bin empeert.
Hat mer dann sowas schon erlebt. Hinaus!
Er schiebt Herrn Dauth hinaus.

Du bist nur der Nagel an meinem Sarg ...

Vierter Akt – Dritte Szene
Don Juan. Schambes. Ludwig Watz von Waldacker.

Schambes kehrt zurück.

SCHAMBES. Wie Sie des immer mache ...

DON JUAN.   Keine Kunst.
Du musst nur mit den Leuten reden können.
Dann fressen sie dir aus der Hand.

Don Juans Vater, Ludwig Watz von Waldacker, tritt auf.

LUDWIG. Mein Sooohn!

DON JUAN. Der alte Jammerlabbe wieder.
Die Gall läuft über, wenn ich den nur hör.

LUDWIG. Mein Sooohn! Du siehst mich net so
gern, isch weiß.
Ich seh dich auch net gern.

DON JUAN. *Macht ihn nach.*
„Isch weiß". Dann wollen wir
uns doch net auf die Nerven gehen, Vater.

LUDWIG. Dich plagts Gewisse, mich der bittre Gram.
Wie fehlgeleitet is der Mensch, der net
dem guten, weisen Rat des Himmels folgt.
Sondern gemeiner Geilheit. Lustmolch!

DON JUAN. Die alte Leier ...
Spricht das Folgende leise mit.

LUDWIG.   Ach, mit heißen Tränen
hab ich den Himmel angefleht: Schenk mir
en Sohn als Trost und Stab und Stecken
der Greisenjahre. Du bist nur der Nagel
an meinem Sarg, babbischer Schürzejäächer!

DON JUAN. So isses, Vater.

LUDWIG.   Du bist widderlich!
Ich werd in unsern Kreisen schon geschnidde,
muss mich entschuldige für dei Benehme.
Schamlos beschmutzst du unsern Namen, Watz
von Waldacker.

DON JUAN.   Ganz wie Sie meinen, Vadder.

LUDWIG.
Dein Großvadder war schlichter Kurzwarenhändler.
Glaubste, der Kaiser hätte ihn geadelt,

wenn der so rumgegoggelt hätt wie du.
Es lag nur an der Tuuuchend ...

DON JUAN. ... an der Tuuuchend,
dem Kaiser hinneneizukrieche.

LUDWIG. Schinnoos!
Das Erbteil deinen Ahnen ist die Tuuuchend.
Nacheifern musst du ihne, so wie ich!
Sonst haste ihren Namen bloß gestohlen.

DON JUAN.
Dass ich von denen abstamm, können die
net ändern.

LUDWIG. Sonn dich nur in ihrem Glanz.
Mer sieht dei Schand nur um so deutlicher!

DON JUAN. „Mei Schand" kann jeder sehn, ich glaub, die meisten
beneiden mich um meine Schande, Vadder.
Ich leb, wie mers gefällt, krieg jede Frau,
die mer gefällt, so lass ichs mer gefalle.

LUDWIG. Ach, wie viel lieber hätt ich einen frommen
Bettler zum Sohn, als einen König, der
so lebt wie du! Was fällt dir dazu ein?

DON JUAN. Sie stehe ja die ganze Zeit, Herr Vadder.
Hocken Sie sich doch hin. *Er schiebt ihm den Stuhl hin.*

LUDWIG. Isch will net hogge!
Am Ende is mei väterliche Schafsgeduld.

DON JUAN. Was wollen Sie mir tun?

LUDWIG. Das weiß der Himmel!
Der wird dich strafen, und ich werd ihm net
dazwische gehe. Der Himmel wäscht die Schand
von mir, ein Ungetüm wie dich gezeugt zu habbe.
Mit großer Bewegung ab.

Vierter Akt – Vierte Szene
Don Juan. Schambes.

SCHAMBES. *Der alles beeindruckt beobachtet hat.*
Monsieur, mir dhät des ja zu denke gebbe.

DON JUAN. Mir auch. Ich denk, warum tritt der net ab?
Der lebt doch nur, um mich zu ärgern, weiter.

SCHAMBES. Es is e Schand ...

DON JUAN. Was is e Schand?

SCHAMBES. Isch hab misch nur verschluggt.

DON JUAN. Enaus demit!

SCHAMBES. Es is es Schand, was Sie sisch anheern misse.
En Vadder, der seim Sohn Predigte hält,
nur weil der alsemal aa Todsünd nach der annern
begeht. Wie kann en Mann wie Sie
so ebbes ruhisch anheern? Isch bewunner
Ihre Geduld, Monsieur ...

DON JUAN. Bald hab ich keine mehr.
Wann gibts zu essen? Wo bleibt Henriette?
Ah, da ist sie ja ...

Elsbeth tritt verschleiert auf.

Vierter Akt – Fünfte Szene
Don Juan. Schambes. Elsbeth.

ELSBETH. *Nimmt den Schleier ab.*
Sein Sie nur nicht enttäuscht, mein Herr Gemahl.

DON JUAN. Schon wieder Sie, Elsbeth? Was wollen Sie?

ELSBETH. Nagende Bitterkeit, flammender Hass,
schwarze Verzweiflung, heiße Racheschwüre –
hören Sie nicht von mir.

DON JUAN. Das ist ja schön.

ELSBETH. Ich bin nicht mehr die Frau, die Ihnen nachläuft.
Die Ihnen alles glaubt, was Sie erlügen.
Die Ihnen aus der Hand frisst wie ein Hündchen!
Die Ihnen ...

DON JUAN. Ja, Sie haben sich verändert.
Der Stolz, die edle Fassung, sehr charmant.

ELSBETH. Der Himmel ...

DON JUAN. *Enttäuscht.* ... der schon wieder ...

ELSBETH. ... hat aus meinem Herz.
die unreinen Gedanken und Begierden,
die schnöde Leibeslust verbannt.

DON JUAN. Wie schad.

ELSBETH. Was in mir blieb, ist eine reine Sehnsucht,
ein zärtliches Gefühl für Ihre Seele.

DON JUAN. Schambes, du flennst mir ja.

SCHAMBES.   Isch kann mer halt net helfe …

ELSBETH. Der gleiche Himmel, der mein Herz gereinigt hat,
gab mir den Auftrag, Sie zu warnen.

DON JUAN.   Danke.

ELSBETH. Sie stehen vor dem Abgrund.

DON JUAN.   So wie immer.

ELSBETH. Für Ihre Sünden gibt es keine Nachsicht mehr.
Die Strafe hängt schon über Ihrem Haupt.
Ich geh zurück ins Damenstift nach Soden:
mein Leben dort dem Bußgebet zu weihen.
Nichts könnte meinen Seelenfrieden stören,
als Sie, den Mann, den ich geliebt habe,
verdammt in alle Ewigkeit zu wissen.

SCHAMBES. Die gute Frau!

ELSBETH.   Nichts könnte mich mehr trösten,
als Sie vor diesem Schicksal zu bewahren.
Wenn Sie Ihr eigenes Seelenheil nicht rührt,
lassen Sie sich von meinen Tränen rühren:
kehren Sie um, sonst führt Ihr Weg zur Hölle.

DON JUAN. Ich hatte eh nicht vor, dort hinzugehen.

ELSBETH. Nie habe ich von Ihnen viel verlangt.
Jetzt will ich eines: Ändern Sie Ihr Leben.
Um Ihrer und um meiner Liebe willen.

SCHAMBES. Der is aus Staa … ei, saachese doch was.

DON JUAN. Elsbeth, Sie stehen ja die ganze Zeit.
Hocken Sie sich doch hin …

ELSBETH.   Ich danke sehr.
Sie müssen sich um mich nicht kümmern,
kümmern Sie sich um Ihre Seele, Don Juan.
Adieu. *Sie geht ab.*

Vierter Akt – Sechste Szene
Don Juan. Schambes.

SCHAMBES. Monsieur, hat Sie des net gerührt? E bissche?

DON JUAN. E bissche? In mir toben die Gefühle.
Das zarte Bußgewand, die blassen Tränen.
Wie sie „Begierden" sagt und „schnöde Lust".
Ich werbe ungern zweimal um die Gleiche,
aber bei Elsbeth könnt ich schwach werden.

SCHAMBES. Isch glaab, die will was Anneres von Ihne.

DON JUAN. Was heut die Leut all von mir wollen: Geld
will der eine, „Tuuchend" will der Andere,
die Frau will Umkehr, Buße, was weiß ich …

SCHAMBES. Sie kennte ja nur aamol nachgebbe.

DON JUAN. Wenn sich das rumspricht, kann ich einpacken.
„Der Don Juan gibt nach", wo gibts denn sowas?
Ein Don Juan tut, was er will, und zwingt
die ganze Welt zu tun, was er verlangt!
Ein Don Juan muss siegen, siegen, siegen.
Wie viele Frauen habe ich noch nicht
gehabt? Schaut nicht in diesem Augenblick
eine auf mich und denkt „was für ein Kerl?"
Die nächste findet mich ganz widerlich,
doch tief im Herzen ist sie mir verfallen.
Ein Männlein packt die Freundin fest am Arm,
umsonst: Sie will zu mir – sie wird es schaffen.
Ich will Euch alle, und ich kriege Euch.

SCHAMBES. Soll das denn ewig weitergehen, Monsieur?

DON JUAN. Woher denn, Schambes! 20 Jahre noch.
Dann setzen wir uns irgendwo zur Ruh …

SCHAMBES. Ich halts im Kopp net aus …

DON JUAN.   Genug geschwätzt!
Ein Don Juan muss essen, essen, essen!
Wo sind nur meine Gäste?

Vierter Akt – Siebte Szene
Don Juan. Schambes. Die Gespenster.

GESPENST 1.   Don Juan!

SCHAMBES. Des is de dhode Onkel!

DON JUAN. Kappes!
So hört sich doch kein Onkel an.

Zwei weibliche Gespenster erscheinen.

GESPENST 2. Don Juan! Heer zu!

DON JUAN. Die Stimme kenn ich.

SCHAMBES. Des sinn Wuwatze!

DON JUAN. Was?

SCHAMBES. Gespenster!
Des merkt mer doch am Gang un allem.

DON JUAN. Ich glaub net an Gespenster.

GESPENST 1. Don Juan.
Ich bin die erste Frau, die du verführt hast ...

GESPENST 2. Eich sein die letzte ...

DON JUAN. Fort mit euch.
Die erste und die letzte intressiern
mich nicht. Ein Don Juan will nur die Nächste.

GESPENST 2. Es werd kaa Nächste gebbe, Don Juan!

GESPENST 1. Der Himmel schenkt dir eine letzte Frist:

GESPENST 2. Bereue – oder stirb!

SCHAMBES. Bereuese!

DON JUAN. Wer mich erschrecken kann, der is noch nicht geborn.
Und wenn, dann überlebt ers nicht ...
Er zieht sein Schwert und schlägt nach dem Gespenst.

SCHAMBES. Der is verrickt – ich halt des nemmer aus.
Er rennt hinaus.

GESPENST 1. Nutze die Zeit!

GESPENST 2. Bereue oder stirb!

GESPENST 1. Nutze die Zeit!

GESPENST 2. Bereue oder stirb!
Sie verflüchtigen sich.

DON JUAN. Ich hab verstanden. Gut. Wenn ihrs so wollt.
Er fällt auf die Knie in Büßerpose.

Vierter Akt – Achte Szene
Don Juan. Ludwig Watz von Waldacker.

Don Juan in Büßerpose, sein Vater kommt herein.

LUDWIG. Mein Sooohn! Was war des für ein Lärm?

DON JUAN. O dies irae venia in ultimis.

LUDWIG. Mein Sooohn? Sinn meine Bitten denn erhört?
Is diese Wandlung möglisch? Mein verlorner Sooohn,
in meine Arme!

DON JUAN. *Umarmt ihn.* Pater Noster!
Ich habe meinen Irrtum eingesehn,
bin nicht mehr der, der ich vor 5 Minuten war.
Pecco Peccavi Partizip: Peccatum
O Ecce Homo! Ego me absolvo.

EIN DON JUAN
MUSS SIEGEN,
SIEGEN, SIEGEN.

LUDWIG. Im letzte Aucheblick, bevors zu spät war.

DON JUAN. Mea maxima culpa est omnis divisa
in partes tres ...

LUDWIG. Ei guud, das du es endlisch einsiehst.

DON JUAN. Ich war das schwarze Schaf, das abgemäht wird.
der faule Kornhalm, den die Herde ausstößt.
Wie lang der Himmel sich das bieten ließ,
es war ja schon fast lächerlich, haha!
Nimmt sich zusammen. Alea iacta est, nil nisi bene.

Schambes kommt von hinten und lauscht ab hier.

LUDWIG. Mein verlorner Sooohn, am End wird alles guud!
Ganz Frankfurt soll von deiner Umkehr
erfahrn, mir schlachte gleich ein Schaf.

DON JUAN. Bloß net. Es soll kein Wesen wegen mir
mehr leiden, keine Schafe, keine Frauen.
Bei allen will ich mich entschuldigen,
und wenns mein ganzes Leben dauern soll.

LUDWIG. Ich helf der dadebei, mein Sooohn, versproche.

DON JUAN. Ich nehms gern an. Allein die Briefe
an mei Verflossene, was das an Porto kost.
Porto, portavi et portatum est. Amen.

LUDWIG. Wie schnell die Vaterliebe widder da ist
All dei Verbreche, Fehler, Missetaten
hab isch verziehen, weil du Reue zeigst.
Die Flüche, Seufzer und Verwünschungen.

Alles vergesse, niks will ich vom Himmel,
isch hab schon alles.

DON JUAN.   Caelum est serenum!

LUDWIG. In meine Arme, Sooohn! Ach, wenn dei Mudder
des noch erlebt hätt, die dhäd sich vor Freud
im Grab umdrehe. Wart nur korz! Isch hol
zu essen, hol de Wein, des muss gefeiert wern! *Ab.*

DON JUAN. *Sieht ihm nach.* Quod erat demonstrandum.

Vierter Akt – Neunte Szene
Don Juan. Schambes.

Schambes kommt.

SCHAMBES. Monsieur! Wie mich des freut, Sie so zu sehe.
Zerknirscht, reumütig, uff den Knien – herrlisch!
Mei guude Worde habbe doch gewirkt.

DON JUAN. Vae victis! Mundus vult decipi, idiota!

SCHAMBES. Wie bidde?

DON JUAN.   Worschtfettkopp. Du könntst
mich besser kenne als der alte Seicher.

SCHAMBES.
Monsieur, Sie habbe nur ... Sie wolle gar net werklich?
Was für e Oos! Was für en Deibelskerl!

DON JUAN. Ein Don Juan bekehrt von zwei Gespenstern?
Der Hokuspokus kann mir niks anhaben.
Nicht alles, was man nicht versteht, hat auch
was zu bedeuten.

SCHAMBES.   Ach warum, Monsieur,
wolle Sie sisch net ännern?

DON JUAN.   Will ich doch.

SCHAMBES. Sehr guud. So kanns ja net mehr
weidergehn.

DON JUAN. Ich änder mich, damits so weidergehn kann.

SCHAMBES. Wie maanese ...

DON JUAN.   Ich bin zu ehrlich Schambes.
Ein offenes Wort verschafft mir mehr Verdruss
als hundert Frauen, die ich sitzen lasse.

SCHAMBES. Was wolle Sie dageeche unnernemme?

DON JUAN. Ei, heucheln! Eben hatt ich die Erleuchtung.
Was nützt mir Ehrlichkeit bei meinem Vadder?
Er breggelt, pienzt und geht mir auf die Nerven.
Drei fromme Lügen – und er heult vor Glück.

SCHAMBES. Des is mer grad zu viel. Was für en Kerl!

DON JUAN. Schambes, das machen alle so, nur net
so gut wie ich vielleicht. Warum?
Weil keiner einen Freigeist ausstehn kann:
auch wenn er dir niks tut, er stört die Ruhe.
Der Heuchler ist bei jung und alt beliebt.
Ein paar Grimassen, und ich bin mit jedem
gut Freund, wenn ich der Deibel selber wär.

SCHAMBES. Es is net Rescht, wie Rescht Sie widder habbe.
Und dabei saacht mer, ehrlich währt am längste.

DON JUAN. Die Ehrlichkeit, die währt so lang, es dauert
ewig, bis du es damit zu was bringst.
Der kluge Mann kauft sich mit Heuchelei
frei von den Jugendsünden, hat es warm
im Alter – eingehüllt ins fromme Mäntelchen,
die gleiche alte Drecksau untendrunter.
So mach ichs auch – ich liebe alle Frauen
im Stillen, und verdamme laut das Laster.

SCHAMBES. Was is, wenn aaner kommt, Sie zu entlarve?

DON JUAN. Bevor der noch den Finger hebt, zeig ich
mit allen Fingern auf ihn, nenn ihn „Lüstling".
„Schluri", „Dreckamschel", „Säuwatz", „geiler Bock",
Ich will net mehr der Lästerer des Himmels,
ich will sein Rächer sein, will eifern, geifern.
Verdammen, richten, urteilen – haha!
So weist ein Don Juan die kleinen Lichter
in ihre Schranken. Schambes, das Leben
fängt heut von vorne an, des wird ein Spass.

> ICH ÄNDER
> MICH, DAMITS
> SO WEIDERGEHN
> KANN.

SCHAMBES. Monsieur, da winkt der Himmel
mit dem Zaunpfahl,
Sie winke mit dem ganze Zaun zurück?
Isch muss mei Herz erleichtern uff der Stell.
Sie könne mich gern dhod haache defier,
Ich war en treue Diener Ihne, ebe
bin isch mer selwer treu.

DON JUAN. *Geduldig.*   Enaus damit.

SCHAMBES.
Der Krug geht nur so lang zum Brunne, bis

des Kind ins Wasser fällt, denn jeder Vogel,
wo annern eine Grube gräbt, hat korze Baa.
Und wie sächt der, wo ich mer nie den Name
merke kann? De Mensch is Staub im Wind
im Schatten eines leeren Samenkorns!
Undank ist der Welt Lohn. Doch wie de Lohn,
so aach die Arweit. Arweit is oft sauer.
Sauer mächt oft lustisch. Lustisch sein
heißt Weins Gereschtigkeit. Gereschtigkeit
is blind. Blind wie die Nacht. Bei Nacht sinn alle
Kätzcher grau. Grau ist der Morgen, schön de Daach.
De Daach soll mer net vor dem Abend lobe.
Am Abend werd de Faule fleissisch.
Unn Fleiß bringt Brod, Brod lindert Nod.
Und die kennt kaa Gebod, wer kaa Gebot kennt,
issen Vieh und dadrum werde Sie
in alle Ewichkeit im Höllefeuer schmorn!

DON JUAN. *Applaudiert.* So gut hast du noch nie argumentiert.
Ein wahres Lexikon der Volksweisheit.

SCHAMBES.
Wenn Sie des net bekehrt, dann waaß isch auch net mehr.

Vierte Akt – Zehnte Szene
Karl und Alfons von Cronberg. Don Juan. Schambes.

Hinten erscheinen Karl und Alfons von Cronberg,
Don Juan fällt wieder auf die Knie, Schambes staunt kurz.

DON JUAN. Gaudete et Cantate!

KARL. Don Juan?

ALFONS. Hier sind wir, unsere Ehre reinzuwaschen.

DON JUAN. Honoris causa ... ach, die Brüder Cronberg.
Hocken Sie sich doch hin, ich bete noch zuende.

ALFONS. Will uns der Kerl veräppeln ... *Er zieht sein Schwert.*

KARL. *Geht dazwischen.* Aufhörn, Bruder.
Don Juan, mir habe nachgedacht,
wie mir die Sache regeln könnten – ehrenvoll.
Der Hauptpunkt is bei alledem ...

ALFONS. ... die Ehre!

KARL. Ich bitte Sie, die Lösung anzuhören
die wir als ehrenhaft erkannt haben.

ALFONS. Wenn auch nur widerwillisch.

DON JUAN. Und das wäre?

KARL. Bekennen Sie sich öffentlich zu Elsbeth.
Nennen Sie sie vor aller Welt: mein Weib.
Dann ist die Ehre wiederhergestellt.
Und ich darf meinen Retter „Schwager" nennen.

ALFONS. Ich leider auch.

DON JUAN. Soso. Na ja ... oh weh.
So gerne ich zwei solchen Ehrenmännern
diesen Gefallen täte: Es geht nicht.

ALFONS. Was?

DON JUAN. Der Himmel ist dagegen.

KARL. Wie? Der Himmel?

DON JUAN. Er hat mir streng befohlen, mich zu bessern.

KARL. Das täten Sie ja dann.

DON JUAN. Mit einem Weib?
Ekle Begierden, Fleischeslust? Igitt.
Ich will mich geißeln, züchtigen, kasteien.

KARL. Das passt doch: Unsre Schwester ist so keusch.
Da können Sie zusammen züchtig leben.

DON JUAN. Von mir aus gern. Doch Ihre keusche Schwester
praktiziert Keuschheit lieber ganz für sich.
Sie war soeben hier, hat mir verziehen
und dann der Welt entsagt für immer. Amen!

ALFONS. Was? Sie entsagt und fragt uns net einmal?

KARL. Frauen sinn so beschränkt in Ehrendingen.
Jetzt bleibt die Schmach ja völlig ungesühnt.
Versuchen Sie doch, sie zu überreden ...

DON JUAN. Zu spät. Der Himmel hat es mir verboten.
„Du siehst Elsbeth von Cronberg niemals wieder",
sprach er, „sonst ist dein Seelenheil verloren!"

KARL. Sie rauben meine Schwester aus dem Kloster,
schicken Sie wieder hin, und meinen wohl
wir lassen uns das bieten, einfach so?

DON JUAN. Fragen Sie mich nicht, fragen Sie den Himmel.

ALFONS. Zur Hölle mit dem Himmel! Eben ist er dran!
Er zieht sein Schwert.

DON JUAN. *Wieder in die Büßerpose.*
Tun Sie, was Sie tun müssen, ich bin wehrlos.

KARL. Wir können ihn nicht unbewaffnet töten
in seinem Vaterhause, das wär ehrlos.

ALFONS. Dann schleppen wir ihn raus und tun es dort!

KARL. Er muss sich selber stellen. Don Juan!
Wir gehen. Draußen warten wir auf Sie.

DON JUAN. Von mir aus gern. Ich gehe täglich beten
in die Kapelle nebenan. Der Himmel
verbietet mir, mich dort zu duellieren.
Wenn Sie mich überfallen allerdings,
dann weiß der Himmel, ob ich mich nicht wehre.

KARL. Der Himmel wird es richten, ganz bestimmt.
Er zieht seinen wütenden Bruder hinaus.

Vierter Akt – Elfte Szene
Don Juan. Schambes.

DON JUAN. *Zu Schambes.*
Das war zu hoch für die zwei Ehrensimbel.
Warum bin ich net früher drauf gekommen?

SCHAMBES. Monsieur, als Lästermaul warn Sie mir lieber.
Die Heuchelei is schlimmer als e Todsünd.
Das lässt der Himmel sich net länger biete …

DON JUAN. Ein jeder Hannebambel, der net gegen
mich ankommt, droht mir mit dem Himmel.
Wenn der mich jedesmal erschlagen wollt,
dann käm er zu niks annerem. Genug!
Und wenn der Deibel auf Dreimeterstelzen kommt:
ich will mich amüsiern. Ein Königreich
für eine Frau. Wo bleibt nur Henriette?

SCHAMBES. Dehaam, wie sichs geheert.

Vierter Akt – Zwölfte Szene
Don Juan. Schambes. Henriette.

Henriette erscheint ganz vorsichtig.

HENRIETTE. Herr Don Juan?

SCHAMBES. Das darf net wahr sein!

DON JUAN. Schambes, hol schon mal die Liste.
Ich wusste, dass Sie kommen würden.

HENRIETTE. *Nervös.* Monsieur, es wär ja unhöflich, eifach
daheim zu bleibe, wenn ein Herr wie Sie
aan einlädt. Aafach hiezugehe wär
nur auch net schicklich, darum bin isch
selber gekomme, Ihne auszurischte,
dass isch net dableib.

DON JUAN. Liebe Henriette.
Sie denken sicher Schlimmes über mich.
Ich war nicht bei mir neulich, Ihre Schönheit …

HENRIETTE. Fange Sie widder an mit meiner Schönheit?
Die annern Männer nimmt des net so mit.

DON JUAN. Schlappschwänze! Bübche, wisse net, was gut ist.
Ich sag es frei heraus: Sie sind bildschön.
Nur weil es stimmt, nicht um sie zu bedrängen.

HENRIETTE. Neulich hat sich des anners angeheert.

DON JUAN. Neulich war ich noch jünger, gucken Sie,
ich bin gereift, ich will von Ihnen niks
als Ihre Freundschaft, weil Sie mir gefallen.

HENRIETTE. Mei Freundschaft?

DON JUAN. Ja, ich ziehe mich zurück
aus der verderbten Adelswelt, ich will
ein frommes Leben führen. Nur Gesellschaft
von einer tugendhaften jungen Dame,
die mir den Weg zur Kirche angenehm
verkürzt mit Plaudern, die mir aus der Bibel
ein wenig vorliest, wenn die Augen schwach wern –
das wäre schön.

SCHAMBES. Sie fällt doch net drauf rein …

HENRIETTE. Ich waaß net, was ich dadruff saache soll.

DON JUAN. Dann überlegen Sie sichs noch. Erst wollen
wir essen, hier der Schambes isst auch mit,
mein Vater ist dabei, ganz unverfänglich …

HENRIETTE. Ei, wenn Sie maane, Hunger hätt ich ja …

DON JUAN. *Klatscht nach hinten.*
Vater, wir essen. Vier Gedecke, bitte!

Vierter Akt – Dreizehnte Szene
Don Juan. Schambes. Der Kommandant.

STATUE. Fünf!

SCHAMBES. Herrje!

DON JUAN. Was ist?

STATUE. Isch saachte: fünf!
Die Statue tritt auf und geht langsam auf Don Juan zu.

HENRIETTE. Onkel, was dhuste hier? Du bist doch dhod!

STATUE. Isch wurde eingeladen, also komme isch.
Sie drückt sich in eine Ecke, Schambes hinter Don Juan.

DON JUAN. So eine Überraschung, der Herr Kommandant.
Schambes, zu trinken für den Herrn ...

SCHAMBES. *In Panik.* Der sieht net aus, als hätt er Dorscht.

DON JUAN. Herr Kommandant, hocken Sie sich doch hin.
Ein Stuhl!

STATUE. Wanns Ihne niks ausmacht, steh isch lieber!

DON JUAN. Das Essen müsste eigentlich gleich kommen.

STATUE. Kaa Umständ weesche mir, isch bin nur hier
um Sie zu holen.

SCHAMBES. Ewe bassierts! *Er verdrückt sich.*

DON JUAN. Um mich zu holen? Augenblick. Wer schickt Sie?

STATUE. De Himmel.

DON JUAN. Das ist doch ein Ammenmärchen.

STATUE. Wenn kaaner sonst den Sünder strafe will,
muss es der Himmel dhun, des ist bekannt.

DON JUAN. Und dazu schickt er einen Kinderschreck?

STATUE. Beschwerese sich net bei mir.
Ich dhu nur meine Pflischt ... Die Hand.

DON JUAN. Es gibt eine natürliche Erklärung
für Sie. Nur werde ich sie je erfahren?

STATUE. Naa.
Don Juan gibt ihm die Hand, er zittert.

DON JUAN. Was spür ich da? Das Höllenfeuer?

STATUE. Ja.

DON JUAN. Was hör ich da? Der Hölle Lärmen?

STATUE. Ja.

DON JUAN. Verdammte stöhnen, Kohlen glühen,
Sünder seufzen, Flammen fackeln,
Das ist nicht meine Welt, was soll ich da?
Die Hölle sind die anderen ...

STATUE. Wirds bald!

DON JUAN. Ein Don Juan ...
Don Juan sinkt zu Boden, die Statue geht ab.

Vierter Akt – Vierzehnte Szene
Don Juan (am Boden). Schambes. Henriette. Ludwig von Waldacker. Karl und Alfons von Cronberg. Herr Dauth.

Alle paradieren an Don Juan vorbei und gehen dann nacheinder ab.

LUDWIG.
Mein Sooohn – er hatte sich viel Guudes vorgenomme.
Die Wandlung kam zu spät, es is wohl so gerecht.

DAUTH. Vom dem hätt ich mei Geld im Lebe net bekomme.
Jetzt zahlt der Vadder mirs ... des finn ich nur gerecht.

HENRIETTE.
Beinah hätt mich sein Charm noch für en eigenomme –
der Mann war e Gefahr ... sein Ende scheint gerecht.

KARL. Wir haben es versucht. Dem war net beizukomme.

ALFONS. Er hat uns vorgeführt. Darum geschiehts ihm Recht.

Während Schambes spricht, richtet sich Don Juan auf.

SCHAMBES. Für alle hat die Sach e guudes End genomme.
Nur net für misch: Mein Herr is fort,
mein Lohn is futsch. Des is so ungerecht.
Er sieht Don Juan aufgerichtet und erschrickt.

DON JUAN. Ein Don Juan geht nicht für immer,
solange so viel Frauen auf ihn warten.
Ich werde wiederkommen!

SCHAMBES. Was für en Kerl!

ICH WERDE WIEDERKOMMEN!

Peterche

Bärbel

Ilse Träbing, Kostüme

Ludwig Watz von Waldacker

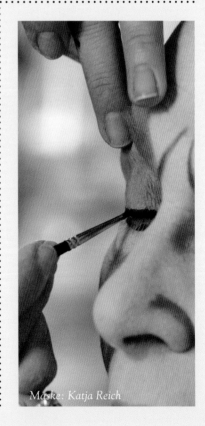

Maske: Katja Reich

Sarah Groß, Regie

Kommandant von Rumpenheim
oder Der steinerne Gast

Alfons von Cronberg

Gespenst

HESSISCHES IDIOTIKON

ZUM HESSISCHEN MOLIÈRE

AA — an, als leichter Nasallaut gesprochen; an – auch in Zusammensetzungen, vgl. Aagebot, aaleeche (anlegen) usw.

AACH — auch

AACHE — die Augen; Augen – auch in Zusammensetzungen, etwa: der Aacheblick

AAL, AALER — alt, der/ein alter; substantivisch (mei Aal) die Alte, die Ehefrau, das Eheweib, auch für jüngere gebräuchlich

AAM — einem

AAMOL, AMOLL — einmal

AAS — Siehe „Oos"

AASCHLÄÄCH — von Anschlag, plural; meint Pläne, Vorhaben, auch Intrige

AAWANZE — Sich heranwanzen, eine Mischung aus „anschleichen" und „sich aufdrängen"

AB — auch im Sinne von „weg, fort", vgl. Hau ab. „Jetzt abber ab!" Jetzt scher dich fort, mach dich aus dem Staub.

ABEEMICK — von Abee, Abkürzung für Abort; die Abortfliege, Schmeißfliege. Fliege, die den Abort umschwirrt. Übertragen auch für jemand, der immer da herumschwirrt, wo etwas Gutes zu finden ist.

ALLAA — allein; endbetont, leicht nasaliert gesprochen

ALLMEI — einer, der glaubt, dass alles „meins" ist (Siehe auch Sparbreedche, Erbsezähler)

ALLSMOL — manchmal, zuweilen, manches Mal, bezeichnet iterative Handlungen

ALS — (auch „alsfort") Immer, immer wieder. Beispiel „Der stumpt mich als!"; oft aber auch nur Verstärkung „Den misst mer alsemal stumpe"

ANNERN — die anderen

ANNERSDER — anders (kann man sich besser drauf ausruhen, hat mehr Autorität als „anders")

ANSCHEINTS — anscheinend

ARCH — von arg; sehr, zur Verstärkung gebraucht

ARMCHE — von arm; hessischer Deminutiv, auch bei Adjektiven möglich, eine echte Zärtlichkeitsform – vgl. beispielsweise die zärtliche Form für „mein Liebes", kleiner Liebling: mei Liebesje, mei Liebesche

ATZELE — speisen, essen, „Was gibts dann Feines zum Atzele?"

ATZELER — von Atzel, die Elster; kleiner Dieb, Strolch, der im Vorbeigehen klaut

BAA — das Bein, gleichlautend auch im Plural: die Baa – die Beine

BABBA — der Papa

BABBEGEI — bunter Vogel, der menschliche Sprache nachahmen kann

BABBELN, BABBELE — sprechen, reden, schwätzen; als Substantiv der Babbeler

BABBELARSCH — jemand, der ständig babbelt und der zugleich ein Arsch ist, sehr derber Ausdruck

BABBSACK — ein babbischer, also unsauberer Kerl

BABBWATZ — von Watz, dem männlichen Schwein; Babb, auch Bapp: der Schmutz, Dreck; Drecksau

BACHSIMBEL, BACHWATZ — unklar, möglicherweise ist die Vorstellung des Bachs mit der von Dreck identisch

BÄNNEL — Bändchen (davon „aabänneln"); auch „Schlafittchen" in der Drohung „isch kriej dich am Bennel", Verkleinerungsform: „Bännelcher"

BAGAASCH — von franz. „bagage", Lumpenpack, Lumpenvolk, niedrige Gesellschaft

BALKEWATZ — von Watz, s. d. Balke – in Zusammensetzung vermutlich zur Verstärkung, im Sinne von groß, massiv

BAMBELSCHNUD — vgl. hochdeutsch Schnute; meint die ausgeprägte Unterlippe, die jemand hängen lässt, übertragen für Menschen mit stark phlegmatischem Wesen

BANKERT, AUCH BÄNKERT
abschätzig für uneheliche Kinder

BATZE der Batzen, eine ursprünglich in der Schweiz geprägte kleine Münze; nicht nur in Frankfurt synonym für „Geldstück". Zweimal wird der Batzen sogar politisch bedeutsam, beim „Sperrbatzen-Krawall" 1830 und beim Batzebier-Krawall (1873)

BATZEDEIWEL Geldteufel, der Dämon, der auf dem Gold hockt, also aus Nickels Sicht der Herr Krall

BEDUPPE jemand betrügen, hinters Licht führen, übers Ohr hauen

BELEECH der Beleg, auch Beweisstück

BEMBEL irdener Krug, in dem das hessische Nationalgetränk, der Ebbelwoi (Apfelwein), aufgetragen wird

BERSCHJE kleiner Bursche, Bürschchen

BIEBCHE Bübchen, kleiner Junge: „Du Fetze Biebche vonnem Kindche!" spotteten die alten Frankfurter

BIMBERNELL vom Gartenkraut Pimpernelle, meint zimperliches Wesen, vor allem auf Frauen gemünzt

BIPS Piepser, Laut: „ohne aanen Bips zu dhun" ist ganz leise (nicht zu verwechseln mit der Geflügelkrankheit „Bips", die gerne auch mal dem Menschen an den Hals gewünscht wird: „Hättste de Bips!")

BISSI, AUCH E BISSI
ein wenig, ein bisschen

BLACKSCHEISSER Black ist ein großer Haufen, auch Fladen

DIE BLATT BUTZE Den abgetragenen Teller völlig leeren; übertragen: verschwinden

BLOTSCH Trampel, Grobian, Flegel

BOBBES Hinterteil, auch in bildlicher Verwendung

BOCK auch in Frankfurt männlichen Geschlechts, „es kimmt ihm wie dem Bock die Milch" ist daher poetisch für „gar nicht"

BOSSE Plural von Posse(n): Scherze, Späße, dummes Zeug

BRECKELDIPPE von Dippe für (irdenen) Topf, Schüssel. Möglicherweise von Brocken, (Bröckel) dann etwa: Schüssel mit einem Sprung, zerbrochener Topf, möglich auch die Assoziation eines Topfes, in dem es ständig „breckelt", der ständig am Überkochen ist – für einen Menschen, der dauernd unter Druck steht und knottert

BRECKELN Herumjammern, sich beschweren (wer es gerne tut, ist ein Breckeldippe), siehe auch: Pienzen

BRUDDELN, BRUDDELE
brodeln, brutzeln, schmoren

BÜNNEL Bändchen, auch: Schlafittchen in der Drohung: Wendung, „ich krieg dich am Bännel", Verkleinerungsform: „Bännelcher"

BUZZELCHE kleines niedliches Kind, sehr zärtlich

CHAUSSEE „weil mer grad uff der Chaussee sinn", altfrankfurterisch für: „wenn wir gerade dabei sind"

DAAB SCHELL Dummkopf, wörtlich: taube Glocke

DAACH der Tag, auch in Zusammensetzungen, vgl. Daachdieb

DABBES von hessisch dappe, auch dabsche: treten, tappen, stapfen, latschen; jemand, der ständig in etwas hineindappt. Tolpatsch, Trottel, ungeschickter Mensch

DABBISCH KOU dumme Kuh, wie es in der Wetterau klingt (gerne auch mit Verstärkung: dou dumm-dabbisch Kou! dou dumm-dreggisch Oos!)

DADEFIER dafür, dazu

DADEMIT damit, auch: mit dem

DAGEECHE dagegen

DANN wie hochdeutsch dann, danach, oft aber auch in der Bedeutung von denn

DASCH die Tasche

DAUB taub, auch im übertragenen Sinne fühllos

DEIBEL, DEIWEL der Teufel. Die Laute b und w sind in vielen hessischen Dialekten einander stark angeglichen, oft austauschbar

DERRAPPEL dürre, schmächtige Person

DICKWORZ Runkelrübe, etwas, das eher die Landbevölkerung verspeist

DIPPE auch Dibbe, der Topp, Topf, auch (irdene) Schüssel, gleichlautend im Singular wie im Plural

DIPPEMESS	Frankfurter Messe seit dem 14. Jahrhundert, ursprünglich dem Verkauf von Tonwaren bestimmt, später ein Volksfest, bis 1960 auf dem Römer veranstaltet
DISCH	der Tisch
DOLL	vgl. hochdeutsch toll; irr, verrückt, wahnsinnig
DOLLBOHRER	jemand, der leicht verrückt wirkt oder es einfach zu toll treibt
DORCHWITSCHE	von durch-, durchrutschen, durchschlüpfen, davonkommen
DOOT	tot
DORMEL	der Dormel ist ein einfältiger Mensch, Dummkopf, leicht tolpatschig, der Dumme
DORMELICH	ungeschickt, schwankend
DRAANICH	tranig, lahm
DRAHNFUNSEL	temperamentarmer Mensch
DUMMBABBELER	vgl. babbeln; jemand, der dumm daherredet, nur verqueres Zeug von sich gibt, Schwätzer
DUNSELICH	von Dunsel, törichter, weil ständig verträumter Backfisch; oft auch als Zusatz zu dumm
DURCHTRIBBE, DURCHTRIWWE	
	gewitzt, durchtrieben
EBBELFRAA	Apfelverkäuferin, „wie bei der Ebbelfraa: aans nachem annern" ist eine Frankfurter Umschreibung für bedächtiges, methodisches Vorgehen
EBBELSTRENZER	Apfeldieb
EBBES	etwas
EEBSCH	eklig, übel, auch übelwollend, hässlich
EICH HUN ...	„Ich habe ... " in den ländlichen Mundarten um Frankfurt. „Ich bin ..." heißt „Eich sein ...", für „net" sagt man „nej", lange Vokale werden gern als Doppellaute gesprochen („die Haare" heißt „dej Hoar"). Diese Dialekte (vor allem die alten Varianten) haben viele eigenen Worte und grammatische Formen. Wer an das RMVV-Hessisch gewohnt ist, muss sich da erst reinhören, aber es lohnt sich.
EI KERLE NAA!	Ausruf der Verwunderung, etwa vergleichbar dem Ausruf: Du lieber Gott!
ENAUS	hinaus, auch heraus

ENEI	hinein, z. B. eneischitte; hineinschütten
ENEIGEBLACKTER	(auch „Eigeblackter"), Zugezogener, der durch Heirat mit einer Frankfurterin zum Bürger veredelt werden konnte
ENIN	unklar; gebraucht zur Verstärkung, vgl. „Verflucht enin!" Auch für „hinein"
ENUNNER	hinunter
ERBSCHLEICHERBLAS	
	die Prostemahlzeit
ERBSEZÄHLER	kleinlicher Mensch, der dir alles vorrechnet; „Controller"
ERUNNER	herunter
ESUU	„so" im Wetterauer Dialekt, „Eisch sein esuu allaans" „Ich bin so allein" klagt die Wetterauer Gräfin. Früher sprach man auch in Sachsenhausen so ähnlich, was sich in den alten Volksstücken deutlich bemerkbar macht.
FERSCHTELIEBCHE	Fürstenliebchen, Mätresse des Fürsten
FERZ	Kleinigkeiten, Spinnereien, Nebensächlichkeiten, „Herz? Ferz" findet Herr Krall im „Geizische" (Steigerung: „Ferz un Knepp!")
FERZCHE	kleiner Furz, vgl. bei Goethe auch: Fürzgen
FETZEKERL	beeindruckender Mann, verwandt ist der Ausdruck „en Kerl wie e verdel Worscht"
FIDDERN	füttern
FILUH	vgl. franz. „filou", der Filou, Spitzbube, durchtriebener Mensch
FLABBES	Prügel (andere schöne alte Worte dafür sind: Mackes, Batsche und Fäng), siehe auch: Schmiss
FLAUSE	dumme Gedanken, verblasene Vorstellungen, Ideen; meist im Plural gebraucht
FRÄHT	auch frächt, fragt
FRANSE	Fransen, auch bildlich: „ich babbel mer do Franse"
FRIEHER	früher
FRAA	die Frau, auch im Sinn von Ehefrau

GAASS	die Geiß, die Ziege
GALERN	galant reden, flirten; heute nur noch abschätzig: geziert und dumm daherreden
GEBABBEL	vgl. babbeln, babbele: Gerede, Geschwätzt
GEBBE	geben, aber auch als partizipium perfecti: gegeben „Ich hab ders gebbe": ich habe es dir gegeben
GEDAPPT	vgl. dabbe, dabsche: getreten
GEECHE	gegen
GEELE ROIWE	Gelbe Rüben, Mohrrüben; auch Bezeichnung der Bürger der nahen Stadt Hanau
GEIE SE SICH	starker Imperativ, der nichts mit „gehen" zu tun hat, sondern mit „geigen", vgl. mitteldeutsch: sich heimgeigen; im Sinne von: Scheren Sie sich fort, gehen Sie schleunigst
GEJAUNER	vgl. jaunern: jammern, heulen, wehklagen
GELLE	vgl. bayerisch gelt, für: nicht wahr?
GELERCH	Gerümpel, wertloser Kram, siehe: Kerschel
GEMAUNZ	vgl. maunzen
GEPISCHPEL	vgl. pischpeln: Gewisper, Geflüster, heimliches Getue
GEUHZ	von uhzen, jemanden ärgern
GEZÄPPEL	liebevoll bis gerinschätzig für Kinder: „des klaa Gezäppel"
GICKEL	der Hahn, der Gockel, im übertragenen Sinne der Geck, Stutzer, Angeber
GIFTE, GIFTEN	sich giften, sich ärgern, Gift und Galle speien vor Zorn
GRASÄFFCHE	unreifes, junges Mädchen „Der Grasaff, ist er weg?", fragt Mephisto den Faust, er meint Gretchen.
GRIE	grün, leicht nasaliert zu sprechen
HAACH	1. pers. singularis von „hauen"; vgl. auch die Form „häächt": er haut, schlägt
HAACHE	hauen, prügeln. „Isch haach der uff die Fress!" droht der große Junge dem Kleinen, der sich etwas später beschwert: „Der hot mich gehaache"
HAAMDUCKSER	auch Haamdicker, Haamlichducker ein heimtückischer Mensch

HABBE	haben, als Infinitiv. Nicht zu verwechseln mit der kontrahierten Form „habben" für: Ich habe ihn, wir haben ihn
HANNEBAMBEL	leicht bis mittelschwer abschätzige Bezeichnung für jemanden, der einfach nicht ernst zu nehmen ist
HAMBEL	Hampel
HARGELOFFENE	hergelaufene Person, unerwünschter, besitzloser Fremder
HERSCH	vgl. Hirsch, übertragen auch für gehörnte Ehemänner; jemanden zum Hirsch machen: ihm die Hörner aufsetzen
HERZBENNEL	von Band, Bändel, gebräuchlich nur noch in der Redensart: Es drickt mer des Herzbennel ab, für: Es drückt mir das Herz ab
HERZBOBBELCHE	Kosewort, das im Mund von Herrn Krall natürlich anders klingt, als wenn Don Juan es sagt
HINNERUM	hinten herum, auch für hinterrücks, heimtückisch, nicht offen
HIPPT	3. pers. singularis von „hüpfen", springen
HUCK	eigentlich ein Last auf dem Rücken, heute aber nur noch zum „vollhaache" oder „vollüüche" da
IBBER	über
IBBRICH, IWWRICH	übrig
IWWERZWERCH	quer (besonders schön in der Verwünschung „Hättste die Maabrick iwwerzwerch im Hals!")
JAACHE	jagen
JÄHRCHER	Deminutiv des Plurals von „Jahre"; die wenigen, die paar Jahre
JAUNERN	jammern, klagen, wehklagen, heulen, gebräuchlich für Hunde und Kinder, möglicherweise aus dem hebräischen (jana)
KAA, AUCH KAAN	kein, keiner; als Akkusativ auch: niemanden
KAMMER	lies: kann man
KAPPELE, SICH	kabbeln, zanken, streiten, einander in den Haaren liegen

KAPPES	dummes Zeug, eigentlich „Kohl"
KERLE	gröber für „Mensch!" vgl. den Ausruf des Erstaunens: Kerle naa!
KERSCHEL	Gerümpel, wertloser Kram, siehe Gelerch
KIELSCHAWER	Wetterauer Schimpfwort, auch anerkennend gebraucht. Möglicherweise ursprünglich die Person, die in der Küche Möhren und anderes Gemüse schabt
KISSCHER	Plural von „Küsschen", leicht abschätziger Deminutiv
KLAA	klein, der Kleine; des Klaane bzw. des Klaa (das Kleine) für Kinder, in dieser Form aber auch für junge Mädchen gebräuchlich
KLOPPE	von klopfen; hauen, dreschen, prügeln
KLOWE	der Kloben, grober Klotz, massiger, ungeschickter Mensch
KNÄULKOPP	jemand, in dessen Kopf alles durcheinander, verknäuelt ist
KNORZE	von Knorren, knorriger Mensch
KNORZER	von knarzen, sich abknorzen: sich abmühen, sich etwas abringen, wobei immer nur etwas sehr Kleines als Ergebnis herauskommt, oder auch gar nichts
KOPP	der Kopf
KOPPELIERN	vgl. das Lehnwort copoulieren, zur Ehe verbinden
KOPPSTICK	Kopfstück, altes Wort für einen Schlag auf den Kopf
KRÄNK	eigentlich Epilepsie, allgemein „Krankheit"; „Hättste die Kränk", oder „Hättste dei narrisch Kränk" sind gängige Altfrankfurter Verwünschungen (ähnlich „Hättste de Bips!")
KRÄTSCHER	von krätschen, auch kretschen für nörgeln; jemand, der ständig etwas auszusetzen, an etwas herumzuknottern hat, dem nichts recht zu machen ist; verbreiteter Altmännertyp
KRATZBERSCHTISCH	
	kratzbürstig
KRETSCHE	Jammern, klagen. Ein Kretscher ist daher ein Jammerlappen
KRIBBEL	der Krüppel
KRIBBELBISSER, KRIPPELBISSER	
	Jemand, der anderen durch ständiges Genörgel und Gequengel auf die Nerven fällt. Für Deichsel enthält der Begriff die Assoziation eines Pferdes, das sich,

während die anderen in Ruhe ihren Hafer fressen, in seine Krippe verbissen hat. Andere verbinden mit diesem Ausdruck die Vorstellung vom verkrüppelten Bettler am Wege, der andere durch sein stetiges Gebettel belästigt.

KRIMMELSUCHER	Krümelsucher, Erbsenzähler, Kleinlichkeitskrämer; Korinthenkacker
KRIEHE	kriegen, für bekommen, erhalten
KRISCHER	der Schreihals, jemand, der Krischer, d. h. laute, helle Schreie ausstößt; vgl. die Wendung: Er hot en Krisch getan
KROLLEKOPP	Lockenkopf, jemand mit krausen Haaren
KROTT	Kröte; auch als Verwünschung „Dass disch die Krott petz." – „Möge die Kröte dich beißen."
KRUMBELMÄSCHER	
	jemand, der Krumbel macht; Krumbel ist Ärger, Durcheinander. Jemand, der Streit sucht. Verkrumbelt: verärgert, verschnupft
KUJON, KUJOHN	vgl. franz. couillon, gemeiner Mensch, der andere quält, drangsaliert, vgl. das Verbum kujonieren
KUSCHELMUSCHELMÄSCHER	
	ein Mensch, der gern Durcheinander macht, mauschelt, jemand, der Spaß daran findet, Intrigen zu spinnen
LABBE	der Lappen; grob auch für Gesicht, Maul, Visage
LABBEDUDDEL	läppischer Mensch, Schwächling
LÄÄFT	3. pers. singularis von laufen: er läuft
LAAMSIEDER	von Leimsieder, Leimkocher, abwertend für einen langweiligen Menschen, der schwer von Begriff ist
LAPPARSCH	vgl. lebsch, schlaffer, schlapper Hintern; Lahmarsch
LÄUSZIPPEL	altfrankfurter Beleidigung, die auch bei Goethe („Hanswursts Hochzeit") vorkommt
LEBSCH	schlaff, welk, fad, im übertragenen Sinne auch langweilig, faul, träge
LEIME	jemanden leimen: jemanden hereinlegen, übertölpeln
LUERN	auch in der Zusammensetzung rumluern für: lauern, lungern, auch mit der Bedeutung von herumspionieren

MAMMEKINDCHE	im Wortsinn das Kindlein der Mama, Muttersöhnchen
MAUNZE	maunzen, z. B. von Katzen
MECHT	auch mächt: 3. pers. singularis von machen, er macht. Nicht zu verwechseln mit derselbenben grammatischen Form von „mögen", er möchte
MEMMEREITER	Muttersöhnchen, Kind, das immer noch auf der Memme (der Mutterbrust) reitet
MICKEFERZCHE	wörtlich Mückenfurz, meint aber Fliegen-furz, dem Fliegenschiss vergleichbar: ein kleines Nichts
MIM	verkürzte Form von „mit dem", mi'm
MIR GEBBE NIKS!	stehende Wendung, wann immer der Geiz durch unverschämte Bitten herausgefordert wird, gerne ergänzt durch „Mir habbe selwer nur des Nödichste!"
MOBBELCHE	kleiner Moppel, dickliches, rundliches Kind, Säugling
MUCKER	Duckmäuser, bigotter Mensch
MUCKSER, AUCH MUCKS	
	kleiner, gequetschter Laut
MUMMELE	mümmeln, undeutlich sprechen, von murmeln
NADUR	Natur, Wesen
NEI	hinein
NODIERLICH	natürlich
OBACHT	Vorsicht, oft mit einem leicht drohenden Beiklang. „Obacht, sonst kriejste dei Dracht"
OBBE	oben
OBLISCHIERT	vgl. franz. „obligé", verbunden, dankbar, verpflichtet
OLWEL	ungeschickter Mensch, Tolpatsch („Der Olwel hat mei Braut beleidigt!")
OOS	Aas. Wie im Hochdeutschen ein Schimpf-wort für einen niederträchtigen (aber nicht dummen) Menschen. Im Hessischen von unendlicher Bedeutungsvielfalt: die Verkleinerungsform „Ösi" war in Frankfurt früher ein beliebtes Kosewort („Des lieb Ösi"). Zwischen Beschimpfung und

	freundschaftlicher Anerkennung schillerte das „Stoiwe-Oos" (Stäupe-Aas). Meistens ist „Oos" aber durchaus unfreundlich gemeint, vor allem in Zusammensetzungen wie „Raweaas", „Schinnoos" oder sogar „Siwwesorteoos"
ORSCHEL	Verkleinerungsform von „Ursula". Wird (wie anderswo Tussi oder Paula) leicht abfällig für „Frauenzimmer" verwendet
PETZEN	jemanden zwicken, zwacken, auch brennen, beißen; daneben natürlich auch die Bedeu-tung von verpetzen
PIENZEN	nörgeln, sich beschweren, siehe auch Breckeln; Kretschen
PISCHPELN	flüstern
POSSE	vgl. Bosse, Scherze, Witze, Unfug
PROSTEMAHLZEIT	Gesellschaft (leicht abwertend oder salopp)
RAASCH	vgl. franz. „rage", Wut, Zorn
RATZE	schlafen, tief schlafen, pennen
RECHNE	rechnen, im Partizipium Perfekt oft auch in der Form „gerechent" (gerechnet)
REECHE	sich regen, 3. pers. singular: er/sie/es reecht sich
REECHELN	regeln; Partizip Perfekt: gereechelt
REDDE	reden
REIMCHER	Deminutiv von Reim, abwertend robbe, auch roppe: von rupfen, reißen, zerfetzen
RUFFDABBSCHE	vgl. dabbsche, drauftappen, drauftreten
RUMSTRUNZE	siehe strunze; groß tun, überall angeben, aber auch: streunen
SAAFESIEDER	der Seifensieder, vgl. Laamsieder
SABBELER	von sabbeln: schwätzen; jemand, der dauernd dummes, unwahres Zeug redet, mit der Assoziation der feuchten Aussprache
SÄCKEL	Deminutiv von Sack, im übertragenen Sinn: niedriger Mensch
SÄUWATZ	vgl. Watz, zur Verstärkung des Schimpf-wortes, mehr als nur ein Watz

SCHAMBES	vgl. auch die Form Schambedist, zusammengezogen aus franz. Jean und Baptist
SCHEE	schön
SCHENNE	schimpfen
SCHEPP	schief, verzogen; von hier das berühmte Scheppmaul: schiefes Gesicht
SCHEPP QUETSCH	schiefe Zwetschge, eine originelle aber unfreundliche Bezeichnung für eine Frau
SCHINNOOS	vgl. Oos, das Aas, zusammengesetzt mit „Schinder", derber Scherz- und Schimpfausdruck für ein raffiniertes, durchtriebenes Frauenzimmer; die Pluralform: Schinneeser
SCHLÄÄCHT	dumm, einfältig
SCHLÄÄCHTGEBABBEL	
	dummes Gerede (siehe den Ratschlag Walters im „Geizische", mit selbstbezogenen Menschen zurechtzukommen: „Babbel Ihr Schlächtgebabbel nach wie en Babbegei. Schon haste se")
SCHLAPPMAUL	freches Maul, freche Klappe, Großmaul, Maulheld
SCHLEECHTSCHWÄTZER	
	Schandmaul, jemand, der von anderen schlecht spricht, sich der üblen Nachrede schuldig macht; später allgemein nurmehr in der Bedeutung von Schwätzer, jemand, der dummes Zeug redet
SCHLIPPCHE	auch Schlippcher: Schleifchen; frecher, leichtsinniger, unsolider Mensch
SCHLUDRIAN	unordentlicher Mensch
SCHLUMPEL	abschätzig für eine Frau, etwa „Schlampe"
SCHLUPPE	schlüpfen, rutschen
SCHLURI	ein leichtsinniger, unordentlicher Mann
SCHMAASSMICK	die Schmeißfliege
SCHMACHTLABBE	ein gefühlsduseliger Liebhaber, der entsprechend professionell schmachtet.
SCHMISS	Prügel, sowas versteht man in jeder Sprache, deswegen ahnt im „Geizische" auch Jacques, was Walter meint, wenn er ihm androht: ti massacro di botte!
SCHMONSES	der Schmonzes, dummes Gerede, Phrasen; vgl. die Wendung: „Der hat en Schmonses verzappt!" aus dem Jiddischen
SCHMUS	aus dem Jiddischen, süßliches, wertloses Gerede, Schmeichelei; hiervon die Schmuslabbe: jemand, der Schmus redet

SCHMUSLABBE	schmieriger Mensch
SCHNÄUBISCH	Wählerisch. Ein schönes Wort, bei dem man sich eine Person vorstellen kann, die bei allem, was man ihr anbietet, nur verächtlich schnaubt.
SCHNEDDEREDETT	lautmalerisch für eine Frau, die viel und schnell redet, schnattert
SCHNUT	auch Schnud: die Schnute, verzogenes Gesicht
SCHORSCH	hessische Form des Namens Georg
SCHWAMMBACKE	Schimpfwort, zeugt von großer Erregung („Mach deine Rechnung mit dem Himmel, Schwammbacke!")
SCHWELLES	der Kopf, z. B. in der Wendung: sich den Schwelles anhauen (sich am Kopf stoßen)
SELTENFREHLICH	übellauniger, mißlauniger Mensch, Miesepeter
SIBBEATZESTINKER	
	billiger Tabak
SIBBESORTELUMP	auch Siwwelsortelump; ein Lump auf sieben verschiedene Arten, also ein umfassender Lump; alt-Frankfurterisch, leider heute selten zu hören
SIGAR	die Zigarre, hessisch auf dem i betont
SOLWER	das gepökelte Schweinefleisch, das viele Knöchelchen, die Solwerknechelche, enthält. Davon abgeleitet Solwerschnud für einen genußsüchtigen Menschen, der sein Gesicht aus dem Solwer kaum rausbekommt.
SPARBREEDCHE	einer, der das Sparen als Selbstzweck betreibt; wenn das Sparbreedche auch noch (siehe dort) Erbsezähler und (siehe dort) Allmei ist, ergibt das zusammen den vollkommenen „Geizkraache"
SPRICHKLOBBER	der Sprücheklopfer, jemand, der für jede Situation den richtigen Spruch parat hat; auch jemand, der übertreibt, angibt
STAABISCH	staubig, verstaubt
STAA	der Stein, in derselben Form auch als Plural, leicht nasaliert zu sprechen
STRENZEN	stehlen, klauen
STRIPSE	stehlen (siehe auch Strenze)
STROMER	Herumtreiber, unzuverlässiger Mensch
STRUNZER	Angeber, Großtuer
STUMPE	jemanden anstoßen, ihm einen Stoß, einen Stubs geben

UFFPUTZ	Aufmachung, Ausstaffierung
UNNEDRUNNER	unten drunter
URSCHLÄCHTE	Pocken, Masern, Röteln – alte Sammelbezeichnung für Infektionskrankheiten mit Hautausschlägen
UZE	Foppen, Scherz mit jemandem treiben
VADDER	der Vater, hiervon Deminutiv: Vadderche
VERBABBT	verklebt
VERDEPPELT	verflixt, verdammt; eher im Umland von Frankfurt von Wetterau bis Kinzigtal gebräuchlich
VERHAACH DIE KIST!	Ausdruck von kräftigem Erstaunen oder Ratlosigkeit
VERKNUSE	vertragen, leiden, meist in verneinter Form: ich kann em net verknuse
VERMÖCHE	Vermögen
VERPLATZE	platzen, stärker als platzen
VERRIBBELN	zerreiben, totreiben
VERROBBE	zerreißen, zerfetzen, durcheinanderwühlen, in Unordnung bringen
VERROPPT	zerrupft
VERSTECKELE	verstecken, auch sich verstecken
VERSTECKELES	Verstecken spielen
VILL	viel
VOLLEUL	Trinker, „pur säuft nur die Volleul", behauptet Jacques im „Geizische" vom Ebbelwoi, was ein wenig übertrieben ist.
VOOCHEL	der Vogel
WAACHE	der Wagen wahrscheints: wahrscheinlich
WATZ	männl. Schwein, der Eber; Gegenstück zur Wutz
WEECHE	wegen, im Hessischen mit dem Dativ konstruiert: weeche mir (meinetwegen)
WERN	Infinitiv von „werden", aber auch Form der 1. pers. singular: ich werde (ich wern); vgl.

	„ich werns euch zeiche" – werde es euch zeigen
WERMSCHE	von Wurm, kleiner, kleines Wurm, Würmchen
WERSCHTCHE	von Wurst, Würstchen
WIDDERWORTE	Gegenrede, Entgegnung, Widerspruch
WISCHE	wischen, für jemandem eine runterhauen, eine Ohrfeige geben, jemandem eine wischen
WORM	der Wurm
WORSCHT	wurscht, egal, gleichgültig, schnuppe
WORSCHTFETTKOPP	jemand, dessen Hirnmasse aus Wurstfett besteht und der deswegen unter anderem zu Geldgeschäften kein Talent hat („Du bist der Worschtfettkopp, der sich druff eilässt!")
WUCHT	eine Tracht Prügel
WULLEWATZ	vgl. Watz; Verstärkung des Schimpfworts, kann auch die Bedeutung von Hansnarr haben. Die „Wulle" sind die Enten und Gänse, die mit diesem Ruf gelockt werden.
WULLEWAMBES	von Wampe, Verstärkung; meint einen sehr dicken Mann
WUWATZ	Popanz, Gespenst
ZARTCHE	hessischer Deminutiv von zart, sehr zart
ZEUCH	das Zeug
ZIMERLIMBIMCHE	zimperliche Person, auf Frauen gemünzt
ZORES	aus dem Hebräischen, Ärger, Krach, Skandal, vgl. die Wendung: Mach kaan Zores. Daneben auch in der Bedeutung von Gesindel, Lumpenpack
ZORNGIGGEL	jähzorniger Mensch, Choleriker (ähnlich: Hitzgiggel)
ZOTTEL	unordentliches Frauenzimmer
ZUCHT	Lärm, Krach, Unruhe, auch für eine chaotische Situation, vgl. die Redewendung: Mach doch kaa so Zucht!
ZWAA	zwei
ZWAABAANISCH	zweibeinig, auf zwei Beinen

Die schriftliche Notation des Dialekts folgt in diesem Buch den von W. Deichsel und R. Dachselt gemachten Vorgaben. Es gibt keine verbindliche Rechtschreibung wie im Hochdeutschen.

MOLIÈRE

DAS FRANZÖSISCHE ORIGINAL

Jean Baptiste Poquelin wird am 13. Januar 1622 als Sohn eines wohlhabenden Gobelinmeisters und „Tapissier du Roi" in Paris geboren, erhält eine sorgfältige Erziehung im Jesuiten-Collège de Clermont, studiert die Rechte und wird Notar in Narbonne. 1641 lernt er die 22-jährige Schauspielerin Madeleine Béjart kennen, mit der er 1644 die Schauspieltruppe *L'Illustre Théâtre* gründet, – von da an nennt er sich Molière. Die Truppe versucht sich erfolglos mit zeitgenössischen Tragödien, das Theater ist bald bankrott. Molière verlässt Paris und schließt sich einer Wandertruppe an, mit der er 13 Jahre durch die Provinz zieht und sein Handwerk als Schauspieler, Theaterdirektor und nicht zuletzt als Dramatiker erlernt.

1659 spielt Molière zum ersten Mal wieder in Paris und hat mit den *Précieuses ridicules*, einer Persiflage auf die affektierten Damen der Salons, einen triumphalen Erfolg. Zuvor hatte er schon vor dem jungen König Louis XIV. gespielt, dessen Bruder, „Monsieur" genannt, das Patronat über Molières Truppe übernimmt, die damit zur *Troupe de Monsieur* avanciert. Mit der Gunst des Königs zieht die Truppe 1662 ins Théâtre du Palais Royal, auf dessen Bühne fortan fast alle Komödien des Theaterdirektors uraufgeführt werden. Er heiratet im selben Jahr die 20-jährige Armande Béjart, eine Tochter (oder Nichte?) seiner ersten Theatergefährtin Madeleine Béjart. Ende dieses Jahres dann der Skandalerfolg der *Schule der Frauen*, in deren Buchausgabe der Autor in einer Vorrede ankündigt, den Streit um das Stück auf die Bühne zu bringen (*Kritik der Schule der Frauen*). Anlass des Skandals ist die gemäßigte Emanzipation der Frau, die das Stück angeblich propagiert. Zuvor gab es bereits eine unangefochtene *Schule der Ehemänner*.

1663 ermuntert der König Molière zum *Impromptu von Versailles*, einer theatralischen Reflexion über das Theaterspiel. Der König ist auch Pate von Molières Sohn, der 1664 geboren wird, aber schon im gleichen Jahr stirbt. Im Mai 1664 wird im Rahmen eines dreitägigen Hoffestes in den neu angelegten Gärten von Versailles der *Tartuffe oder Der Betrüger* uraufgeführt – doch sofort werden weitere Aufführungen auf Druck des Hofes untersagt. Die Aufführung um den scheinbar Frommen, in Wahrheit aber gierigen Betrüger löst in den konservativen Zirkeln des Hofes Empörung aus. Der König jedoch, dem die Sticheleien gegen seine Widersacher nicht ungelegen kommen, macht Molières Truppe zur „Troupe du Roi", die unter seinem besonderen Schutz steht.

Don Juan oder Der Steinerne Gast wird 1665 ein großer Erfolg. Aber die wenig eindeutige Komödie *Der Misanthrop* kommt beim Publikum nicht gut an. Auch eine zweite gemilderte Fassung des *Tartuffe* wird 1666 auf höheren Wunsch wieder abgesetzt. *Der Arzt wider Willen* kommt 1666 heraus, ein medizinisches Sujet, das dem oft kranken Molière in seinen verschiedenen Facetten nur zu bekannt ist, und das er in mehreren Komödien verarbeitet.

1668 ist ein Jahr mit drei Uraufführungen: die Komödie *Amphitryon* (erfolgreich, weil der Hof delikate Anspielungen auf auf die Liaison Louis XIV. mit der Marquise de Montespan entdeckt), *George Dandin oder Der Betrogene Ehemann* (nur mäßiger Erfolg) sowie *Der Geizige* (ein scharfes Charakterbild des reich gewordenen Bourgeois, – und ein Publikums-Fiasko). Aber im Februar 1669 wird der *Tartuffe* endlich zur Aufführung zugelassen. Die Kasse wird gestürmt. In der gedruckten Ausgabe wird der berühmt gewordene Kommentar des Autors veröffentlicht.

In den folgenden Jahren erscheinen die Komödien *Monsieur de Pourceaugnac* (1669), *Der Bürger als Edelmann* (wo Molière die Sucht der Bürgerlichen nach Adelstiteln verspottet, 1670), *Die Gaunereien des Scapin* (wo er noch einmal alle Register der commedia dell'arte zieht, 1671), sowie *Die gelehrten Frauen* (noch einmal das Frauenthema, 1672). Molières Gesundheitszustand verschlechtert sich.

Am 10. Februar 1673 wird *Der eingebildet Kranke* uraufgeführt. Molière spielt – wie in allen seinen Stücken – die Titelrolle. Bei der vierten Aufführung, am 17. Februar, bricht er zusammen und stirbt wenig später in seiner Wohnung in der Rue Richelieu. Die Kirche untersagt seine Bestattung in ‚geweihter' Erde. Am 21. Februar begraben ihn seine Freunde nachts auf dem Friedhof Saint-Joseph. Die erste Ausgabe seiner Komödien erscheint 1682.

Molières Truppe spielt zunächst unter der Direktion seiner Frau Armande weiter. 1680 wird sie auf Anweisung von König Louis XIV. mit den konkurrierenden Pariser Theatertruppen des Théâtre du Marais und des Hotel de Bourgogne verschmolzen: es entsteht die heute noch bestehende *Comédie Française*, das „Haus Molière".

Die Grafiken sind der ersten Gesamtausgabe der Werke Molières, Paris 1682, entnommen.

WOLFGANG DEICHSEL

ÜBER DIALEKT
AUF DEM THEATER

Wolfgang Deichsel

Ich habe in der Schule schon sehr viel Schülertheater gemacht und habe da auch Stücke geschrieben für uns, da habe ich auch schon mal etwas im Dialekt geschrieben, und zwar kam das ganz naiv, angeregt durch die „Määnzer Fassenacht", durch die Büttenreden. Natürlich haben wir uns als Pennäler schon ein bisschen davon abgesetzt, haben das ironisiert, aber wir haben uns nie darüber lustig gemacht. Ich habe auch immer noch so ein einfaches Verhältnis zu den trivialen Vorbildern. Also etwa *Hesselbach* ist für mich ein Vorbild für Dialekttheatergeschichten, weil mir das als Kind sehr viel Spaß gemacht hat, im Radio die *Familie Hesselbach* zu hören. Und dazu kam dann – also zu einer nachahmerischen, zu einer aus der Konvention kommenden Dialektbeziehung – kam dann später auf der Universität eine – ich glaube, im Zusammenhang damit, dass ich diese Wiener Schule mit Artmann, Bayer und Rühm kennenlernte, die ja Dialekt als poetische Sprachform wiederentdeckt hatten – kam dann auch ein formales Bewusstsein dazu, sodass, als ich die ersten Szenen, kurze Hörszenen, für den professionellen Gebrauch schrieb – das war *Bleiwe losse* – ich da plötzlich an einem Tag darauf kam, das in Dialekt zu schreiben. Und da fiel mir auf einmal ungeheuer viel mehr ein, und ich entdeckte, dass ich da bei mir eine Sprache wiederentdeckte, in der mir die Situationen klarer wurden, die Figuren auf einmal Plastizität bekamen, die Gestikulation viel reicher wurde. Und da habe ich dann beschlossen, daraus noch mehr abzuleiten und habe ein Theaterstück in Dialekt geschrieben, den *Agent Bernd Etzel*.

Dabei habe ich aber auch schon versucht, den Dialekt durch das formale Mittel des Verses auszustellen, das heißt, gegen den ungebrochenen Dialektgebrauch ein Mittel zu setzen, das den Dialekt aus dem nur alltäglichen Gebabbel etwas heraushebt, ihn anhebt. Gerade die Formalisierung des Dialekts interessiert mich sehr.

Das Verhältnis von Dialekt und Hochsprache ist so kompliziert, dass ich mir schon überlegt habe, ob ich Texte, die ich erst in Hochdeutsch geschrieben habe, mir mal in Dialekt übersetze und sie dann wieder zurückübersetze, um einfach mal zu sehen, was sich dadurch herausstellt. Auch für mich ist es so, dass ich die Hochsprache für das reichere und wichtigere Mittel halte, in dem sich größere gesellschaftliche Zusammenhänge darstellen lassen. Ich will da auch nicht apodiktisch sein: Es geht nur im Dialekt oder es geht nur in der Hochsprache.

Ich habe möglicherweise eine Begabung, im Dialekt Zusammenhänge zu fassen, die ich hochsprachlich nicht fassen kann. Das liegt, das habe ich vorhin schon angedeutet, wahrscheinlich daran, dass der Dialekt meine Muttersprache war, dass ich bis zehn, elf noch sehr häufig im Dialekt geredet habe und mir dadurch eben Weltzusammenhänge in dieser Sprache klar geworden sind. Und dann hängt das natürlich auch mit unserer allgemeinen Situation zusammen und mit dem Verhältnis zur Sprache, in dem wir als Schreiber heute stehen. Wir suchen in allen Möglichkeiten herum und fragen uns, was die Sprache noch leistet. Das ist also sicher nicht nur das Problem individueller Begabung, sondern immer auch noch die Frage, wie überhaupt Menschen bei uns noch kommunizieren, wie sie noch miteinander reden können, wie weit Sprache noch zur Verständigung dient, und das ist nicht nur eine Frage der Sprache. Ich gehöre nicht der Sekte an, die die Sprache als Verständigungsmittel permanent kritisiert und sie überhaupt nur noch als Verdeckungsmechanismus sieht. Aber zweifelsohne bestehen solche Erscheinungen. Und da ist eben auch der Dialekt wiederum – und deswegen sind zweifelsohne auch die Wiener darauf gekommen – auch eine Möglichkeit, vielleicht auch nur ein Trick, noch einmal direkt zu sein, noch einmal eine Verständigung zu gestalten, die man hochsprachlich nicht mehr schafft, weil dort die Klischees alles ersticken.

Aber da kann ich mir gleich selbst widersprechen, denn es ist wahrscheinlich ein Vorurteil zu glauben, dass Dialekt eine unmittelbare Sprache ist. Das heißt, mir fällt immer, gerade wenn ich Kroetz höre, auf, dass Dialekt wahrscheinlich, auch wenn er unliterarisch gesprochen wird, was Formales hat. Es ist wahrscheinlich das übliche Vorurteil, durch das der Nichtkenner annimmt, Dialekt habe etwas mit Land und Natur zu tun, und dadurch auch mit Formlosigkeit und Unmittelbarkeit, wodurch man übersieht, dass der Dialekt – wie ja auch die Volkskunst – eine ausgeprägte Systematik und Formalisierung hat. Möglich, dass es die Formalisierung ist, weswegen mir der Dialekt so liegt. Das heißt, ich habe immer das Gefühl, wenn ich im Dialekt schreibe, dass ich viel bewußter in bestimmten Formulierungen, dass mir, was ich schreibe, nicht nur vertrauter, sondern zugleich auch fremder, distanzierter ist, dass ich also mit dem Dialekt eher verfremde als mit der Hochsprache.

Nach dem *Etzel* habe ich erstmal hochdeutsch geschrieben. Das hat durchaus pragmatische Gründe, weil man halt Dialekttexte nur begrenzt verkaufen kann, da es wenig Schauspieler und Sprecher dafür gibt. Und dann hatte jemand in Frankfurt, Karlheinz Braun, den Einfall, den Molière, der in den Inszenierungen hier oft als hohles Hüpftheater herauskam, auf hessisch zu probieren, und hat mich gefragt, ob ich das machen wolle.

Und ich ging da lustig dran, weil ich erst dachte, es sei ein Ulk, und dann stellte ich fest, dass man mit dem Dialekt der sprachlichen Haltung von Molière und dem gestischen Reichtum näher kommt, den ich aus dem Französischen ins Hochdeutsche nie habe übertragen können. Ich hatte vorher schon mal fürs Schillertheater einen Molière ins Hochdeutsche übersetzt und große Mühe gehabt, die verschiedenen sprachlichen Ebenen zu übertragen. Der Wechsel von Hochsprache und Umgangsprache hört sich im Deutschen sehr grob an. Man muss da auf einen Kunstjargon runtergehen. Aber im Dialekt sind plötzlich Abstufungen möglich zwischen Honoratioren-Hessisch und einer ganz direkten Sprache der Diener, auch ein Gegeneinander, was im Volksstück Tradition hat, von Stadtdialekt und bäurischem Dialekt.

Wenn sich Auseinandersetzungen handfest abspielen, wenn es darum geht, jemand zu verheiraten oder aus dem Haus zu werfen, dann bietet der Dialekt reiches Material. Wenn aber, wie im *Menschenfeind*, weniger gehandelt als reflektiert wird, wenn die Menschen sich damit auseinandersetzen, wie tugendhaft und wahrhaftig ein Mensch in einer bestimmten Gesellschaft sein kann, dann ist der Dialekt oft unzureichend. Die Gedanken werden travestiert, sie bekommen ein zu kurzes Kleid und wirken lächerlich. Allerdings lässt sich auch das benutzen. Ich mache es im *Tartüff*, wenn ich die Denkhaltung bestimmter Personen ausstellen will. Beispiel: Damis, der den „Tartüff" beim Vater anzeigen will, beteuert: „Hier geht's um Lüge oder Wahrheit. Es geht mer net ums Geld!" Wenn der Schauspieler den ersten Satz in bemühtem Hochdeutsch, den zweiten in Dialekt spricht, wirkt der erste Satz herbeigeholt. Es stellt sich raus, dass es dem Sohn doch ums Geld geht. Im *Tartüff* kann ich die Ideologie der Personen ausstellen und kritisieren, ohne das Stück zu zerbrechen.

Sie haben also den Moliere – „Tartuffe", „L'Ecole des Femmes" – direkt aus dem Französischen übersetzt? Wo lagen da die besonderen Schwierigkeiten bei der Übersetzung in Dialekt? Gab es da spezielle Schwierigkeiten?

Nein, ich habe das so übersetzt, wie das wahrscheinlich jeder macht: Mit der französischen Vorlage und einer ganzen Masse anderer Übersetzungen. Und Übersetzung ist in dem Fall vielleicht auch ein falscher Ausdruck, weil ich sehr stark bearbeitet habe. Das ergibt sich schon, indem man den Alexandriner aufgibt, dessen Erfüllung oft zu Umständlichkeit und Wiederholung führt und diese riesigen Textlatten erzeugt. Das habe ich im Blankvers gerafft. Im Dialekt kann man oft viel kürzer sein, weil die mimische Wirkung die Mitteilung ergänzt. Mir fällt jetzt nur ein ganz extremes Beispiel aus dem *Tartüff* ein. Als am Anfang die Pernelle erklärt, dass die Leute schon reden über das, was in dem Haus geschieht, gibt der Clemens eine lange Erklärung ab, dass es doch nichts ausmachen dürfte, einer selbstbewussten bürgerlichen Familie, wenn die Leute reden. Das geht über acht oder zehn Zeilen. Und das habe ich zusammengefasst ich sage, das ist ein übertreibendes Beispiel, sonst bin ich nicht so ruppig gewesen – in: „Sollese doch redde!" In dieser sprachlichen Haltung ist, entsprechend gespielt, auch die Haltung „Uns macht's doch nix aus!" enthalten. Der hochsprachliche

Satz „Sollen sie doch reden!" ist nicht so körperlich gestisch zu präsentieren, dass die Grundhaltung herauskommt.

Und hatten Sie bestimmte Vorstellungen bei der Übersetzung oder Bearbeitung im Hinblick auf das Publikum? Sie wußten ja, hessisch hat nur einen begrenzten Verbreitungsraum. Haben Sie das irgendwie einbezogen in Ihre Übersetzung?

Durch die Gelegenheit, es hier in Frankfurt zu machen, habe ich nicht erst überlegt, wie weit das zu verbreiten wäre. Mit dem Publikum habe ich die Erfahrung gemacht, dass einerseits ein Dialekttext auch bei Zuschauern, die den Dialekt nicht sprechen, schneller ankommen kann als ein hochdeutscher Text, andererseits haben auch die Hessen, wenn auch nach Stadt und Gesellschaftsschicht verschieden, Sperren gegen ihren Dialekt. Gerade im halbgebildeten Mittelstand stößt so eine Molière-Übersetzung, oder überhaupt Dialekttheater, immer auf einen gewissen Widerstand, weil die denken, diese Sprache hätten sie überwunden. Inzwischen ist es allerdings bei einigen Intellektuellen, die den Dialekt verpönt hatten, wieder „in", Dialekt zu zitieren. Aber zunächst mal

Wolfgang Deichsel als Orgon in „Tartüff" auf der Bühne des Frankfurter Theaters am Turm, Frühjahr 1972 (FAZ, 10.2.2011)

gibt's eine Anekdote aus unserem Theater hier. Da hat eine Angestellte, die die Karten an die Abonnenten vertreibt, sich aufgeregt: „Du liebes bissche! Warum dann Molière uf hessisch! Unsern scheene Franzos!" Wenn also dieses Vorurteil, dass sich höhere Bildung und Dialekt ausschließen, oder die Meinung, dass sich mit Dialekt nur nostalgische Witze machen lassen, abgebaut ist, dann kriegen die Zuschauer raus – und das stellt sich doch bei den Aufführungen her, ich habe selbst gespielt und habe das an den Reaktionen gemerkt –, dass das Stück klarer wird, dass sie besser in die Situationen reinkommen, dass der Molière nicht mehr ein entfernter Klassiker ist mit einem Geheimsystem von Motivationen, sondern dass die Motivationen plötzlich nachvollziehbar sind. Deswegen gab's auch hinterher nie den Protest, „Sowas geht doch nicht!", den es vorher gab. Deswegen will ich da auch weitermachen. Wegen dieser Möglichkeit, durch den Dialekt Direktheit zu erreichen, ohne den Anspruch auf größere Inhalte aufzugeben, gefiel mir die Arbeit mit Molière besonders gut. Weil der Inhalt vom *Tartüff* oder von der „Schule" ein großer gesellschaftlicher Inhalt ist. Im Gegensatz zu den Problemen, die die Ohnesorg-Theaterstücke haben, wo es darum geht, ob die Mutti wieder heimkommt, geht es ja in dem *Tartüff* unter anderem darum, wie der Bürger seine Geistlichen, seine Intellektuellen benutzt, und wie die den Bürger gebrauchen, und in der „Schule der Frauen" wird erzählt, was geschieht, wenn ein Bürger seine Idealvorstellung einer Ehe so verwirklichen will, wie er sonst seine Geschäfte betreibt. Und diese Vorgänge sind durchaus im Dialekt zeigbar, sie werden sinnlicher und anschaulicher. In einem Kreis meiner Bekannten wird nach der Aufführung der *Tartüff* als Exempel für die heuchlerische Haltung der Intellektuellen genommen, die sich durch politisches Moralisieren Macht verschaffen. „Du bist ein Tartüff, du verhältst dich genauso!" Da wird die Geschichte des Stücks wieder anwendbar.

Welchen Dialekt haben Sie konkret verwendet? Ist das ein regionales Hessisch, ist das ein Hessisch, sagen wir aus Frankfurt oder ...?

Ich gehör erstens mal, was sicher ein Mangel ist, nicht zu den sprachwissenschaftlichen Kennern von einem ganz genau durch einen Ort bestimmten Dialekt, zu den Spezialisten, die wissen, was in Ottakring anders heißt als in Grinzing. Da hab' ich mich nie drum kümmern können. Viele Ausdrücke, die ich verwende, kommen aus dem Wiesbadener Bereich, wo ich aufgewachsen bin. Das hat sich erweitert durch die frühe Lektüre von Rudolph Dietz, der in seinen Anekdoten und Gedichten verschiedene Mundarten aus dem nassauischen Hinterland verwendet, und durch die Schullektüre unseres hessischen Klassikers, dem Datterich aus Darmstadt. Ich beschränke mich also nicht auf einen Bezirk. Das ist eine allgemeine südhessische Umgangssprache, die ich benutze. Für Dialektforscher liefere ich keine Belege. Ich kann da nur sagen: Ich sammle nicht systematisch, ich nehm die Sprache, die mir einfällt und entscheide dann, ob sie fasst, was ich ausdrücken will, und ich scheide aus, was zu eigentümlich als Dialekt ist, sodass es nur von wenigen verstanden würde. Und mir ist auch völlig egal, ob da einer sagt: „So würde ein Frankfurter das nicht sagen, so sagen das die Darmstädter." Und ich

Wolfgang Deichsel,
90er-Jahre,
Klause Johannisberg
(Fotos: privat)

überlasse es den Schauspielern, die Worte so zu artikulieren, wie sie es durch ihren Heimatort gewohnt sind, wiederum mit der Einschränkung, dass allzu auffällige Abweichungen unterbleiben.

Und meinen Sie, es gibt für die Dialektdichtung besonders geeignete Gattungen?

Na ja, eine geeignete Gattung ist selbstverständlich schon mal eine bestimmte Art von Theaterstück: die Posse, der Schwank. Und die Komödie, wenn sich die Konflikte so aus der alltäglichen Realität ergeben, dass der Dialekt sie noch fassen kann. Aber auch die Molière-Übertragung zeigt, dass sich die schwankhaften Züge, also Prügeleien und Familienstreit, am besten im Dialekt entfalten.

Auszüge aus einem längeren Gespräch mit Hans-Rüdiger Fluck, 1976, erschienen in W. Deichsel, Etzel und der hessische Molière, Verlag der Autoren, Frankfurt am Main, 1988 und 1989)

RAINER DACHSELT

MOLIÈRE ÜBERTRAGEN

Rainer Dachselt

Die großen Charakterkomödien Molières haben einen gemeinsamen Kern. Der *Eingebildet Kranke*, *Tartüff*, *Der Menschenfeind*, *Der Geizige* und sogar *Don Juan*: In allen geht es um einen Mann mit einer fixen Idee, einer Besessenheit, die ihn völlig beherrscht. Das ist lustig für das Publikum, aber beunruhigend für die anderen Figuren. Denn es handelt sich um einen mächtigen Mann, der sie mit seiner Marotte gängelt, schikaniert und terrorisiert. Sie winden sich, verwünschen den Kerl, spinnen Intrigen und versuchen, dem Quälgeist irgendwie beizukommen. Ob und wie es ihnen gelingt, sorgt für Spannung. Die dabei entstehenden Verwicklungen, die verbalen und sonstigen Zweikämpfe machen es noch lustiger für das Publikum. Am Ende gelingt es zwar nicht, den Besessenen zu kurieren, aber er ist auf mehr oder weniger glaubwürdige Weise vorerst unschädlich gemacht.

Diesen Kern, diese Konstellation gilt es zu übertragen, denn sie wirkt stark und unmittelbar und unabhängig von historischen Elementen. Sie sorgt dafür, dass wir diese Stücke auf der Bühne sofort begreifen. Und es geht dabei nicht nur um die Hauptgestalt. Wir erkennen uns nicht nur im Hypochonder wieder, im Geizkragen, im Heuchler, sondern vor allem in ihren Opfern und Gegenspielern. In der unangenehmen Situation, gegen einen scheinbar übermächtigen Irren auf verlorenem Posten zu stehen. Dieses „Machtspiel" im Kern der Komödien sollte eine Übertragung nicht nur erhalten, sondern am besten verstärken. Man kann natürlich auch etwas Anderes machen, verzichtet dann aber besser auf den Namen Molières.

Erhalten heißt nicht: eins zu eins übersetzen. Das wirkt bei Molière heute, egal ob in Vers oder Prosa, steif und unkomisch. Nur einige Szenen und Dialoge sind in der Vorlage so dicht und überzeugend, dass es nichts zu ändern gibt. Viele offenbaren erst gekürzt und auf wenige Sätze gebracht ihre Quintessenz, auf andere lässt sich gefahrlos verzichten. Und manchmal rücken eine neue Figur oder eine neue Nebenhandlung die Dinge so zurecht, als wären sie immer schon dagewesen.

Molière hat wie die meisten Komödiendichter keine Textdenkmäler für die Ewigkeit verfasst. Er schrieb direkt für die Bühne, oft unter Zeitdruck und immer für seine Zeitgenossen. Er lässt aktuelle Themen auf der Bühne verhandeln, bezieht sich auf vorangegangene Auseinandersetzungen, spielt auf Personen und Gebräuche an, die wir über Fußnoten erschließen müssen – wenn es überhaupt möglich ist. Und er schreibt und spielt für ein anderes Theaterempfinden, ein Vergnügen an fast arienhaften Reden, mit rhetorischen Kniffen gesättigte Argumentationen und Streitreden. Um dieses Vergnügen zu retten, muss die Übertragung kürzer sein, vor allem lakonischer. Was keinen Verzicht auf die Rhetorik bedeutet, im Gegenteil – die Wortkaskaden und Pointen des Originals kommen mit weniger Beiwerk und besser vorbereitet daher.

Im Deutschen muss man sich eben knapper ausdrücken als im Französischen, um einen annähernd ähnlichen Effekt zu erzielen. Die hessischer Mundart erleichtert es. Sie hat die treffenden und kraftvollen Ausdrücke, die Wendungen, die „Sprüche", die Molières Monologe und Streitreden funkeln lassen. Und das Spektrum vom derben Bauernplatt zum verräterisch gefärbten Hochdeutsch kann die Sprachvielfalt des Originals besser wiedergeben. Denn auch Molière spielt mit dem Sprachgefälle zwischen Adel, Bürger und Dienern, und eine Übertragung sollte das nicht verwischen.

Mit der Sprache ändert sich auch das Milieu - Hessen, die sich in Paris und Versailles bewegen, würden dort keine gute Figur machen. Für den *Hessischen Molière* hat Wolfgang Deichsel ein deutsches

Gegenstück zu den französischen Bürgern gefunden – den kleinbürgerlichen Biedermeier-Hessen. Es ist natürlich kein historisches „Biedermeier", eher eine Haltung, die wir mühelos in uns und den Zeitgenossen wiedererkennen. Das Hochdeutsche schafft es nur schwer, ein solches Milieu hinzustellen.

Was die Komödien Molières gar nicht benötigen, ist eine äußerliche Aktualisierung. Molière mag zu seinen Zeitgenossen über Probleme ihrer Zeit gesprochen haben, es zerstört die Stücke aber, an dieser Stelle Zeitbezüge von heute einzusetzen. Bloß kein Geiziger, der plötzlich von Hedge-Fonds spricht, kein Eingebildet Kranker, der über die Gesundheitsreform schwadroniert, bloß keine plumpen Anachronismen und Kabarettismen. Warum das Publikum auf dem Theater mit der Nase auf das stoßen, was es selber mitbringt: die eigene Umgebung, mit ihren Kleidern, Begriffen und Namen. Die Zeitbezüge stellt die Phantasie von alleine her. Die Übertragung muss das begünstigen, indem sie die Charaktere verdeutlicht, die Konflikte verdichtet und Molières Gedanken zum Funkeln bringt. Wenn ihr das gelingt, ist der Weg von Paris nach Frankfurt, aus dem 17. ins 21. Jahrhundert, gar nicht so weit.

MICHAEL QUAST

DEN HESSISCHEN MOLIÈRE SPIELEN

Michael Quast

Hinter den Vorhängen ist das Summen der vollbesetzten Zuschauertribüne zu hören. Wie Rennpferde, die kurz vor dem Losgaloppieren nur mühsam gezügelt werden, tänzeln die Schauspieler auf der Hinterbühne. Ist alles bereit? Liegen die Requisiten am richtigen Platz? Wie fühlt sich die Stimme an? (Meistens schlecht, das gehört sich so, wie bei Tenören, aber du weißt genau: gleich springt sie an wie ein gut geölter Motor.) Dann neun Stöße mit einem Stock auf die Bühnenbretter – sechs schnell, drei langsam. (Um die bösen Geister zu vertreiben, aus der Unterbühne huschen die Ratten in alle vier Winde davon.) Die Scheinwerfer flammen auf – raus!

Bereits mit den ersten Sätzen verwandelt sich die gedämpfte Vorfreude auf der Tribüne in heitere Stimmung. Der Dialekt amüsiert. Das wird sich im Lauf des Stückes noch steigern zum puren Vergnügen, zu eruptiven Reaktionen (wenn das Timing stimmt!), angeheizt vom wohlkalkulierten Spiel der Akteure, die eben nicht den einfachsten Weg wählen, sondern das Sperrige in der Mundart betonen, die Widerhaken, mit denen Deichsels Texte gespickt sind. Der Spaß an der Sprache und am Fortgang der Geschichte ist nicht wohlfeil zu haben, da heißt es aufgepasst, da muss mitgedacht werden, Erkenntnisgewinn steigert bekanntlich die Lust, bis – im günstigsten Fall – zu diesem sekundenlangen orgiastischen Kontrollverlust, der uns erlöst und glücklich macht, Zuschauer und Schauspieler gleichermaßen.

Reaktionen in diesen Dimensionen habe ich bisher nur beim *Hessischen Molière* erlebt. Zwischen Bühne und Publikum entsteht eine Art vegetativer Übereinstimmung, der sich auch dialektferne Zuschauer nicht entziehen können. Die Kombination von Mundart und gebundener Sprache, daß also Hessisch in Versen gesprochen wird, ist eine explosive Mischung. Für den Schauspieler ist sie Musik, mit der Saiten zum Schwingen gebracht werden, die die Hochsprache nicht erreicht.

DIE CHRONIK

DER HESSISCHE MOLIÈRE

Molière *Wolfgang Deichsel, 1983*

AB 1965

Der 26-jährige Wolfgang Deichsel zieht nach dem Studium in Marburg und Wien und der Mitarbeit an verschiedenen Studenten-und Figurentheatern nach Berlin. Er hospitiert dort am Schiller-Theater bei Fritz Kortners Inszenierung von Molières *Eingebildetem Kranken*. Der große Komiker Curt Bois spielt die Titelrolle. Deichsel: „Bei Kortner und Bois fand ich zum ersten Mal (weil ich das Brechttheater noch nicht kannte) ausgeprägt und groß: die gestische Dimension der Sprache, die sprachliche Dimension der Geste." Durch die eher realistischen Inszenierungen von Fritz Kortner und des Brecht-Schülers Benno Besson gewinnt Deichsel einen neuen Blick auf Molière. Er freundet sich mit dem Dramatiker Peter Hacks und dessen Frau Anna Wiede an; ihre intensiven Gespräche über Molière, aber auch allgemein über das Stückeschreiben und Theater sind auch wichtig für seine erste eigene Arbeiten (*Bleiwe losse, Etzel*).

1968

Erste Beschäftigung mit Molière: Deichsel übersetzt und bearbeitet Molières Komödie *Der Bürger als Edelmann* für Curt Bois – und zwar auf hochdeutsch. Die Uraufführung dieser Fassung findet am Schiller-Theater Berlin am 22. Februar in der Regie von Max P. Ammann statt. (Siehe auch: Curt Bois/ Wolfgang Deichsel, *So schlecht war mir noch nie* in: Wolfgang Deichsel, *Komiker*, Frankfurt am Main 1997).

1969

Deichsel ist Gründungsmitglied des Verlags der Autoren in Frankfurt am Main. Die beiden ersten Geschäftsführer des Verlages sind Karlheinz Braun und Wolfgang Wiens. Wiens, der (zusammen mit dem Regisseur Claus Peymann) 1965 als Dramaturg an die Landesbühne Rhein-Main, dem späteren Theater am Turm (TAT) in Frankfurt geht, ist mit Deichsel befreundet. So entstehen ganz selbstverständlich Pläne für eine gemeinsame Theaterarbeit, deren erste Konkretisierung die Übertragung und Bearbeitung von Molières *Schule der Frauen* ins Hessische ist – ausgehend von der Überlegung, wie man denn ein so altes Stück aus der höfischen Kultur des französischen Sonnenkönigs, zudem in unsprechbaren Alexandrinern, einem heutigen Publikum nahe bringen könne. Deichsel hat dazu notiert: „Zur Tendenz, Molière aus der Konvention des Hüpf- oder Schreittheaters in die Realität zu holen, passte der Einfall von Karlheinz Braun, für das TAT *Die Schule der Frauen* ins Hessische zu übertragen. Die Übertragung eines Klassikers in Dialekt war bis dahin noch nicht gemacht worden, ich war zunächst auch unsicher, ob das nicht zu einer parodistischen Verkleinerung führen würde, fand aber dann, dass sich eine neue Dimension gestischer Sprache ergab. Das brachte die Schauspieler – ohne umständliche Vorschulung – dazu, im Sinne der Brechtschule körperlich und konkret zu spielen und soziale Beziehungen sinnfällig zu machen. Keinesfalls sollte die Bühnensprache in einem alltäglichen Fernsehgebrabbel versinken. Da sich der Dialekt auf eine schöne, widersprüchliche Art mit dem Vers verbindet, konnten wir, indem die Schauspieler angehalten wurden, das Metrum strenger zu behandeln als es zu dieser Zeit in Westdeutschland üblich war, zugleich eine erhabene, hohe Sprechweise entwickeln, die große Geste, die ich für notwendig halte, wenn man auf der Bühne arbeitet.

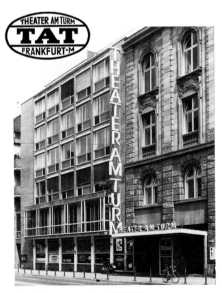

Das „Theater am Turm" (TAT).
(Foto: Ute Schendel)

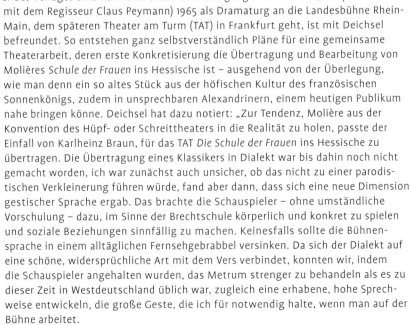

Ich bin kein Naturalist. Aus dem Widerspruch zwischen der allgemeinen Tonlage des Blankverses und Alexandriners und der konkreten Füllung durch den mundartlichen Ausdruck ergab sich eine komische Wirklichkeit, eine szenische Realität, die ich gesucht hatte. Das entsprach einmal meiner Lesart von Molière, dessen maßlose Käuze (Orgon, Arnolphe, Jourdain, Harpagon, Alkest, Argan) ich allen anderen Figuren der Komischen Theaterliteratur vorziehe, weil sie mit der Entschiedenheit und Besessenheit tragischer Helden Tugend in Untugend verkehren. Und es entsprach zweitens einem Naturell, das ich bei den Hessen beobachte, vor allem bei den Südhessen, bei denen sich unter

Heinrich Sauer und Jutta Hahn (© Günter Englert)

der Maske von krämerhaftem Realismus und scheppmäuliger Herablassung eine große Erregbarkeit, ein Missionsdrang, die Fähigkeit zu Pathos verbirgt."

1970

25. November: Uraufführung der hessischen Version der Schule der Frauen am Theater am Turm, Frankfurt am Main, in der Regie von Wolfgang Deichsel und Hermann Treusch, Bühnenbild Eberhard Matthies. Den Arnold spielt Heinrich Sauer, später übernimmt Deichsel die Rolle. In den weiteren Rollen: Jutta Hahn (Agnes), Heinz Kraehkamp (Horazius), Ekkehard Halke (Albert), Ursula Köllner (Babette), Walter Flamme (Christoph), Roland Henschke (Heinrich), Kurth Werth (Oront).
Es gibt über 60 Aufführungen, – ein ungewöhnlich großer Publikumserfolg für den ersten *Hessischen Molière*. Deichsel über den Erfolg im *Spiegel*: „Da tauchen
Typen auf, die man plötzlich wiedererkennt."

1971

Der Hessische Rundfunk produziert in der Regie von Hermann Treusch eine Hörspielfassung der Schule der Frauen, die am 27. Dezember zum ersten Mal gesendet wird. Deichsel spricht den Arnold.
Deichsel „schätzt den Dialekt als reizvolles Mittel, sein Publikum zu amüsieren und ihm gleichzeitig einige kritische Wahrheiten zu sagen, die es sich hochdeutsch wahrscheinlich weniger willig anhören würde." *Gong*

> „DA TAUCHEN TYPEN
> AUF, DIE MAN PLÖTZLICH
> WIEDERERKENNT."
> Deichsel im *Spiegel*

Deichsel wird einer der drei Direktoren in der neuen Leitung des Theater am Turm (TAT) in Frankfurt, neben Wolfgang Wiens und dem Rechtsträger Roland Petri. Er tritt vor allem als Autor in die Direktion ein. Aber er sollte auch bald Regie führen und als Schauspieler auf der Bühne stehen.

Im selben Jahr entstehen die hessischen Übersetzungen und Bearbeitungen von Molières *Tartuffe und Misanthrope*.

1972

Postkarte zur Uraufführung Der Tartüff im TAT.

1. März: Uraufführung des hessischen Tartüff im Theater am Turm (TAT) in der Inszenierung von Michael Altmann und Wolfgang Wiens und im Bühnenbild von Ilse Träbing. Den Tartüff spielt Michael Gruner, den Orgon Wolfgang Deichsel selbst. In den weiteren Rollen: Claus-Dieter Reents (Madam Britschrebräät), Christine Müller (Marieche), Heinz Kraehkamp (Damiesche), Renate Gehlen (Elmire), Walter Flamme (Clemens), Rüdiger Vogler (Walter), Ursula Köllner (Dorsche), Klaus Wübben (Loyal), Joachim Henschke (Büttel), Frauke Janssen (Philippine).
Aus Georg Hensels Kritik in *Theater heute* 4/1972: „Witzfündig wird Deichsel vor allem in dem Bereich zwischen Dialekt und Hochdeutsch. Aus diesen Mischformen hat schon vor 130 Jahren Niebergall mit seinem *Datterich* Gelächter geschlagen: angelesene oder zur Belehrung verkündete Sentenzen nehmen sich im Sonntagsanzug des Hochdeutschen besonders komisch aus ... Im übrigen wird die klassische französische Gebärde schon durch den Realismus des Jargons ausgehöhlt und vollends lächerlich

gemacht durch das überanstrengte Pathos ihrer vorsätzlich misslingenden Imitation. So ist die historische Charakterkomödie unmöglich geworden, und die Inszenierung von Michael Altmann und Wolfgang Wiens läuft auf eine aktuelle Sittenposse hinaus ... Aus der Komödie französischer Großbürger ist ein Volksstück hessischer Kleinbürger geworden. Molière aus dem Eppelwei-Bembel: sauer, aber süffig – jedenfalls für Hessen."

14. Oktober: Uraufführung des hessischen *Menschenfeind* am Hessischen Staatstheater Darmstadt in der Regie von Rolf Stahl und im Bühnenbild von Wolfgang Mai. Den Alkest spielt Dieter Wernecke, die Cäcilie Hildburg Schmidt. In den weiteren Rollen Rudolf Brand (Philipp), Ortrud Groß (Elise), Heinrich Sauer (Oront), Isolde Barth (Arsinoe), Walter Renneisen (Herr von Matzbach), Florentin Groll (Herr von Sponheim), Rudi Riegler (Bastian), Erwin Scherschel (Schambedist). „Der Menschenfeind, der mit der Übertriebenheit seiner Ansprüche an andere ungesellig und ungesellschaftlich wird, kann sowohl französisch wie darmstädtisch sprechen. Und wenn wir über ihn lachen, ist er uns am nächsten, wenn wir uns dabei selber an die Nase

„DER MENSCHENFEIND, DER MIT DER ÜBERTRIEBENHEIT SEINER ANSPRÜCHE AN ANDERE UNGESELLIG UND UNGESELLSCHAFTLICH WIRD, KANN SOWOHL FRANZÖSISCH WIE DARMSTÄDTISCH SPRECHEN."
Darmstadts Oberbürgermeister H. W. Sabais

fassen. Ob der hessische Misanthrop bei uns so viel heiteres Wiedererkennen auslösen wird wie der Datterich und seine Gesellschaft? Eher wie net!" *(Darmstadts Oberbürgermeister H. W. Sabais)*

1974

Nach einigen Inszenierungen am TAT (vor allem mit Stücken aus seinem Frankenstein-Kosmos) zieht sich Deichsel aus dem sich in Mitbestimmungs-Diskussionen auflösenden Theater in den Rheingau zurück, wo er als freier Schriftsteller arbeitet.

15. September: Das Zweite Deutsche Fernsehen sendet in der Regie von Gedeon Kovácz eine Fernsehproduktion des *Hessischen Tartüff* mit Herbert Mensching als Tartüff, Richard Münch als Orgon und Erni Wilhelmi als Elmire. In den weiteren Rollen: Lina Carstens (Madame Britschebräät), Petra-Maria Grün (Mariesche), Heinz Kraekamp (Damiesche), Hans J. Diehl (Walter), Hans Weicker (Clemens), Ruth Kähler (Dorche), Georg Lehn (Loyal).
Die Inszenierung verlegt die Handlung in eine hessische Stadt um 1850. Orgon ist ein Tuchhändler, Tartüff versteht offensichtlich viel von Geschäften, scheint auch deshalb für seinen Gönner unentbehrlich und eine Heirat mit seiner Tochter höchst vorteilhaft.
Die Reaktion der Kritik ist zwiespältig. Titel: Gelungene Metamorphose – Verschandelter Molière – Ein runder Spaß – Einfallslos – Molière nach Art der Hesselbachs – Dialekt ohne Schmus – Warum Hessisch? – Unser Tartiffche.

11. und 15. Oktober: Das Hessische Fernsehen produziert und zeichnet in zwei öffentlichen Aufführungen im historischen Comoedienhaus in Wilhelmsbad bei Hanau *Die Schule der Frauen* auf. Regie führen Dieter Bitterli und Wolfgang Deichsel im Szenenbild von Claire-Lise Leisegang. Der große Volksschauspieler Günter Strack spielt den Arnold. In den weiteren Rollen Joost J. Siedhoff, Georg Lehn, Ursula Köllner, Petra Redinger, Heinz Kraehkamp, Erwin Scherschel, Franz Mosthav. Die Erstsendung in der ARD ist am 27. 8. 1975.

1977/81

Deichsels hessische Molière-Komödien sind so erfolgreich, dass sie wiederum in andere Dialekte übersetzt werden. So übersetzt Peter Back-Vega *Die Schule der Frauen* ins Pfälzische und inszeniert sie 1978 am Pfalztheater Kaiserslautern. In einer schweizerdeutschen Übersetzung von René Scheibli wird sie 1986 am Stadttheater Bern gespielt. Manfred Beilharz stellt vom *Tartüff* eine schwäbische Fassung her, die unter dem Titel

Günter Strack spielt den Arnold.
(Foto: © Kurt Bethke/Hessischer Rundfunk)

Der Tartüff oder der schei'heilig Schogehuster in der Regie von Peter Siefert an den Städtischen Bühnen Freiburg am 20. 11. 1981 Premiere hat. Sie wird 1988 auch am Stuttgarter Theater des Westens und 1990 an der Württembergischen Landesbühne in Esslingen gespielt.

Im Rhein-Main-Gebiet beginnt eine zweite Spielphase mit dem *Hessischen Molière*. Das Volkstheater Frankfurt im Großen Hirschgraben, von Liesel Christ zur Pflege des traditionsreichen heimischen Mundarttheaters gegründet, findet in Deichsel einen zeitgenössischen hessischen Dramatiker (auch mit Aufführungen von *Bleiwe losse* und *Loch im Kopp*).

Wolfgang Kaus, der Hausregisseur und spätere langjährige künstlerische Leiter des Volkstheaters, inszeniert 1983 *Die Schule der Frauen* als Freilichtaufführung im Hof des Dominikanerklosters. Mit Hans Zürn, Walter Flamme, Sabine Roller, Silvia Tietz u.a.

„Autor Deichsel hat wiederholt öffentlich in Wort und Schrift über die Unterhaltungspflicht des Theaters nachgedacht. Was Wolfgang Kaus und das Volkstheater-Ensemble im Klosterhöfchen zeigen, ist schönste Unterhaltung mit Tiefgang." *Jutta W. Thomasius, FNP*

Am Staatstheater Wiesbaden inszeniert 1983 fast gleichzeitig Günther Tabor die Komödie mit Dieter Schaad, Benjamin Krämer, Joachim Deichsel (Wolfgangs Bruder), Renate Schauss, Sofie Engelke u.a. Und 2004 gibt es *Die Schule der Frauen* auch am Staatstheater Darmstadt.

Im Sommer 1987 inszeniert Wolfgang Kaus den *Tartüff* als Freilichtaufführung im Hof des Dominikanerklosters mit Hans Zürn, Walter Flamme, Irene Rohde sowie Ruth Kähler. Andreas Walther-Schroth, Dieter Schmiedel, Erich Walther u.a. Liesel Christ bietet eine furiose Nummer als Madame Britschebräät.

„DIE ZUSCHAUER – DAS GLAS APFELWEIN IN DER EINEN, DIE SALZBREZZEL IN DER ANDEREN HAND – BEKANNTEN GERN: ‚WIE HONIG GEHT MERS EI!'" FAZ

„Die Zuschauer – das Glas Apfelwein in der einen, die Salzbrezzel in der anderen Hand – bekannten gern: ‚Wie Honig geht mers ei!'" *FAZ*

Deichsel wird vom neuen Intendanten Günther Rühle als Schauspieler und Hausautor an das Schauspiel Frankfurt engagiert. Und mit dem Hausregisseur Dietrich Hilsdorf kommt auch Michael Quast ins Ensemble des Theaters. Deichsel spielt u.a. in Hilsdorfs Inszenierung den Dummbach in Niebergalls *Datterich*, neben ihm spielt Michael Quast den Drehergesellen Schmidt. Auch in der Uraufführung von Deichsels *Midas* (1987) spielen Quast (sowie das weitere Ensemble-Mitglied Matthias Scheuring.) In *Midas* gibt es eine Figur namens Quast. Erste Arbeitskontakte von gleichgesinnten Theatermenschen.

Am Schauspiel Frankfurt gibt es eine Neuproduktion von Deichsels frühem Stück *Bleiwe losse*, in der mit Hildburg Schmidt, Michael Quast und Deichsel (sowie der Bühnenbildnerin Ilse Träbing und in späteren Aufführungen Matthias Scheuring) der Kern der Truppe zusammen ist, die später als die Theatergruppe des *Hessischen Molière* bekannt werden sollte. Man könnte diese Aufführung auch als die Urzelle der späteren *Fliegenden Volksbühne* ansehen.

Günther Rühle beendet seine Intendanz am Schauspiel Frankfurt. Bereits in dieser letzten Spielzeit kündigen Deichsel, Quast und ein dritter Komödiant, Franz Xaver Zach, ihre Verträge, vor allem aus Unzufrie-

Von links: Michael Quast, Wolfgang Deichsel, Ilse Träbing, Joachim Deichsel (Foto: Ute Schendel)

AB 1983

Die Schule der Frauen

Volkstheater Frankfurt
Programmheft 1982/83

1985

1989

1990

denheit mit der Theaterarbeit eines Stadttheaters: „Die Komiker verlassen das Haus" heißt es im Theater. Quast schlägt sich als frei arbeitender Schauspieler mit seinen Solo-Programmen und mit Stückverträgen durch; es ist kein einfacher, aber mit der Zeit immer erfolgreicher Weg. Deichsel zieht sich in den Rheingau, in seine Johannisberger Klause zurück und bearbeitet in den nächsten Jahren vor allem einige Opern-Libretti.

1996 — **Der TV-Sender 3SAT produziert** *Frankensteins Dichter*. Filmische Ermittlungen über den Dramatiker, Schauspieler und Regisseur Wolfgang Deichsel. Ein Film von Wolfgang Bergmann und Michael Quast.

1997 — **Wolfgang Deichsel erhält den Binding-Kulturpreis 1997.**

1999 — **Es beginnt die dritte Spielphase des Hessischen Molière.** Der Leiter der Burgfestspiele Bad Vilbel, Claus Kunzmann, macht Deichsel das Angebot, ein eigenes Stück in eigener Regie bei den Burgfestspielen herauszubringen. Deichsel wählt *Die Schule der Frauen*, die am 17. Juni 1999 in der Burgruine Premiere hat. Michael Quast spielt hier mit dem Arnold die erste seiner künftigen großen Molière-Charakterrollen; es spielen weiter Pirkko Cremer, Clemens Löhr, Rüdiger Schade, Joachim Deichsel, Hildburg Schmidt, die fast alle auch bei den künftigen Hessischen-Molière-Aufführungen dabei sein werden. Wie Deichsels Lebens-und Kunstgefährtin Ilse Träbing, verantwortlich für Bühnenbild und Kostüme. Und die Regieassistentin Sarah Groß, die einige Jahre später Michael Quasts Frau werden sollte. *Die Schule der Frauen* also auch die Keimzelle einer Theaterfamilie, ähnlich der Theatertruppe von Molière. Wolfgang Deichsel: „Ich suchte seit Jahren nach einer Möglichkeit, mit guten Schauspielern, die hessisch können, ein Ensemble zu gründen. An großen Theatern in Hessen spielen keine Hessen. Die spielen in München oder Berlin, die Staatstheater können sich so viele Gäste nicht leisten. Also Bad Vilbel, und da haben wir unser intelligentes Publikum." Und Quast: „Das Publikum in Bad Vilbel ist wie ein sauer Gespritzter: eine gute Mischung." Und die *Schule der Frauen* wird zum „Sommerhit der Freilichtsaison" sowie zum „Besucherrekord in der Wasserburg."

Intermezzo: Michael Quast spielt die Titelrolle in der Uraufführung von Deichsels Stück *Rott. Das Monster im Verhör* am 8. September beim Frankenstein-Festival in Weimar, das der Sender 3SAT im Rahmen der Kulturstadt Weimar 1999 veranstaltet.

Programmheft der
Bad Vilbeler Burgfestspiele
2000

2000 — **Der überwältigende Erfolg der Schule der Frauen** bei den Burgfestspielen verlangt geradezu nach einer Fortsetzung, die am 4.7.2000 mit dem *Tartüff* in der Regie von Sarah Groß Premiere hat. Quast spielt den Tartüff, Deichsel den Orgon. Eine besondere Delikatesse: Quast ist zu Beginn des Stückes auch Madam Britschebräät. In weiteren Rollen: Clemens Löhr, Anja Krüger, Hildburg Schmidt, Philipp Hunscha, Martin Horn, Pirkko Cremer, Peter Wenke.
Deichsel unterstreicht – laut *FAZ* – noch einmal „seine Hochschätzung für das Ensemble in Bad Vilbel. Er könnte sich, wie er aus Erfahrung weiß, keine besseren Darsteller, die zudem hessisch sprechen können, denken. Für ihn ein Grund, die Veranstaltungen in der romantischen Wasserburg nicht als Sommerereignisse abzutun, sondern sie mit dem Begriff des ‚Vorstadttheaters' zu ehren."

2001 — **Für das dritte Jahr bei den Burgfestspielen schreibt Deichsel** seine hessische Version des *Eingebildet Kranken* nach Molière, die am 3. Juli in der Regie von Sarah Groß und Deichsel zur Uraufführung kommt. Michael Quast spielt Argan, den *Eingebildet Kranken*. In den weiteren Rollen Hildburg Schmidt, Anja Krüger, Pirkko Cremer, Philipp Hunscha, Gerhard Fehn, Akexander Beck, Clemens Löhr, Matthias Scheuring und Petra Schmidt.

„WOLFGANG DEICHSEL SETZT MIT
SEINER TRUPPE DER DURCHS FERNSEHEN
GESCHLIFFENEN MUNDART-ÄSTHETIK EINEN
VOLKSTHEATERSTIL ENTGEGEN, DER DAS
GENRE ÜBERZIEHT, OHNE ES AN DIE PARODIE
ZU VERLIEREN." FR

Wieder verlegt Deichsel die Handlung ins deutsche Biedermeier: Im Ohrensessel sitzend, mit Morgenmantel und Filzpantoffel ausstaffiert, hat sich Argan in seiner vermeintlichen Krankheit nicht minder heimisch eingerichtet als im gediegenen Mobiliar. Wie der *Eingebildet Kranke* ist aber auch die Familie auf den eigenen Vorteil bedacht, und die sich daraus ergebenden Intrigen und Konflikte weitet Deichsel zu

einem kleinen Kriminalfall aus, den er Molières Vorlage
hinzugefügt hat. „Wolfgang Deichsel setzt mit seiner
Truppe der durchs Fernsehen geschliffenen Mundart-
Ästhetik einen Volkstheaterstil entgegen, der das Genre
überzieht, ohne es an die Parodie zu verlieren." *FR*

Michael Quast erhält den Deutschen Kleinkunstpreis.

2002

Michael Quast erhält den Rheingau-Musikpreis 2002.

2003

Am 19. Januar hat Der Tartüff in einer Inszenierung
von Dietrich Hilsdorf am Staatstheater Wiesbaden
Premiere. Mit Thomas Klenk, Benjamin Krämer-Jenster,
Evelyn Faber, Helga L. u.a. „Ganz schöne Sprichklopper
am Kochbrunnen," meint das *Wiesbadener Tagblatt*.

„ICH SUCHTE SEIT JAHREN NACH
EINER MÖGLICHKEIT, MIT
GUTEN SCHAUSPIELERN, DIE
HESSISCH KÖNNEN, EIN ENSEMBLE
ZU GRÜNDEN."
Wolfgang Deichsel, 1999

Im Sommer gibt es zwar noch neue Inszenierungen
von Deichsels Komödien *Loch im Kopp* und *Bleiwe losse*
bei den Burgfestspielen, aber die hessische Truppe
wird der Festspielleitung zu teuer, oder wird sie gar der
Festspielleitung zu dominant? Jedenfalls trennt man sich.
Mit Deichsel wolle man zwar gerne weiterarbeiten,
aber was macht Deichsel ohne seine ‚family'?

2004

Die Ärzte stellen bei Deichsel ein Nierenversagen fest; danach muss er sich in den nächsten Jahren
einer regelmäßigen Dialyse unterziehen.

2005

In diesem Jahr beginnt die vierte Spielphase des Hessischen Molière.
Für die inzwischen heimatlose Gruppe um Deichsel & Quast wird durch
die Initiative von Ralf Ebert vom Neuen Theater Höchst im Garten des
spätbarocken Bolongaro-Palasts in Frankfurt-Höchst eine neue und ideale
Spielstätte gefunden. Ein Hessisches-Molière-Festival soll es werden, und
man erfindet dafür den in Frankfurt nicht zu erwartenden Namen *Barock
am Main*. F. K. Waechter entwirft gleich dazu den Schriftzug mit Logo.
Im Juli gibt es mit der *Schule der Frauen* ein höchst improvisiertes dreitägi-
ges *Vorspiel 05*, ein erfolgreiches Try-out, das alle Erwartungen bestätigt.

Barock am Main
Der Hessische Molière

Der Bolongaropalast wurde von den italienischen Schnupftabakfabrikanten
und Bankiers Joseph Maria und Jakob Philipp Bolongaro, die aus Stresa am Lago Maggiore einge-
wandert waren, zwischen 1772 und 1780 erbaut. Die Stadt Frankfurt hatte den Brüdern die Bürgerrechte
verweigert, und so siedelten sie sich in Höchst mit Blick auf den Main an. Auf der Rückseite der

spätbarocken Dreiflügelanlage befindet sich ein Terrassengarten mit Zwillings-
pavillons. Eine Treppenanlage führt direkt hinunter zum Main.
Während des Theaterfestivals steht im Garten eine 500 Plätze fassende überdachte
Tribüne, von der die Zuschauer auf die reich gegliederte Rückseite des Palastes
blicken, und vor der eine breite Bühne alle szenischen Aktionen ermöglicht, die der
Hessische Molière benötigt. Das die beiden Gebäudeteile verbindende Säulenportal
wird ebenso genutzt wie der darüber liegende Balkon. Der Garten selbst ist vor und
nach den Aufführungen für das Publikum ein Ort musikalischer und kulinarischer
Genüsse.

Die Deichsel-Afficionados Gerd Knebel und Henni Nachtsheim von *Badesalz*, (deren
Performance Deichsel „für eine zeitgerechte Volkstheater-Variation" hält, und über

die er sagte: „Mit den Rodgau Monotones kam der Dialekt in der Jugendkultur an") werben für den *Hessischen Molière*: „Es gibt ja immer so Leut, die sagen: „Ach, in Höchst is ja nix los. Hier müßt auch emal was anneres passieren, Formel-1-Rennen oder so ..." Aber Leut, es gibt jetzt demnächst was, was sich lohnt anzugucken, und zwar: Die ganzen Inszenierungen von Wolfgang Deichsel. Und Elke Heidenreich schwärmt: „Beneidenswertes Höchst, das so ein Theater bekommt."

Programmheft 2006

2006

Das erste reguläre Festspieljahr: Die Wiederaufnahme der *Schule der Frauen* (1.8.) und Premiere des *Hessischen Tartüff* (19.7.), beide in der Inszenierung von Wolfgang Deichsel und Sarah Groß. Ilse Träbing verwandelt – wie auch in allen folgenden Jahren – mit nur sparsamen Zutaten die prachtvolle Palast-Front zur Theaterbühne und entwirft die immer opulenten Kostüme. In beiden Stücken spielt ein erweitertes Ensemble von *Barock am Main*: Pirkko Cremer, Hildburg Schmidt, Nadja Brachvogel, Alexander Beck, Martin Horn, Philipp Hunscha, Roland Klein, Florian Lange, Clemens Löhr, Matthias Scheuring.
Die Zuschauertribüne mit 500 Plätzen hat bereits eine bierzeltartige Überdachung, die 2010 von einer stabilen Stahlkonstruktion abgelöst wird. Veranstalter des Festivals ist bis 2009 der Bund für Volksbildung Frankfurt a.M. Höchst e.V./Neues Theater Höchst, Leitung Ralf Ebert. Das Ensemble selbst organisiert sich in der *Barock am Main Ensemble GmbH*, deren Geschäftsführer Michael Quast und Fritz Groß sind. Fritz Groß, Regisseur an vielen Theatern, zuletzt am Schauspiel Frankfurt, und Lehrbeauftragter an der Frankfurter Hochschule für Musik und Darstellende Kunst, gehört als Vater von Sarah Groß und Ehemann von Hildburg Schmidt auch zur Theaterfamilie.

2007

Die zweite Saison von Barock am Main bietet noch einmal *Die Schule der Frauen* sowie die Premiere des *Eingebildet Kranken*, Molières auch in Deichsels hessischer Version deftigste Komödie. Es spielen Matthias Scheuring – den der Fernseh-Star Harald Schmidt als Dr. Diafoirus für drei Vorstellungen vertritt –, Anja Krüger (Belinda), Philipp Hunscha (Apotheker Blum), Alexander Beck (Diafoirus junior), Pirkko Cremer (Angelika), Hildburg Schmidt (Nannchen), Sascha Nathan (Bernd), Florian Lange (Klaus), Mia Frey (Luischen). Und Michael Quast ist als Argan, der Eingebildet Kranke, der Publikumsmagnet: die Zuschauerzahlen wachsen von Jahr zu Jahr.

„DIE BAROCKE PRACHT DER PALASTFASSADE UND DAS FLAIR DES BOLONGAROGARTENS IN FRANKFURT-HÖCHST GEBEN DIE EINMALIGE KULISSE AB FÜR INTELLIGENTES VOLKSTHEATER MIT DEM HAUPTDARSTELLER MICHAEL QUAST."
Aus der Ankündigung des ZDF, 2008

Das ZDF zeichnet die Aufführung in der Fernsehregie von Peter Schönhofer auf, und 3SAT sendet den *Eingebildet Kranken* am 21.9.2008. Aus der Ankündigung des ZDF: „Deichsel ist es gelungen, den Esprit und den Witz Molières in ein farbiges und ausdrucksstarkes Hessisch zu übertragen – mit umwerfend komischem Resultat. Die barocke Pracht der Palastfassade und das Flair des Bolongarogartens in Frankfurt-Höchst geben die einmalige Kulisse ab für intelligentes Volkstheater mit dem Hauptdarsteller Michael Quast."

Michael Quast erhält den Binding-Kulturpreis 2007.

2008

Michael Quast wird im Februar von Gisela Dahlem-Christ, der Intendantin des Frankfurter Volkstheaters, und dem Frankfurter Kulturdezernenten Felix Semmelroth als neuer künstlerischer Leiter des Volkstheaters ab Herbst 2009 vorgestellt. Die Frankfurter Öffentlichkeit reagiert sehr zustimmend.

Der Festspielsommer in Höchst bringt nach einer Wiederaufnahme des *Eingebildet Kranken* die Premiere von Deichsels *Der Menschenfeind*, wieder in der Regie von Wolfgang Deichsel / Sarah Groß und in der Ausstattung von Ilse Träbing. Es spielen Michael Quast (Alkest), Matthias Scheuring (Philipp), Andreas W. Schmidt (Oront), Claudia Jacobacci (Cäcilie), Philipp Hunscha (Herr von Sponheim), Alexander Beck (Herr von Matzbach), Hildburg Schmidt (Arsinoe), Pirkko Cremer (Elise), Sebastian Klein (Schambedist), Lucie Mackert (Bastienne), Carl von Houwald (Musiker).

„Sarah Groß und Autor Deichsel haben eine sehr sauber gearbeitete Inszenierung realisiert und subtil jeden Charakter der Komödie ins rechte Licht gerückt. Eine Augenweide die Kostüme von Ilse Träbing, die auf viel Tand und Rüschen setzt und die beiden bürgerlichen Figuren des Stücks, Herrn von Sponheim und Herrn von Matzbach (Philipp Hunscha und Alexander J. Beck) in gelben, beziehungsweise rosafarbenen Gehrock zu farblich passender Perücke steckt. Alle sind weiß geschminkt mit roten Tupfen auf den Wangen, was die höfische Gesellschaft des 17. Jahrhunderts als Karikatur erscheinen lässt." *FNP*

Quast wird nicht künstlerischer Leiter des Frankfurter Volkstheaters: „Antreten sollte er seine Position im nächsten Herbst, Anfang Oktober jedoch sagte er ab und teilte mit, nach sorgfältiger Prüfung habe sich herausgestellt, dass wirtschaftliche Lage und Organisationsstruktur des Theaters marode seien … Er nannte das Haus am Großen Hirschgraben ein ‚sinkendes Schiff‘, auf das er nicht in ‚schöner Uniform‘ habe springen können, um bald danach mit ihm unterzugehen." *FAZ*

Ilse Träbing (stehend, neben Ralf Ebert), Wolfgang Deichsel, Sarah Groß (Foto: privat)

Auf ein Sanierungskonzept, das Quast den Töchtern der Theatergründerin Liesel Christ vorlegte, konnte man sich nicht einigen, man hatte, so Semmelroth, die inneren Vorbehalte gegen Quasts künstlerisches Konzept möglicherweise unterschätzt „Zu hoffen bleibt …, dass es doch noch zur besten aller denkbaren Lösungen kommt – Quasts Eintritt in das Theater." *FAZ*

Dezember 2008: Quast hält die Auseinandersetzung mit dem Volkstheater für nicht lösbar. Deshalb gründet er – „auf dass die Energie nicht verpufft" (Quast) – zusammen mit 30 Freunden und Förderern ein eigenes Forum für „neues und intelligentes Volkstheater": die *Fliegende Volksbühne Frankfurt*. Die Bühne hat vorerst kein eigenes Haus, wird vorerst „durch die Stadt flattern" und sich dort niederlassen, wo man sich ihr öffnet. Aber natürlich ist es für alle „der Traum, an einer festen Bühne zu landen." Philipp Waechter, der Sohn des verstorbenen F. K. Waechter, entwirft den Schriftzug und das Logo. Kulturdezernent Felix Semmelroth begrüßt die Gründung der *Fliegenden Volksbühne* und verspricht, sie nach Kräften zu unterstützen. Sie wird in den kommenden Jahren auch für den *Hessischen Molière* eine gewichtige Rolle spielen.

2009

Barock am Main spielt in diesem Jahr in Wiederaufnahmen den außerordentlich erfolgreichen *Tartüff* sowie Georg Friedrich Händels kleine einaktige Oper *Acis, Galatea e Polifemo* mit Quast als Regisseur und Erzähler. Es spielt die Batzdorfer Hofkapelle.

Zum 70. Geburtstag von Wolfgang Deichsel wird am 23. März in der Deutschen Nationalbibliothek ein Fest für Deichsel gefeiert. Veranstaltet von der *Fliegenden Volksbühne* und dem *Verlag der Autoren* gratulieren Künstler und Kulturbürger Frankfurts mit der Oberbürgermeisterin Petra Roth an der Spitze.

2010

Die Fliegende Volksbühne Frankfurt ist in diesem Jahr zum ersten Mal der Veranstalter des Festivals *Barock am Main*. Und der *Kulturfonds Frankfurt RheinMain*, der „Kulturprojekte mit nationaler und internationaler Ausstrahlung" fördert, unterstützt das Festival.

Das Programm besteht neben einer Neuinszenierung des *Menschenfeinds* (Regie Sarah Groß / Wolfgang Deichsel und diesmal mit Musik von Jean Baptist Lully u.a., gespielt von einem sechsköpfigen Barockensemble), und aus der Wiederaufnahme der Händel-Oper *Aci, Galatea e Polifemo* sowie einem musiktheatralischen Abend mit Texten und Liedern des schwedischen Barockdichters Carl Michael Bellmann: *Ich sterbe in Liebe und lebe in Wein*. Regie Fritz Groß und Sarah Groß.

FLIEGENDE VOLKSBÜHNE FRANKFURT RHEIN-MAIN

Die Stadt Frankfurt plant, anstelle des seit Jahren leerstehenden Gebäudes Paradieshof in Alt-Sachsenhausen ein festes Theater für die *Fliegende Volksbühne* zu errichten. Ein EU-weiter Architekturwettbewerb wird ausgeschrieben, den der Berliner Architekt Max Dudler gewinnt.

Quast: „Im November 2010 fuhr ich zusammen mit Rainer Dachselt an den Mittelrhein, um den schwerkranken Wolfgang Deichsel zu besuchen. Dachselt war als neuer Autor mit an Bord und Deichsel wollte die Entstehung der neuen hessischen Fassung einer Molière-Komödie begleiten. Gemeinsam hoben wir *Schorsch Dandin. Der beduppte Ehemann* aus der Taufe. Wir sprachen über Besetzungsfragen, die Dramaturgie des Stückes, über Anlass und Umstände der Uraufführung in Versailles. Wie immer in solchen Gesprächen bewunderte und genoss ich Wolfgang Deichsels immenses Wissen, seinen komödiantischen Instinkt, seine unerbittlichen Analysen und seinen Humor. Frohen Mutes und gewissermaßen mit aufgeladenem Akku fuhren wir zurück nach Frankfurt, nicht wissend, dass dies unser letztes Treffen sein sollte."

> „IN SCHORSCH DANDIN KOMMT ES ZUM SHOWDOWN ZWISCHEN OPER UND KOMÖDIE, DEN GLÜCKLICHEN UND WENIGER GLÜCKLICHEN, DEN ROMANTIKERN UND DEN REALISTEN, DEN LIEBENDEN UND DEN SÄUFERN."
> Rainer Dachselt

2011

Am 7. Februar stirbt Wolfgang Deichsel. Michael Quast in der Festival-Broschüre von *Barock am Main*: „Noch nie hat *Barock am Main* ohne ihn stattgefunden, den *Hessischen Molière*. Es war sein Festival. Er war Chefdramaturg und Regisseur, Kritiker und Förderer, inhaltlich und künstlerisch unser Maßstab. Der intellektuelle Kopf der Truppe und ihr Leib-und Magenautor. Er fehlt uns! Seinem hohen Anspruch an Theaterarbeit wollen wir weiterhin versuchen, gerecht zu werden."

4. August: Uraufführung von Schorsch Dandin. Der beduppte Ehemann, die Komödie von Molière in der hessischen Fassung von Rainer Dachselt und der Musik von Jean Baptiste Lully. Mit Michael Quast (Schorsch Dandin), Judith Niederkofler (Angelika), Matthias Scheuring (Herr von Drallaff), Hildburg Schmidt (Frau von Drallaff), Friedemann Eckert (Hyazinth), Pirkko Cremer (Bärbel), Philipp Hunscha (Lappes), Alexander Beck (Karlchen), Anne Gnasmüller (Alwyne), Tijana Gruiji (Belinde), Sören Richter (Kleander), Andreas Drescher (Filigranus). Regie Sarah Groß. Ausstattung Ilse Träbing. Musikalische Leitung Rhodri Britton.
„In *Schorsch Dandin* kommt es zum Showdown zwischen Oper und Komödie, den Glücklichen und weniger Glücklichen, den Romantikern und den Realisten, den Liebenden und den Säufern." (Rainer Dachselt).

Erstmalig gibt es bei *Barock am Main* ein Familienstück, das nachmittags oder als Matinee gezeigt wird: Camille Saint-Saëns *Der Karneval der Tiere*, in Versen neu erzählt von Michael Quast und in der musikalischen Fassung von Rhodri Britton.

2012

Barock am Main zeigt am 8. August als Uraufführung Rainer Dachselts hessische Fassung von Molières Komödie *Der Geizige*. Regie Sarah Groß, Ausstattung Ilse Träbing. Mit Michael Quast (Herr Krall), Katerina Zemankova (Elise), Philipp Hunscha (Martin), Judith Niederkofler (Marianne), Sebastian König (Walter), Matthias Scheuring (Nickel), Hildburg Schmidt (Madame Sofie), Alexander J. Beck (Meister Jacques), Peter Schlapp (Anselm Gutwirt), Hans Joachim Heist (Kommissar).
„Es ist ein gutes Stück über eine Eigenschaft, die uns seit Jahrhunderten erschreckt und amüsiert. Spätestens seit der Finanzkrise ist neben der Gier auch der Geiz wieder in aller Munde. Und wo würde ein Stück, das vom Geld handelt und von dem, was es mit den Menschen anrichtet, besser hinpassen als nach Frankfurt?
Die sprachliche Grundlage ist die südhessische Bühnenmundart, die Wolfgang Deichsel geprägt hat.

> „… UND DAS PUBLIKUM UND SEINE BEREITSCHAFT, AUCH DIESMAL WIEDER ÜBER DIE BIZARRSTEN ENTHÜLLUNGEN VERBLÜFFT ZU LACHEN."
> FR

Es gibt aber diesmal viele Anklänge an das Frankfurterische des alten Volkstheaters – und auch die Wetterauer Mundart kommt vor.

Molières Stücke haben ein starkes Gerüst und witzige Situationen, die bleiben erhalten. Beim *Geizigen* habe ich viele Dialoge verkürzt und konzentriert, um den Kern des Stückes herauszuarbeiten. Aus der Prosa des Originals sind Blankverse geworden. Äußerliche Aktualisierungen, wie zum Beispiel aufgepfropfte Bezüge zur Finanzkrise, gibt es keine. Das passt nicht zum Stil von Barock am Main, und das Stück ist auch so gegenwärtig." (Rainer Dachselt)

„Der Wutanfall schließlich, den Hans Joachim Heist als diesjähriger Gaststar in der Schlussszene zelebriert – ja, das ist der cholerische Kommentator aus der ZDF-heuteshow – ist markerschütternd grundsätzlich. So dass auch Molière und sein kompliziertes Happyend aufs Ohr bekommen. Und das Publikum und seine Bereitschaft, auch diesmal wieder über die bizarrsten Enthüllungen verblüfft zu lachen." *FR*

Der neue Oberbürgermeister der Stadt Frankfurt, Peter Feldmann, heißt die Festivalgäste in der Festival-Broschüre zu einem Kulturevent willkommen, „das seine Popularität wohl nicht zuletzt der einmaligen Kombination des barocken Ambientes, der aus dieser Zeit stammenden Theaterstücke und der südhessischen Mundart verdankt. Tradition, internationale Literatur und lokale Identität gehen hier eine Synthese ein, wie sie ‚frankfurterischer‘ kaum noch sein könnte ..., Während anderswo im Zeichen knapper Kassen Kulturstätten geschlossen werden, und auch Frankfurt den Euro künftig zweimal umdrehen muss, wird nicht nur dieses Festival, sondern für Michael Quast und seine *Fliegende Volksbühne* gerade ein eigenes neues Theater errichtet."

Im März beschließen Magistrat und Stadtverordnete der Stadt Frankfurt, das geplante Theater im Paradieshof ersatzlos zu streichen. Das Planungsamt, der Architekt und Michael Quast hatten die Pläne in zweijähriger Arbeit baureif erarbeitet. Große Enttäuschung bei allen Beteiligten, auch bei Presse und Publikum.

In einer spontanen Solidaritätsmatinee am 10. März im vollbesetzten Schauspielhaus mit dem Titel *Die Gall lääft übber* fordern die *Fliegende Volksbühne* und ihre Sympathisanten: „Ein Haus muss her."

„In kürzester Zeit hatten Quast zusammen mit vielen Helfern eine Art Revue auf die Beine gestellt, die mitten ins Frankfurter Herz traf. Goethe war in Zitaten allzeit präsent: Sein Satz, Mundart sei ‚das Element, aus dem die Seele ihren Atem schöpft‘, zog sich gleichsam leitmotivisch durch den ganzen langen Morgen ... Am Ende ließ Quast, ‚um die Stimmung nach draußen zu tragen‘, den Saal vier mögliche Spielstätten für die *Fliegende Volksbühne* intonieren. So sang das Publikum ‚Paradieshof‘, ‚Cantate-Saal‘, ‚Stadthaus‘ und ‚Depot‘, gemeint war das in Sachsenhausen. Auf dass Quasts Botschaft sich verbreite: „Frankfurt braucht ein Volkstheater. Die *Fliegende Volksbühne* braucht eine feste Spiel-und Produktionsstätte." *FAZ*

Die „ebenso witzige wie intellektuell funkelnde Veranstaltung" (*FAZ*) sollte ihre Wirkung nicht verfehlen. Auf Initiative des Kulturdezernenten Felix Semmelroth beschloss der Magistrat der Stadt Anfang April, der *Fliegenden Volksbühne* den Cantate-Saal, der nach der letzten Vorstellung des Frankfurter Volkstheaters Liesel Christ Ende Mai frei wird, der *Fliegenden Volksbühne* für eine Übergangszeit zur Verfügung zu stellen. Anfang Oktober wird die *Fliegende Volksbühne* im Großen Hirschgraben landen. Beginnt dann die 5. Spielphase des *Hessischen Molière*?

Die 8. Spielzeit von Barock am Main beginnt am 1. August mit der Uraufführung von Molières *Don Juan* in der hessischen Fassung von Rainer Dachselt, Regie: Sarah Groß, Ausstattung: Ilse Träbing.
Es spielen Michael Quast (Don juan), Matthias Scheuring (Schambes), Judith Niederkofler (Elsbeth von Cronberg, Hutzelweib), Pascal Thomas (Karl von Cronberg), Dominik Betz (Alfons von Cronberg), Alexander Beck (Gottlieb, Herr Dauth), Philipp Hunscha (Ludwig Waltz von Waldacker), Lucie Mackert (Henriette), Sebastian Klein (Peterche, Der Kommandant, Bettler), Pirkko Cremer (Bärbel, Gespenst) und Claudia Jacobacci (Fränzi, Gespenst).

2013

BIOGRAFIEN

DEICHSEL, DACHSELT, QUAST

*Wolfgang Deichsel,
1965, Zeichnung
von Curt Bois*

Wolfgang Deichsel, geboren am 20. März 1939, studierte Germanistik, Kunstgeschichte und Psychologie in Marburg und Wien, verfasste bereits als Student erste szenische Texte in südhessischer Mundart: *Bleiwe losse*. Schon 1956 lernte er Ilse Träbing kennen, die von Anfang an seine Theaterstücke und deren Aufführungen als Kostüm- und Bühnenbildnerin begleitete. 1965 heirateten sie. Es folgten Lehrjahre und Zusammenarbeit mit Theatermachern wie Fritz Kortner, Curt Bois, Peter Hacks und Peter Stein.

Deichsel gehörte 1969 zu den Gründungsgesellschaftern des Verlags der Autoren in Frankfurt am Main. Für das Theater am Turm (TAT) schrieb er 1969/70 mit der *Schule der Frauen* den ersten *Hessischen Molière*. Von 1971 bis 1974 war er im Dreierdirektorium des TAT. Es entstanden weitere Molière-Übertragungen und die Komödie *Loch im Kopf*, die ab 1976 die deutschsprachigen Bühnen eroberte. Daneben gilt als zentrales Werk sein dramatischer Frankenstein-Kosmos, der ihn bereits seit seiner Studienzeit beschäftigte: *Frankenstein. Aus dem Leben der Angestellten*. Alltägliche Szenen über fremdbestimmte oder geklonte Individuen, die in immer neuen Variationen in Frankfurt aufgeführt wurden.

Von 1985 bis 1989 war Deichsel Hausautor und Schauspieler am Schauspiel Frankfurt, wo er auf Michael Quast traf, mit dem erste eigene Projekte entstanden. In dem 1987 uraufgeführten Nachtstück *Midas* gibt es eine Figur namens Quast. 1997 erhielt er den Binding-Kulturpreis. 1998 Umzug von Johannisberg nach Oberwesel am Rhein.

Der TV-Sender 3sat widmete Deichsel im Rahmen der Kulturhauptstadt Europas Weimar 1999 ein Festival, auf dem sämtliche *Frankenstein*-Stücke aufgeführt sowie *Rott. Das Monster im Verhör* mit Quast in der Titelrolle uraufgeführt wurden. Von 1999 bis 2003 inszenierte Deichsel an den Burgfestspielen Bad Vilbel seinen *Hessischen Molière* und weitere Komödien, mit Michael Quast und weiteren gleichgesinnten Schauspielern, die allmählich ein hessisch sprechendes Ensemble bilden. 2005 gründeten Deichsel und Quast mit diesen Schauspielern das Sommerfestival *Barock am Main* im Garten des Bolongaropalasts in Frankfurt-Höchst.

Wolfgang Deichsel starb nach längerer Krankheit am 7. Februar 2011. Die Grabplatte auf dem Friedhof in Oberwesel hat die Inschrift: „Hier liegt einer / der wollte noch singen / mit einer Distel im Mund."

Sein Werk ist in einer siebenbändigen Gesamtausgabe im Verlag der Autoren erschienen:
Band I – Etzel
Band II – Der hessische Molière
Band III – Frankenstein I
Band IV – Frankenstein II
Band V – Loch im Kopf
Band VI – Komiker
Band VII – Midas/Rott

Rainer Dachselt, am 20. Mai 1963 in München geboren, kam mit einem Jahr nach Bruchköbel bei Frankfurt, wo er von seinen Schulkameraden Hessisch lernte. Ab 1981 Studium der Germanistik, Philosophie und Latein in Frankfurt am Main. Magister artium 1986 und Promotion mit einer Arbeit über das „Pathos" zum Dr. phil. 1995 .

Von 1992 bis 1996 schrieb und spielte er unter anderen mit Michael Labs für das *Hessisch-Preußische Weltkabarett* und *Apriori*. 1996 begann seine Zusammenarbeit mit Michael Quast, für den er die ersten Radiotexte schrieb: *Kabarett mit Schlips* und *Quast mit Soße*. Die erste Theaterarbeit mit Quast war 1998 die Übertragung von Jacques Offenbachs *Blaubart*, der weitere folgten: *Die Großherzogin von Gerolstein* (2000), *Die schöne Helena* (2001), *Orpheus in der Unterwelt* (2002), und *Pariser Leben* (2008). Daneben seit 2001 zahlreiche Vorträge und Performances für Quast zu Frankfurter historischen Themen, zur Reformation in Frankfurt, Geschichte des Römers, Kaiserwahl, Brüder Grimm, Bürgerbeteiligung u.a.

Im Goethejahr 1999 entstand die Radiosendung *Goethe zum Mitschreiben* mit über 300 Folgen, die während des gesamten Jahres im HR und NDR ausgestrahlt wurden, mit Wolfgang Deichsel als Goethe und Michael Quast als Eckermann.

Seit 2001 ist Dachselt Autor, Redakteur und Sprecher im Hörfunk des Hessischen Rundfunks: auf dem Gebiet der Unterhaltung mit zahlreichen Glossen, Satiren und Szenen; der Literatur mit der einstündigen Literaturcomedy *Schwere Bücher* oder der jährlichen Buchmessensatire *Die Messe ist gelesen*; und auch der Musik mit Texten sowohl für die hr-Bigband wie für das Radio Sinfonie Orchester. 2007 wurde seine und Quasts Bühnenfassung des Films *Der Kongress tanzt* in Baden-Baden uraufgeführt. Ab 2009 schrieb Dachselt für Quast und die neugegründete *Fliegende Volksbühne* stadtgeschichtliche Performances wie *Frankfurt ist kaa Lumpennest* (2010) oder *Vinzenz Fettmilch – ein wutbürgerliches Trauerspiel* (2012) oder mit Sabine Hock einen Abend zur frühen Frankfurter Mundartliteratur *Am Anfang war das Gebabbel*. Nach dem Tod von Wolfgang Deichsel (2011) setzte er dessen Arbeit mit dem *Hessischen Molière* fort: Es entstanden 2011 die Komödien *Schorsch Dandin oder Der beduppte Ehemann*, 2012 *Der Geizige* und 2013 *Don Juan oder Der Steinern Gast*, die alle auf dem Festival *Barock am Main* in Frankfurt-Höchst von der *Fliegenden Volksbühne* in der Regie von Sarah Groß uraufgeführt wurden.

Rainer Dachselt

Michael Quast, am 2. März 1959 in Heidelberg geboren, erhielt seine Ausbildung an der Hochschule für Musik und Darstellende Kunst in Stuttgart. Erste Engagements am Ulmer Theater und am Kom(m)-ödchen Düsseldorf. Ab 1985 lebt er in Frankfurt am Main, spielte zuerst und bis 1989 im Ensemble von Schauspiel Frankfurt, danach arbeitete er als freier Schauspieler, Kabarettist, Regisseur und Produzent. Mit seinen kabarettistischen Soloprogrammen war er im ganzen deutschsprachigen Raum unterwegs. Inspiriert von Karl Kraus, der Offenbach-Operetten in eigener Bearbeitung allein vorgetragen hat, „liest, singt, tanzt und spielt" Quast 1998 die Opéra bouffe *Blaubart* am Stadttheater Heidelberg, der weitere Offenbach-Operetten folgten, alle in gemeinsam mit Rainer Dachselt erarbeiteten Neufassungen.

Ab 2000 eine Reihe von Operetten-Inszenierungen in Mainz, Heidelberg, Wiesbaden, Kassel und Dresden, zahlreiche Film-und Fernsehrollen sowie CD-Aufnahmen.

Großen Erfolg hatte Quast mit Adaptationen großer Stoffe für kleine Besetzung, so zusammen mit Philipp Mosetter *Goethe: Faust I* (1999), *Schiller – Verrat, Verrat und hinten scheint die Sonne* bei den Mannheimer Schillertagen 2005 und *Grimms Märchen. Eine Warnung* (2011). Ein *Don Giovanni à trois* mit Sabine Fischmann und Theodore Ganger am Flügel war 2006 zu den Salzburger Festspielen eingeladen. Zusammen mit Fischmann und dem Pianisten Rhodri Britton folgten *Die Fledermaus* (2011) und *Hoffmanns Erzählungen* (2011). Von 2003 bis 2013 moderierte er in der Alten Oper Frankfurt die Konzertreihen *Heitere Muse* und *Belcanto*.

2005 gründete Quast zusammen mit Wolfgang Deichsel das dem *Hessischen Molière* gewidmete Sommerfestival *Barock am Main* im Garten des Bolongaropalasts in Frankfurt-Höchst, inzwischen eine Kultveranstaltung im Rhein-Main-Gebiet. Und 2008 gründete er mit Gleichgesinnten ein Forum für „intelligentes Volkstheater", die *Fliegende Volksbühne*, die 2013 im Cantatesaal am Großen Hirschgraben in Frankfurt eine vorläufige feste Spielstätte findet.

Quast ist mit Sarah Groß verheiratet, mit der er drei Kinder hat. Er erhielt 2007 den Binding-Kulturpreis, 2002 den Rheingau Musikpreis, 2001 den Deutschen Kleinkunstpreis und 1991 den Salzburger Stier.

Karlheinz Braun, geboren 1932 in Frankfurt am Main, ist promovierter Philologe und leitete von 1959 bis 1969 den Theaterverlag Suhrkamp. Zusammen mit Peter Iden war er Leiter des Theaterfestivals *Experimenta*. 1969 Mitbegründer und bis 2003 Geschäftsführer des genossenschaftlichen Verlags der Autoren. Intermezzo von 1976 bis 1979 im Dreierdirektorium von Schauspiel Frankfurt. Zahlreiche Veröffentlichungen vor allem aus dem Bereich der darstellenden Künste. 1995 erhielt Karlheinz Braun den Hessischer Kulturpreis und 2007 die Ehrenplakette der Stadt Frankfurt am Main.

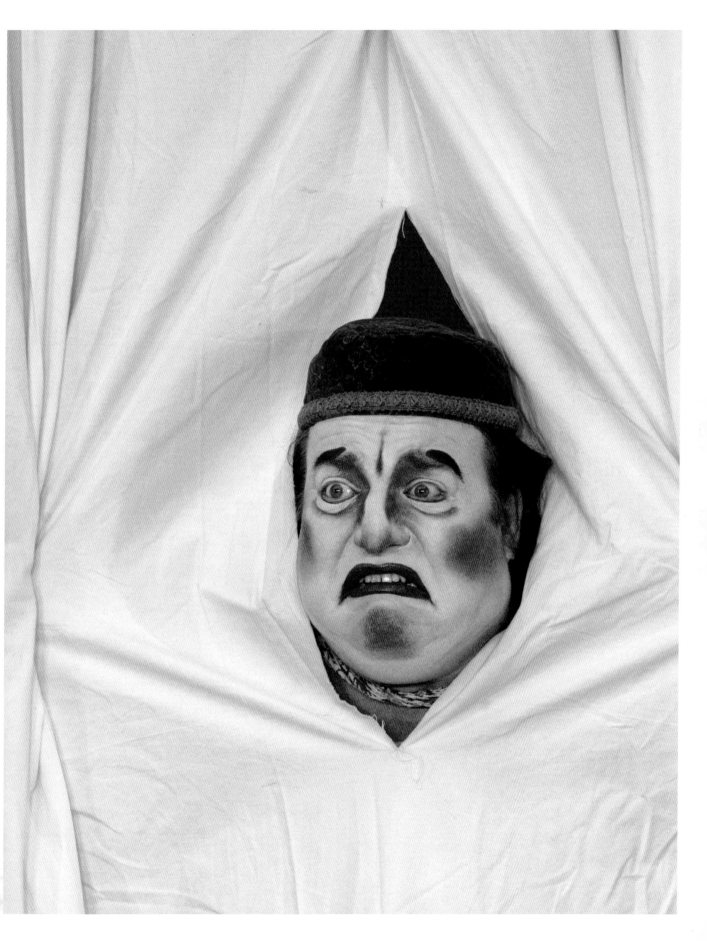

Barock am Main
Der Hessische Molière